ハヤカワ文庫 NF
〈NF578〉

知ってるつもり

無知の科学

スティーブン・スローマン＆フィリップ・ファーンバック
土方奈美訳

JN098110

早川書房

8718

THE KNOWLEDGE ILLUSION

Why We Never Think Alone

by

Steven Sloman and Philip Fernbach

Translated by
Nami Hijikata
Published 2021 in Japan by
HAYAKAWA PUBLISHING, INC.
This book is published in Japan by
arrangement with
RIVERHEAD BOOKS
an imprint of PENGUIN PUBLISHING GROUP
a division of PENGUIN RANDOM HOUSE LLC
through THE ENGLISH AGENCY (JAPAN) LTD.

目次

知ってるつもり

無知の科学

序章　個人の無知と知識のコミュニティ

厚さ九〇センチのコンクリート壁に囲まれたシェルターのなかで、三人の兵士が遠く離れたわが家の話に興じていた。話し声がゆっくりになったかと思うと、完全に途絶《とだ》えた。セメントの壁に衝撃が走り、地面はゼリーのようにゆらゆらと揺れた。九〇〇メートル上空では、B36の乗組員が咳《せ》き込み、パニック状態で叫んでいた。機内には熱と煙が立ち込め、何十という信号やアラームが点滅していた。同じころ、そこから一三〇キロメートルほど東の海上では、日本のマグロ漁船「第五福竜丸」の乗組員が甲板《かんぱん》に立ちすくみ、恐怖と驚きをもって水平線を見つめていた。

一九五四年三月一日、彼らが太平洋の片隅で目の当たりにしていたのは人類史上最大の爆発だった。「シュリンプ（エビ）」と渾名《あだな》された水素爆弾を使った核実験「キャッスル

・ブラボー」である。[1] だが何かが決定的におかしかった。爆心地にほど近いビキニ環礁《かんしょう》のシェルターに座っていた兵士たちは、過去にも核実験を見たことがあり、爆発の約四五秒後に衝撃波が来ると予想していた。だが今回は地面が揺れた。そんなことは想定外だ。放射性物質を降らせる雲のサンプルをとり、放射線の測定をするという科学的任務を担《にな》っていたB36の乗組員は、安全な高度にいるはずだったが、機体は高熱に包まれた。

だがいずれも第五福竜丸の乗組員と比べれば、運が良かった。爆発から二時間後、放射性降下物の雲が船の上空に到達し、数時間にわたって死の灰を降らせたのだ。直後から乗組員には歯肉の出血、吐き気、やけどなど急性放射線症の症状が出た。そのうち一人は数日後に東京の病院で死亡した。爆発前にアメリカ海軍は複数の漁船を危険水域の外に誘導していたが、第五福竜丸はその時点で海軍が危険とみなしていた水域の外にいた。

最大の悲劇は、爆発の数時間後に放射性廃棄物の雲がロンゲラップ環礁とウチリック環礁の上空に到達し、島の住民を被爆《ひばく》させたことだ。以後、彼らの生活は一変した。急性放射線症の被害が出たため、三日後には別の島へ一時的な避難を余儀なくされた。三年後に帰還できたものの、発がん率が急上昇したために再び避難となった。最大の被害者は子供たちで、彼らはいまだにふるさとに帰れる日を待ちつづけている。

このような惨事が起きた理由は、爆弾の爆発力が想定より大幅に大きかったためだ。核兵器の威力は「トリニトロトルエン（TNT）」換算で表される。一九四五年に広島に投下された原子爆弾「リトルボーイ」はTNT一六キロトンで、都市の大半を消滅させ、一〇万人の命を奪うだけの威力があった。[2] シュリンプを開発した科学者たちは六メガトンの核出力、すなわちリトルボーイの三〇〇倍以上の威力を想定していた。しかしシュリンプの実際の核出力は一五メガトンと、リトルボーイの一〇〇〇倍近かった。科学者には爆発が大規模になることはわかっていたが、その推測には三倍もの誤差があった。

誤りの原因は、水爆の主要な構成要素の一つである「リチウム7」の性質を読み誤ったことだ。キャッスル・ブラボーの実験まで、リチウム7は比較的不活性な物質だと思われていた。だが実際にはリチウム7は中性子が衝突すると強い反応を示し、通常は崩壊して不安定な水素同位体になる。それが他の水素原子と融合し、さらに中性子を生み出し、大量のエネルギーを放出する。この読み違いに加えて、風向きなどの評価を担当したチームは、高高度の地点の東向きの風の予測を誤り、それが住民のいる環礁に放射性降下物を降らせる雲を運んだ。

この事例には、人類の本質的なパラドックスがよく表れている。人間の知性は天才的であると同時に哀れをもよおすほどお粗末で、聡明であると同時に愚かである。人間は神をも恐れぬ驚くような偉業や成果を成し遂げてみせる。一九一一年に原子核を発見してから、わずか四〇年あまりでメガトン級の核爆弾をつくるまでに進歩した。火の使い方を覚え、民主政治を生み出し、月面に着陸し、遺伝子組み換えトマトをつくった。その一方、同じように驚くほどの思いあがりと無謀さを示すこともある。誰もが過ちを犯し、ときに不合理なふるまいをし、無知であることも多い。

人間が水爆をつくる能力を身につけたというのは驚きである。それと同時に実際に水爆をつくってしまうということ（そしてその仕組みを十分理解していないのに爆発させること）もまた驚きだ。安楽な現代生活を可能にする政治システムや経済システムをつくり出したことも驚きである。実際には、ほとんどの人は具体的な仕組みをまるでわかっていない。それでも社会はすばらしくうまく機能している（住民の上に死の灰を降らせるといったことは例外だが）。

なぜ人間は、ほれぼれするような知性と、がっかりするような無知をあわせ持っているのか。たいていの人間は限られた理解しか持ち合わせていないのに、これほど多くを成し遂げてこられたのはなぜなのか。本書ではこうした疑問に答えていく。

思考は集団的行為である

認知科学という学問分野が登場したのは一九五〇年代のことだ。既知の宇宙で最も驚くべきシステムである人の知性の働きを解明する、壮大な企てだ。なぜ人間はモノを考えられるのか。知覚を持ったこの生物が、演算をしたり、道徳を理解したり、高潔な（そしてときに）私心のない行動をとったり、またナイフやフォークで食事をするといった単純な行為をするとき、その頭のなかでは何が起きているのか。機械には、そしておそらく他の動物にも、同じことはできない。

われわれは長年、知性の働きを研究してきた。スティーブン・スローマンは二五年以上にわたりこの問題を研究してきた認知科学者だ。フィリップ・ファーンバックは認知科学の博士号を持ち、現在はマーケティング論の教授として主に消費者の意思決定のあり方を研究している。二人はともに自らの経験から、認知科学の歩みが、人間の知性がいかにして驚異的偉業を成し遂げるかを着々と解明してきたものではないことをよく知っている。むしろこの間、認知科学によって得られた知見の多くは、一人ひとりの人間のできないこと、すなわち人間の限界を明らかにしてきた。

認知科学の影の部分に目を向けると、人間の能力がおよそ考えられているようなものではなく、どこまでやれるか、何ができるかはたいていの人にとってきわめて限られていることを示す研究成果があふれている。個人が処理できる情報量には重大な制約がある（だから聞いたばかりの相手の名前さえ忘れたりする）。たとえば特定の行動にどれだけリスクがあるかを評価するといった基礎的な能力に欠けている人も多く、それが習得可能かも定かではない（著者の一人も含めて、最も安全な交通手段の一つである飛行機を理不尽に怖がる人が多いのはこのためだ）。おそらくなにより重要なのは、個人の知識は驚くほど浅く、この真に複雑な世界の表面をかすったぐらいであるにもかかわらず、たいていは自分がどれほどわかっていないかを認識していない、ということだ。その結果、私たちは往々にして自信過剰で、ほとんど知らないことについて自分の意見が正しいと確信している。

本書では心理学、コンピュータ・サイエンス、ロボット工学、進化論、政治学、教育の各分野をめぐる。いずれも「人間の知性の働きはどうなっているのか」「その目的は何なのか」を解明しようとする学問だ。この二つの質問への答えからは、なぜ人間の思考がこれほど浅はかであると同時にすばらしいものとなりえるのかが見えてくる。

人間の知性は、大量の情報を保持するように設計されたデスクトップ・コンピュータとは違う。知性は、新たな状況下での意思決定に最も役立つ情報だけを抽出するように進化した、柔軟な問題解決装置である。その結果、私たちは頭のなかに、世界についての詳細な情報をごくわずかしか保持しない。こうした意味では、人間はミツバチ、社会はミツバチの巣にたとえることができる。知性は個体の脳のなかではなく、集団的頭脳のなかに宿っている。個人は生きていくために、自らの頭蓋《ずがい》のなかに保持された知識だけでなく、他の場所、たとえば自らの身体、環境、とりわけ他の人々のなかに蓄えられた知識を頼る。そうした知識をすべて足し合わせると、人間の思考はまさに感嘆すべきものになる。ただそれはコミュニティの産物であり、特定の個人のものではない。

キャッスル・ブラボーの核実験プログラムは、この「ミツバチ・マインドセット」の典型例だ。プロジェクトに直接関係する人と、直接的にはかかわらないが不可欠な役割を果たした人を合わせると、一万人の協力者を要する複雑な事業だった。後者には、たとえば資金を用立てた政治家や、兵舎や実験室をつくった建設会社の従業員などが含まれる。爆弾に含まれるさまざまな物質を担当した科学者が数百人、気象条件の把握を担ったスタッフが数十人いたほか、放射性物質を扱うことによる人体への悪影響を研究する医療チームもいた。通信を暗号化したり、秘密を盗もうとするロシア（ソ連）の潜水艦がビキニ環礁に接近するのを防いだりする対諜報活動チームもあった。関係者の食事を用意する調理人、清掃人、トイレの修理を受け持つ配管工もいた。一人として、このプロジェクトを完全に理解するのに必要な知識の一〇〇〇分の一も持ち合わせてはいなかった。人間の協力する能力、複雑な事業を成し遂げるために心を一つにして事にあたる力が、一見不可能なことを可能にしたのだ。

これがキャッスル・ブラボーの光の部分だとすれば、影の部分にあったのが核軍拡競争と冷戦だ。本書が注目するのは、十分な理解がなされていない一五メガトン級の爆弾を躊《ちゅう》躇《ちょ》なく爆発させてみようとする、この事例から垣間見える人間の思いあがりだ。

無知と錯覚

一見単純そうに思えるものを含めて、物事の多くは複雑である。現代の自動車やコンピュータや航空管制システムが複雑だと聞いても、誰も驚かないだろう。ではトイレはどうか。

世の中には贅沢品、便利なもの、そして完全な必需品、つまりなくてはならないものがある。水洗トイレはまちがいなく最後の部類に入る。トイレがなくては困る。先進国のたいていの家には、少なくとも一つはトイレがある。レストランにはトイレを設置することが法律で義務づけられており、幸いガソリンスタンドやスターバックスにもふつうトイレはある。トイレは驚くべき機能性と、見事な単純さを兼ね備えている。トイレの仕組みなら誰だってわかる。少なくともたいていの人は、わかっていると思っている。あなたはどうだろう。

少し時間をとって、トイレの水を流したら何が起こるか、説明してみよう。水洗トイレ

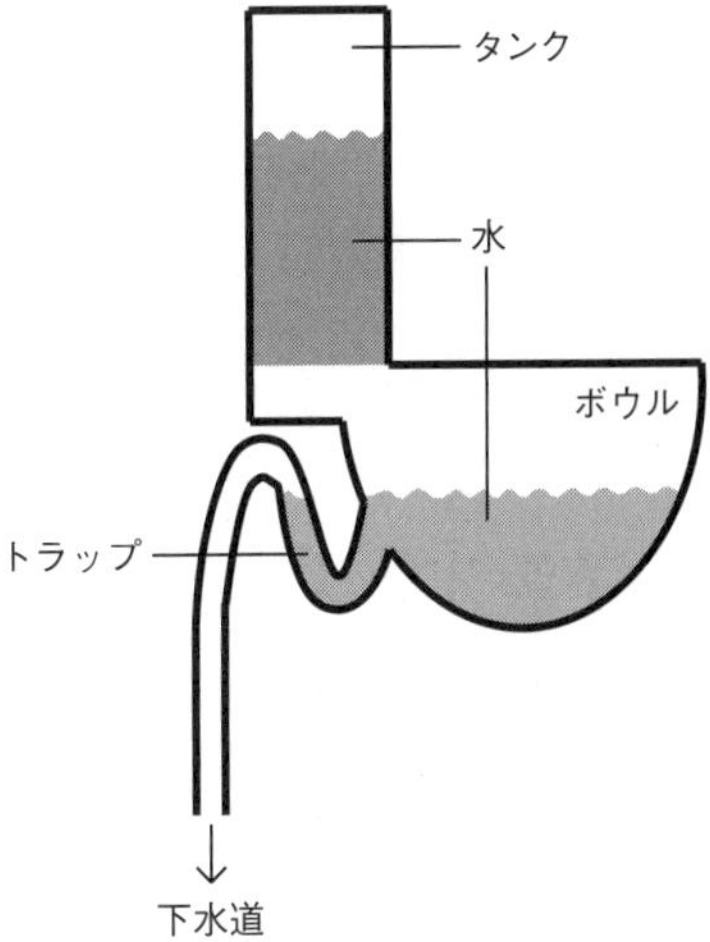

図1

の基本的な原理を知っているだろうか。実はほとんどの人が知らない。

　トイレは単純な装置で、その基本設計は過去数百年変わっていない（トーマス・クラッパー〔一八三七～一九一〇。ヴィクトリア朝の英国王室に仕えた衛生技師〕が水洗トイレの発明者だと一般に思われているが、実は違う。設計を改良し、それを売って大儲けしただけである）。北米で最も一般的な水洗トイレはサイホン式だ。主要な構成部品はタンク、ボウル、トラップ。トラップは通常S字かU字型で、ボウルの排水口より高い位置でカーブして、それから下水道につながる排水管へと降りていく。最初の段階で、タンクには水が貯まっている（図1）。

トイレを流すと、水はタンクからボウルへと一気に流れ、水位がトラップの一番高いカーブより高くなる。するとトラップから空気が抜け、水が流入する。トラップが水で満たされたとたん、魔法が起こる。サイホン効果が生じ、ボウルから水を吸い込んでトラップを通して排水管まで流すのだ。車からガソリンを盗むときと同じ原理で、ホースの一方の端をガソリンタンクに入れ、反対側から吸い込むのだ。トイレのサイホン効果は、ボウルの水位がトラップの最初のカーブより低くなり、空気が入ると止まる。ボウルの水が吸い込まれてなくなると、タンクに再び水が注入され、次の使用に備える。トイレを使う人にはほとんど労力のかからない、優れた機械的プロセスである。これは単純な仕組みだろうか。文章に書くのは簡単だが、万人が理解していると言えるほど簡単なわけではない。あなたは今、理解している少数派の仲間入りをしたわけだ。

トイレの仕組みを完全に理解するためには、その機構を簡単に説明するだけでは不十分だ。製造方法を知るには、セラミックス、金属、プラスチックの性質を理解しなければならない。水が洗面所の床に漏れないようにシーリングする方法を知るには化学の知識が、そしてトイレの大きさや形を理解するには、人体についての知識が必要になる。トイレの価格設定、使用される材質がどのように決定されるかを理解するには、経済学の知識も必要と言える。材料の品質は消費者のニーズや購買意欲によって決まる。消費者がどの色の便器を好むかを理解するためには、心理学の知識が欠かせない。

たった一つのモノについてさえ、そのすべての側面に精通するのは不可能だ。とびきり単純なモノでさえ、その製造と使用には複雑に絡みあうさまざまな分野の知識が必要だ。ましてや細菌、樹木、ハリケーン、愛、生殖プロセスといった自然界の複雑な現象などなおさらだ。いったいどんな仕組みになっているのか。たいていの人はコーヒーメーカーの仕組み、糊《のり》で紙がくっつく仕組み、カメラの照準の仕組みなど説明できない。愛のような複雑な現象などお手上げだ。

ここで言いたいのは、人間は無知である、ということではない。人間は自分が思っているより無知である、ということだ。私たちはみな多かれ少なかれ、「知識の錯覚」、実際にはわずかな理解しか持ち合わせていないのに物事の仕組みを理解しているという錯覚を抱く。

こう思う読者もいるかもしれない。「たしかに物事の仕組みはよく知らないが、錯覚など抱いていない。自分は科学者でも技術者でもない。だから科学的・技術的知識は自分にとって重要ではない。でも生きていくため、優れた判断をするために必要な知識はある」と。ではどの分野ならよく知っているのだろうか。歴史、政治、それとも経済政策だろうか。自分の専門分野においては、本当に物事の細かなところまで理解しているのだろうか。日本軍は一九四一年一二月七日（日本時間一二月八日）に真珠湾を攻撃した。世界はすでに戦争のさなかにあった。日本はドイツと同盟関係を結んでいた。アメリカはまだ参戦していなかったものの、どちらの側かは明白だった。つまり「邪悪な」枢軸国ではなく、英雄的な連合国の一員だ。真珠湾攻撃をめぐるこうした事実はよく知られており、だからこそ多くの人がこの出来事を理解している気になっている。しかし日本が攻撃した理由、特に攻撃対象としてハワイ諸島にある海軍基地を選んだ理由をどれだけきちんと理解しているだろうか。あなたはこの日、具体的に何が起きたのか、その原因は何であったかを説明できるだろうか。

実のところ、攻撃が始まる前、アメリカと日本はまさに一触即発の状態だった。日本は一九三一年に満州を侵略し、一九三七年に南京大虐殺を行い、一九四〇年にはフランス領インドシナに侵攻するなど勢力を広げていた。そもそもハワイに海軍基地が存在した理由も、日本の勢力拡大とみられる動きを止めるためだった。アメリカのフランクリン・D・ルーズベルト大統領は一九四一年に太平洋艦隊の司令部をアメリカ本土のサンディエゴからハワイに移した。つまり日本による攻撃は青天《せいてん》の霹靂《へきれき》ではなかったわけだ。ギャラップ社の世論調査によると真珠湾攻撃の一週間前の時点で、アメリカ国民の五二％が日本との戦争を予期していた。

つまり真珠湾攻撃はヨーロッパでの戦争の結果というより、東南アジアにおける積年《せきねん》のせめぎあいの結果であった。ヒトラーが「電撃戦」を編み出し、一九三九年にポーランドを侵攻していなくても、起こっていたかもしれない。真珠湾攻撃が第二次世界大戦中のヨーロッパ情勢に影響を与えたのは間違いないが、ヨーロッパ情勢に直接起因したものではなかったのだ。

歴史にはこのような出来事がやまほどある。つまり多くの人が聞いたことがあり、それなりに、あるいは深く理解している気になっているが、本当の歴史的文脈は一般に思われているものとは違うというケースだ。時間の経過とともに込み入った詳細な事情が抜け落ち、特定の利益集団の思惑に左右されたりしながら、単純化したわかりやすい話ができあがっていく。

もちろん真珠湾攻撃をじっくり研究したことがあるという人なら、深い知識があるだろう。その場合、われわれの主張は当てはまらない。しかしそうしたケースは例外である。なぜなら膨大な数の出来事すべてをじっくり研究する時間は誰にもないからだ。みなさんが高度な専門知識を身につけたひと握りの分野を除けば、さまざまな装置のメカニズムに関する知識、そしてさまざまな事象がどのように始まり、展開し、それがどのように別の事象につながっていくのかというメカニズムについての理解も比較的浅いとわれわれは考える。ただ自分が実際にどれだけ知っているか改めて考えてみるまで、自分の知識がどれだけ浅いか気づかなかったのではないか。

すべてを理解することは不可能であり、まともな人間なら挑戦してみようとも思わない。私たちは曖昧《あいまい》できちんと整理されていない抽象的知識に頼っている。誰もが例外を見たことはあるだろう。物事の細部を重視し、魅力的な語り口で得々と語ることができる人もいるかもしれない。そして誰にでもそれぞれ得意分野はあり、それについてはとことん詳細に語れる。しかしほとんどの話題については抽象的な情報のかけらをつなぎ合わせられるだけで、知っている内容といっても具体的には説明できない、わかっているという感覚にすぎなかったりする。じっさい、ほとんどの知識は連想、つまりモノや人とのあいだの高次なつながりの寄せ集めにすぎず、詳細なストーリーとしてわかりやすく説明できるものではない。

ならばなぜ、私たちは自らの無知の深さを認識できないのだろうか。なぜ実際はまるで違うのに、物事を深く理解しており、すべてを理解できるような体系的知識を持ち合わせていると思うのか。なぜ私たちは知識の錯覚のなかに生きているのか。

思考は何のためか

　この錯覚が私たちの思考を支配する理由を理解するには、そもそもなぜ私たちは思考するかを考えるのがいいだろう。思考が進化したのは、いくつかの役割を果たすためだと考えられる。思考の役割は世界を表現すること、すなわち頭のなかに現実世界にきちんと対応したモデルを構築することであったかもしれない。互いにコミュニケーションをとるための言語を生み出すことだったかもしれない。あるいは問題解決や意思決定のため、道具をつくったり求愛の相手に自分の魅力を誇示したりといった具体的用途のために進化したのかもしれない。それぞれ正しい部分があるかもしれないが、思考がもっと大きな目的、つまりここに挙げたすべてに共通する目的に資するために進化したのはまちがいない。

　その目的とは「行動」だ。思考は、有効な行動をとる能力の延長として進化した。目的を達成するために必要なことを、より的確にできるようになるために進化した。思考することで、それぞれの行動の効果を予測したり、過去に別の行動をとっていたら状況はどのように変わっていたかを想像したりすることができ、その結果さまざまな選択肢のなかから有効なものを選べるようになる。

　思考の目的が行動にあると考える理由の一つは、行動のほうが思考より先にあったからだ。最も原始的な生物も、行動はできた。進化サイクルの初期段階に登場した単細胞生物も、モノを食べ、移動し、繁殖することは可能だった。さまざまな行為を通じて、世界に働きかけ、世界を変えた。進化のプロセスは、自らの生存に最適な行動をとった生物体を選別した。そして最適な行動とは、複雑な世界の変化する状況に、自らを最もうまく適合させることだった。通りすがりの動物の血を吸って生きる生物なら、なんであろうと目の前に来たモノにしっかりとしがみつく能力があったほうがいい。目の前の物体が、風に吹かれて飛んできた、血液など流れていない葉っぱなのか、おいしい齧歯類《げっしるい》や鳥類なのかを判断する能力があればなお良い。

特定の状況に適した行動を選ぶための最適なツールは、情報を処理する知的能力である。ネズミと葉っぱを区別するためには、視覚システムが相当量の高度な情報処理を担う必要がある。それ以外の知的プロセスも、適切な行動を選択するには欠かせない。記憶は過去の同じような状況から最も有効な行動を選ぶのに役立つ。推論は新たな状況下で何が起こるかを予測するのに役立つ。思考能力は行動の有効性を大幅に高める。そういう意味で、思考は行動の延長なのだ。

思考の仕組みを理解するのは、それほど簡単なことではない。行動のための思考とは、どのように行うのか。記憶や推論を使って目標を達成するには、どのような知的能力が必要なのか。これから見ていくとおり、人間は世界がどのような仕組みになっているか、すなわち因果関係の推論を得意とする。行動の効果を予測するには、原因がどんな結果をもたらすのかを推測する必要がある。何かが起きた理由を解明するには、どの原因が特定の効果を引き起こしたのかを推測する必要がある。それが知性の本来の目的である。考えている対象が物理的なモノなのか、社会制度なのか、他人やペットの犬のことなのかにかかわらず、私たちが得意とするのは行動や他の原因がどのような結果を引き起こすかを見きわめることだ。ボールを蹴れば飛んでいく一方、犬を蹴れば相手に痛い思いをさせることはわかっている。私たちの思考プロセス、言語、そして感情はすべて、合理的に行動するために因果関係を推論するようにできている。

　こう考えると、人間の無知はますます意外に思えてくる。最適な行動を選ぶうえで因果関係がそれほど重要なのであれば、なぜ世界の仕組みについて個人の詳細な知識はこれほど限られているのか。それは、思考プロセスは必要な情報だけを抽出し、それ以外をすべて除去するのに長《た》けているからである。誰かが何かを発言すると、私たちの音声認識システムはその要点や、発言の本質的な意味だけを抽出しにかかり、それ以外はすべて忘れる。同じように複雑な因果システムに遭遇すると、要点のみを抽出して詳細は忘れる。

　モノが動く仕組みに興味がある人は、ときどきコーヒーメーカーなど古い家電を分解することがあるかもしれない。その場合、個々の部品の形、色、位置を覚えようとはしないだろう。むしろ主要な部品を見て、互いがどのようにつながっているかを理解することで、「水をどのように加熱しているのか」といった大きな問いに答えようとする。コーヒーメーカーの内部機構に興味がないごくふつうの人であれば、その仕組みについての詳細な知識はさらに少ないはずだ。因果関係に対する理解は、知っておく必要のあること、たとえばどうすれば家電なり装置なりが動くのかに限られている（それがわかるだけでも上等だ）。

私たちの知性は、個別のモノや状況について詳細な情報を得るようにはできていない。新たなモノや状況に対応できるように、経験から学び、一般化するようにできている。新たな状況で行動するためには、個別具体的な詳細情報ではなく、世界がどのような仕組みで動くのか、そのおおもとにある規則性だけを理解しておけばいい。

知識のコミュニティ

人が自分の頭のなかだけにある限られた知識と、因果関係の推論能力のみに頼っていたら、それほど優れた思考を生み出せないはずだ。人類が成功を収めてきたカギは、知識に囲まれた世界に生きていることにある。知識は私たちが作るモノ、身体や労働環境、そして他の人々のなかにある。私たちは知識のコミュニティに生きている。

私たちは他の人々の頭のなかにある膨大な量の知識にアクセスできる。誰にでも、それぞれちっぽけではあるが自らの専門領域を持つ友人や親族がいる。たとえば食器洗浄機が何度も故障するときに相談すれば、駆けつけてくれる専門業者もいる。テレビでさまざまな出来事や世の中の仕組みを解説してくれる大学教授や評論家もいる。本もあるし、またインターネットという史上最強の情報源にも思い立ったときにアクセスできる。

それに加えて、モノ自体も情報源となる。ときには家電や自転車の仕組みを見て、修理することもできる。見るだけで、どこが壊れているかが明らかなケースもある（そういうことばかりだと助かるのだが）。ギターの仕組みはわからなくても、しばらくいじっていれば弦が鳴ったとき何が起こるか、弦の長さを変えたときに音程はどう変わるかがわかり、少なくとも基本的な要領は理解できるかもしれない。そうした意味では、ギターに関する知識はギターそのもののなかにあると言える。街を知る最高の方法は、実際にその街を歩いてみることだ。街の構造、おもしろい場所、さまざまな場所からどんな景色が見えるかといった情報は、街そのもののなかにある。

今日私たちは、かつてないほど豊富な知識にアクセスできるようになった。テレビを観ていれば、モノがどのように造られるのか、あるいは宇宙の起源はどのようなものかがわかる。それに加えて、なんらかの事実を調べたい場合には、検索エンジンにいくつか単語を打ち込むだけで答えが返ってくる。ウィキペディアなどウェブを探せば、求めている情報が見つかることも多い。ただし、自分の頭の外にある知識にアクセスする能力というのは、現代社会に生きる人々に限ったものではない。

認知科学者のいう「認知的分業」は、いつの世にもあった。[3] 文明が誕生した当初から、人間は集団、一族、あるいは社会のなかではっきりとした専門能力を育ててきた。農業、医療、製造、航行、音楽、語り部《べ》、料理、狩り、戦闘をはじめ、さまざまな分野にコミュニティの専門家がいた。一人が二つ以上の専門能力を持つケースもあったかもしれないが、すべての分野、あるいは一つの分野のすべての側面に精通する者はいなかったはずだ。あらゆる料理を作れるシェフはいない。傑出した音楽家はいるものの、あらゆる楽器、あらゆるジャンルの曲を弾けるわけではない。なんでもできる人というのは存在しない。

だから人は協力するのだ。技術や知識を簡単に共有できるのは、社会集団で暮らすことの大きなメリットだ。私たちが自分の頭にある知識と、他の人々の頭の中にある知識を区別できないのも不思議ではない。なぜならどんな作業をするときも、たいてい（いつも、と言ってもいいかもしれない）両方を使うからだ。著者は食器を洗うとき、世の中に洗剤の作り方を知っている人、そして蛇口から温水を供給する方法を知っている人がいて、本当にありがたいと思う。著者自身には見当もつかない。

技術や知識を共有するのは、想像するよりはるかに高度なことだ。組立ラインの機械がそれぞれ与えられた仕事だけをこなすのとは違い、人間はプロジェクトに対してそれぞれ貢献するだけではない。他者の存在や、他者が達成しようとしていることを認識し、協力することができる。同じことに関心を持ち、目標を共有する。認知科学の用語を使えば、人間は私たちは「志向性」を共有する。このような協力形態は他の動物には見られない。人間は他者と心的空間を共有するのを楽しむ。それは「遊び」と呼ぶこともできる。

頭蓋骨によって脳の境界は定められるかもしれないが、知識の境界はない。知性は脳にとどまらず、身体、環境、そして他の人々をも含む。このため知性の研究は、脳の研究だけにとどまるものではない。認知科学は神経科学とは別物だ。

知識を表現するのは難しい。自分が知らない、ことはこれです、と特定するようなかたちで知識を表現するのは、なお難しい。知識のコミュニティに参加するには、すなわち自分の頭には知識の一部しか存在しない世界で生きていくためには、自分の記憶のなかに保管されていないものも含めてどのような情報が入手可能か知っている必要がある。どのような情報が入手可能か把握するのは、至難の業《わざ》だ。自分の頭のなかにあるものと、外にあるものの境界はシームレスでなければならない。私たちの知性は必然的に、自らの脳に入っている情報と、外部環境に存在する情報とを連続体として扱うような設計になっている。

人間はときとして自分がどれだけモノを知らないかを過小評価するが、それでも全体として驚くほどうまくやっている。それができるのは進化プロセスのもたらした最高の結果の一つと言える。

ここまでで、知識の錯覚の起源をご理解いただけたと思う。思考の性質として、入手できる知識はそれが自らの脳の内側にあろうが外側にあろうが、シームレスに活用するようにできている。私たちが知識の錯覚のなかに生きているのは、自らの頭の内と外にある知識のあいだに明確な線引きができないためだ。それができないのは、そもそも明確な線など存在しないためである。だから自分が知らないことを知らない、ということが往々にしてある。

なぜこれが重要なのか

意識をこのように理解することで、私たちは日々直面するきわめて複雑な問題にもっとうまく対処できるようになる。自らの理解の限界を認識すれば、もっと謙虚になり、他の人々のアイデアや考え方に素直に耳を傾けられるようになる。たとえば浅はかな投資判断を避けるための知恵が得られる。政治制度を改革したり、専門家に頼る部分と個々の有権者の判断に委ねる部分とのバランスを評価したり、といったことも可能になるかもしれない。

本書の執筆時点で、アメリカの政治は二極化が深刻だ。リベラルと保守は互いの視点に反発し、その結果民主党と共和党は意見の一致点や妥協点を見いだせずにいる。アメリカ連邦議会は当たり障りのない法律ですら成立させられない。上院は候補者が別の政党出身というだけの理由で、政権が司法や行政の高官を任命するのを阻《はば》んでいる。

こうした膠着《こうちゃく》状態が生じる一因は、政治家も有権者も自分の理解がどれだけ限られているかを認識していないことにある。国民的議論が沸き起こるほど重要な案件というのは例外なく、理解するのが難しいものだ。新聞記事を一本か二本読むだけではおよそ足りない。社会問題の原因は複雑で、結果は予測できない。特定の立場の意味するところを本当に理解するためには、豊富な専門知識が必要であり、また専門知識だけでは不十分なこともある。たとえば警察とマイノリティの対立の原因は、単なる恐れや人種差別に帰することはできない。恐れや人種差別に加えて、個人の経験や思い込み、特定の状況変化、的はずれな教育訓練や誤解が原因で対立が起こることもある。世界は複雑さに満ちあふれている。誰もがそれを理解したら、社会はこれほど二極化しないだろう。

複雑さを受け入れる代わりに、特定の社会的ドグマに染まってしまう人が多い。私たちの知識は他の人々のそれと一体化しているため、信念やモノの考え方はコミュニティが形づくる。仲間内で共有されている意見を拒絶するのは難しいので、その妥当性を評価しようとすらしないことも多い。自分に代わって所属集団にモノを考えてもらおうとする。知識の公共性を受け入れれば、何が自分の信念や価値観を決定づけているかをもっと現実的に見られるようになるはずだ。

それによって意思決定の質は向上するだろう。自慢できないような判断をしてしまうことは誰にでもある。退職後に備えて貯金をしなかった、ダメだとわかっていて誘惑に負けてしまったといった失敗や後悔もそこには含まれる。本書では、知識のコミュニティは私たちが生まれ持った限界を乗り越え、コミュニティ全体の幸福度を増すようなかたちで活用できることを見ていく。

知識の公共性を認識することで、私たちの世界の見方が偏《かたよ》っていることが明らかになるケースもある。私たちは英雄を好む。個人の強さ、才能、ルックスの良さを賛美する。本や映画ではスーパーマンのような、たった一人で世界を救ってしまうようなキャラクターが偶像化される。テレビドラマではぱっとしないがとびきり優秀な探偵が登場し、優れた推理によって犯罪を見破り、クライマックスで逮捕にこぎつける。

すばらしい発見は個人の功績とされる。マリー・キュリーは一人で放射能を発見したような扱いを受け、ニュートンは真空のなかで運動法則を生み出したことになっている。一二世紀から一三世紀にかけてのモンゴル人の成功はすべてチンギス・ハンの手柄とされ、キリストの時代のローマの邪悪さはすべてポンテオ・ピラトというたった一人の人物の責任とされる。

実際には、現実世界では真空状態で活動する者は一人もいない。探偵はチームで活動し、会議を開くなど集団としてモノを考え、行動する。科学者は研究室に学生を抱えており、彼らから重要なアイデアをもらったりする。それに加えて、同じような研究をし、同じような理論を温めている同僚、友人、ライバルがおり、そうした存在なくして成果を出すことなどおぼつかない。さらに別の分野で別の問題に取り組んでいる科学者のなかにも、参考になる研究成果やアイデアをもたらしてくれる者がいる。知識がすべて自分の頭のなかにあるのではなく、コミュニティのなかで共有されることを理解しはじめると、英雄に対する認識が変わる。個人に注目するのではなく、もっと大きな集団に目が向くようになる。

知識の錯覚は、社会の進化とテクノロジーの未来にも重要な示唆を与える。テクノロジー・システムが一段と複雑化するのにともない、それを完全に理解できる個人はいなくなる。現代の航空機が良い例だ。飛行はいまやパイロットと、飛行時間のほとんどを担う自動システムとの共同作業になった。飛行機の操縦方法にかかわる知識は、パイロット、計器類、そしてシステム設計者のあいだに分散している。知識はきわめてシームレスに共有されているので、パイロットは自らの理解に欠落があることを認識していないかもしれない。それによって大惨事の予兆に気づくのが難しくなることもあり、不幸な結果も生じている。私たち自身に対する理解が深まれば、優れた保護手段の導入につながるかもしれない。知識の錯覚は、今日の最も革新的なテクノロジーである、インターネットに対する認識にも影響を与える。インターネットが一段と生活のなかに組み込まれていくなかで、知識のコミュニティはかつてないほど豊かに、広大に、そしてアクセスしやすくなっている。

重要な示唆はほかにもある。私たちは共同してモノを考えるため、チームで活動することが多い。これはすなわち個人としてどのような貢献ができるかは、知能指数より他者と協力する能力によって決まる部分が大きいことを意味する。個人の知性は過大評価されている。これはまた、他者と一緒に考えているとき、学習効果は最大になることを意味する。教育のどの段階においても、最高の教授法のなかには生徒にチームとして学習させる手法が含まれている。教育分野の研究者にとっては目新しい話ではないが、教育現場でそれほど実践されていない。

本書を通じて、知性の働きについての理解が深まり、自分の知識や思考のうち、身の回りのモノや人に左右される部分がどれほど大きいか認識を新たにしていただければ幸いである。私たちの両耳のあいだで起きていることは、たしかにすばらしい。ただそれは他の場所で起きていることと密接にかかわっているのだ。

第一章　「知っている」のウソ

核実験と錯覚には親和性があるようだ。アルヴィン・グレイブスは一九五〇年代初頭に、アメリカ軍の核実験計画の科学ディレクターを務めた。序章で取り上げた、悲惨な結果に終わったキャッスル・ブラボー作戦にゴーサインを出した張本人である。グレイブスほど放射能の危険性を知っていた者はいないはずだ。というのもキャッスル・ブラボー作戦からさかのぼること八年前、一九四六年にニューメキシコ州の核研究施設、ロスアラモス研究所で研究者のルイス・スローティンがある実験をしたとき、その場に居合わせた八人の研究者の一人がほかならぬグレイブスだったからだ。[1] この実験は高名な物理学者リチャード・ファインマンが「ドラゴンの尻尾をくすぐるようなもの」と表現したほど、大変な危険と隣り合わせの作業だった。

スローティンは核爆弾に使われる放射性物質の一つである、プルトニウムの性質を調べる実験をしていた。球体にしたベリリウムを二分割し、二つの半球状にする。そのあいだにプルトニウムの塊（コア）を置き、二つの半球の距離を縮めていく。半球同士が接近すると、プルトニウムから中性子が放たれ、それがベリリウムに反射して、さらに多くの中性子が出てくる。大変危険な実験だった。半球同士が接近しすぎると連鎖反応で、大量の放射線が放出されかねない。

スローティンは経験豊富で優秀な物理学者であったにもかかわらず、驚くべきことに上下二つの半球がくっつかないように、あいだにマイナスドライバーを挟んでいた。このドライバーがすべり落ちたため、二つの半球が完全にひっつき、室内にいた八人の物理学者が大量の放射線を浴びた。最も被曝量の多かったスローティンは九日後に病院で死亡した。他のメンバーは被曝直後の急性放射線症からは回復したものの、若くしてがんで亡くなった者もいれば、この事故と関連のありそうな病気で亡くなった者もいた。

これほど優秀な人々が、なぜこれほど愚かなまねをしたのか。

もちろんうっかりミスというのは、よくあることだ。ナイフで自分の指を切ってしまったり、自動車のドアで誰かの手を挟んでしまったりという経験は、誰にでもあるだろう。だが優秀な物理学者の集まりなら、致命的な放射線被曝から自らを守るのが、仲間の一人が手に持ったマイナスドライバー一本だけという状況を許容するはずがないとふつうは思う。スローティンの同僚によると、同じプルトニウムの実験をするにももっとはるかに安全な方法はあり、スローティンもそれを知っていたという。たとえば上側の半球を固定し、もう一つを下から持ち上げて近づけていくというやり方だ。そうすれば下側を支える手が滑ったとしても、重力によって二つの半球のあいだには安全な距離が保たれる。

なぜスローティンはこれほど無謀な方法を選んだのか。おそらく、私たちと同じ錯覚に陥っていたのだろう。本当はわかっていないのに、物事の仕組みをわかっているつもりになっていた。あのとき室内にいた物理学者たちが感じた驚きは、あなたが蛇口の水漏れを直そうとして洗面所を水浸しにしてしまったとき、あるいは娘の宿題を手伝おうとして二次方程式で躓《つまず》いてしまったときに感じるものと変わらなかったはずだ。何かを始めたときの「自分にはわかっている」という自信が、終わったときにはしぼんでいたということがあまりに多い。

これらの例は偶然似通っているにすぎないのだろうか。それとも何か共通のメカニズムによるものだろうか。人間には、自分は物事の仕組みをわかっていると過大評価する習性があるのだろうか。知識はわれわれが考えている以上に皮相的なのだろうか。これがコーネル大学で長年研究に取り組み、その後一九九八年にイェール大学に移った認知科学者、フランク・カイルが考えつづけた疑問である。

コーネル大学では、人々が物事の仕組みをどのように理解しているかを熱心に研究した。人々の理解がきわめて浅く、不完全なものであることはすぐに明らかになったが、研究は壁にぶつかった。人々が実際に持っている知識と、持っていると思っている知識の量を比較するための、優れた科学的方法が見つからなかったのだ。カイルが試した方法は時間がかかりすぎたり、採点するのが難しかったり、あるいは被験者が嘘をついたりできた。

そんなある日、カイルはここに挙げた問題をすべて回避しつつ、「説明深度の錯覚」(略してIoED)を検証する手法を思いつく。「コネチカット州ギルフォードの自宅でシャワーを浴びていて、この手法を思いついた朝のことははっきりと覚えている。長いシャワーのあいだに、IoEDパラダイムが一気に湧き出てきたんだ。そのまま職場に駆けつけ、ともに認知的分業の研究に取り組んでいたレオン・ロゼンブリットをつかまえると、二人で細部を詰めていった」

無知を研究する手法はこうして生まれた。被験者に何かを説明してもらい、その結果自らの理解度に対する評価がどう変化するかを示す、というものだ。ロゼンブリットとカイルが行った実験にあなたが参加していたら、こんな質問を受けたかもしれない。[2]

1　あなたはファスナーの仕組みをどれだけ理解しているか、七段階評価で答えてください。

2　ファスナーはどのような仕組みで動くのか、できるだけ詳細に説明してください。

ロゼンブリットとカイルの被験者の多くがそうであったように、あなたもファスナー工場には勤めていないだろうし、そうなると二つ目の質問にはほとんど何も答えられなかったはずだ。ファスナーがどのように開閉するのか、実際にはまるでわかっていないのだ。続いて、こう聞かれる。

3　もう一度、あなたはファスナーの仕組みをどれだけ理解しているか、七段階評価で答えてください。

今回は多少謙虚になり、最初に聞かれたときより評価を低くするだろう。実際にファスナーの仕組みを説明しようとすると、たいていの人は自分がまるでわかっていないことに気づき、理解度の評価を一、二段階下げる。このような実験によって、人々が錯覚のなかで生きていることが示される。被験者たちは、自分がファスナーの仕組みをもっとよく理解していると思っていたと認めた。二回目の評価で理解度を引き下げたのは、要するに「自分が思っていたほど知らなかった」と言っているのに等しい。知識の錯覚を解くのは驚くほど簡単だ。では説明してくれ、と相手に頼むだけでいい。

これはファスナーだけにとどまらない。ロゼンブリットとカイルは、速度計、ピアノの鍵盤、水洗トイレ、シリンダー錠、ヘリコプター、クォーツ時計、ミシンなどについても同じ結果を得た。被験者は一様に錯覚を示した。イェール大学の大学院生も、ほかの一流大学や州立大学の学部生も。われわれもイェール以外のアイビーリーグ〔アメリカ北東部の名門大学〕と大規模な公立大学の学生、そしてインターネットを使って無作為に選んだアメリカ人を対象に実験したところ、同じ錯覚に数えきれないほど遭遇した。

さらに明らかになったのは、人はファスナーのような身の回り品だけでなく、ありとあらゆるものに対してこうした錯覚を抱くということだ。税制や外交関係のような政治問題、遺伝子組み換え技術や気候変動といった科学分野の重要なトピック、さらには自分の懐具合についてまで、人は自分の理解度を過大評価する。われわれは長年、さまざまな心理学的現象を研究してきたが、知識の錯覚ほど出現率の高いものにはめったにお目にかからない。

こうした実験結果に対する解釈として、何かを説明しようとする努力によって、「知識」という言葉に対するとらえ方が変わるのではないか、というものがある。つまり自分の知識を評価するよう求められたとき、一回目と二回目とでは別の質問に答えているのかもしれない。最初に質問を受けたときは「ファスナーについてどれだけしっかりと考えられるか」を聞かれたと思った。そしてファスナーの仕組みを説明しようとした後で、再び同じ質問を受けたときには「説明できる知識がどれだけあるのか」を聞かれたと思ったのではないか、と。そうだとすれば、二つ目の答えは「ファスナーについて、言葉にできる知識がどれだけあるのか」という質問に対するものだったのかもしれない。

だがこの解釈はおそらく正しくない。というのもロゼンブリットとカイルは知識に対する質問をするとき、慎重に考え抜いた明確な指示を与えていたからである。被験者には、七段階評価（一〜七）がそれぞれどのような意味であるかを詳しく説明していた。ただ、たとえ被験者が実験の前と後で別の質問に答えていたのだとしても、説明しようとする努力によって自らに対する理解が深まったのはまちがいない。つまり説明できる知識は、自分が思っていたほど持ち合わせていなかった、と。これこそが「説明深度の錯覚」の本質である。何かを説明しようとするまで、被験者は自分の理解度はそれなりの水準だと思っていた。だが説明した後には、そうは思わない。自己評価を下げたのが「知識」の定義を変えたためだとしても、自分が思っていたほど知らなかったという気づきを

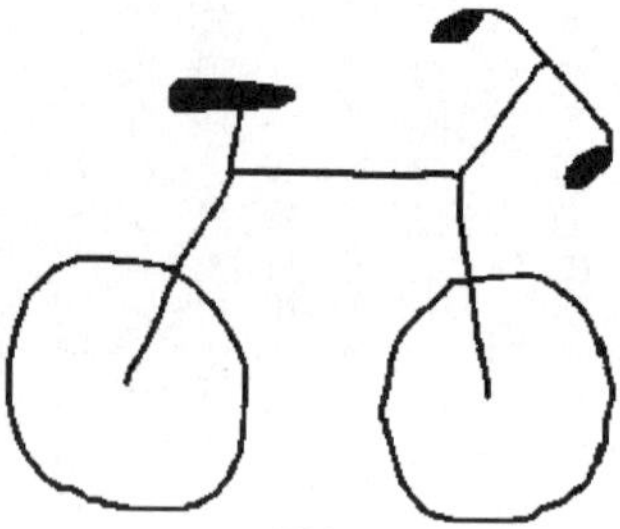

図2

得たことは変わらない。ロゼンブリットとカイルによると「自分の知識が思っていたより大幅に浅かったことに対して、被験者の多くが真摯な驚きとともに謙虚さを示した」という。[3]

「説明深度の錯覚」のわかりやすい例が、自転車についての知識である。[4] リバプール大学の心理学者、レベッカ・ローソンは同大学の心理学を専攻する学部生に、自転車の略図（図2）を見せた。その自転車にはチェーンやペダルもなく、フレームの部品もいくつか欠けていた。

ローソンは学生に欠けている部品を描き込むよう求めた。みなさんもぜひ試してみてほしい。フレームのうち、欠けている部品は何か。チェーンやペダルはどこにあるべきなのか。

この問いに答えるのは意外と難しい。ローソンの研究では、被験者のほぼ半分が、図を正しく描きあげることができなかった（図3にいくつか例を示す）。欠けている部品

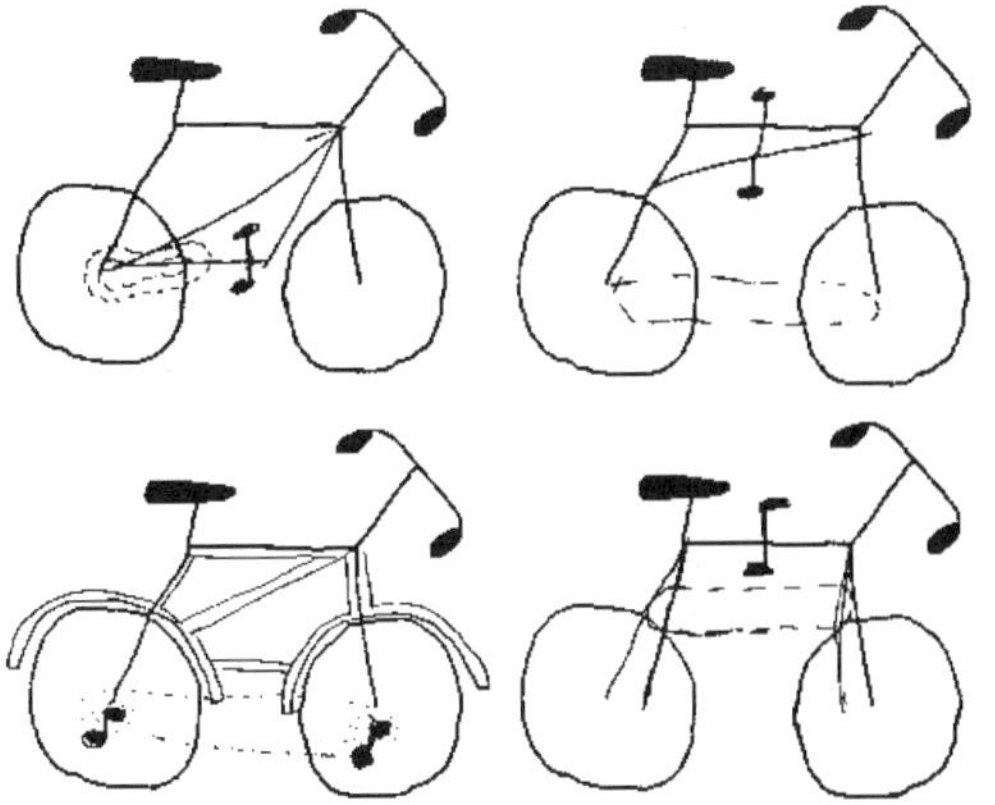

図3

を描き込むのではなく、正確な図一つと不正確な図三つを見せられ、正しいものを選ぶように言われたケースでも、正答率はさほど上がらなかった。被験者の多くが、チェーンを前輪と後輪の両方にかかるように巻いている図を選んだが、実際にはそれでは自転車は曲がることができない。この問題に楽々と答えられそうなサイクリストですら、完璧とは程遠かった。よく知っているはずのモノ、それも日常的に目にする簡単に理解できそうな仕組みで動くモノに対してすら、理解がこれほど不完全で浅いというのは衝撃的である。

どれだけの知識があるか

このように、私たちは自分の知識を過大評価する。つまり自分で思っているより無知なのだ。では、どれだけ無知なのだろう。どれだけ知識があるか、評価することは可能だろうか。この問いに答えようとしたのが、トーマス・ランドアーである。ランドアーは認知科学のパイオニアとしてハーバード大学、ダートマス大学、スタンフォード大学、プリンストン大学で教鞭をとるかたわら、ベル研究所で二五年にわたって研究成果の応用に取り組んだ。研究を始めたのは一九六〇年代、ちょうど認知科学者が脳はコンピュータのようなものである、という説を真剣に検討しはじめた時期だった。

学問としての認知科学の歩みは、現代コンピュータのそれと重なる。ジョン・フォン・ノイマンやアラン・チューリングといった偉大な数学者が今日のコンピューティングの基礎を構築するなかで、人間の脳も同じような仕組みで動いているのではないか、という問題意識が生じた。コンピュータにはオペレーティングシステムを動かす中央処理装置（CPU）があり、CPUは限られたルールに従ってデジタルメモリからデータを読み取ったり書き込んだりする。認知科学のパイオニアは、脳も同じような仕組みで動くと考えた。コンピュータがメタファー（比喩）となり、認知科学の研究の方向性を決めたのだ。

思考は、人間の脳内で動くコンピュータ・プログラムのようなものと想定された。アラン・チューリングの功績の一つが、こうした発想を論理的に突き詰めたことだ。人間がコンピュータのような仕組みで動くのなら、人間と同じ能力を持つコンピュータをプログラミングすることも可能なはずだ、と。一九五〇年に書かれた古典的論文『計算する機械と知性』は、「機械に思考は可能か」という問いを考察している。[5]

　ランドアーは一九八〇年代に、コンピュータのメモリサイズを測るのと同じ尺度で人間の記憶量を評価してみることを思い立った。[6] 本書執筆の時点で、ノートパソコン一台には長期保存用としておよそ二五〇〜五〇〇ギガバイトのメモリが付いている。ランドアーは優れた方法をいくつか考案して、人間の知識量を測定した。たとえば平均的な大人の語彙を評価し、それだけの単語を保存するのに何バイト必要か計算した。それに基づき、平均的な大人の知識ベースを算出したところ、得られた答えが〇・五ギガバイトだった。

　別の手法も試みた。心理学の実験としてよく行われるのが、被験者に文章を読ませたり、写真を見せたり、単語や文を読み聞かせたり（意味のある言葉と無意味なものの両方）、音楽の一節を聴かせたりして、そのあと数分から数週間の間隔を置いて被験者の記憶を調べる、というものだ。具体的には、被験者に初回に示された資料を再現するよう求める。これは記憶の再生力を試すテストで、やってみるとかなり難しい。あなたは数週間前にたった一度だけ聞いた文章を思い出せるだろうか？

　ランドアーはそこまで難易度の高くない実験を大量に集め、分析した。対象となったのは「再認力」を調べる実験が多かった。つまり被験者にアイテム（写真、言葉、音楽の一節などが使われることが多い）を提示し、過去に提示したものかどうかを識別させるのだ。たとえば被験者に複数のアイテムを見せ、過去に見たことがあるものを選ばせるという実験もあった。これはかなり注意を要する方法と言える。記憶力が悪くても、まぐれで良い結果が出る可能性があるからだ。記憶を正しく評価するため、ランドアーは過去に正解となるアイテムを見せたグループと見せなかったグループの回答の差に注目した。この差が、純然たる記憶量ということになる。

ランドアーの研究で興味深いのは、記憶量（二つのグループの再認力の差）を、アイテムをはじめに提示したときに各被験者がそれを覚えるのに要した時間の合計で割っている点だ。この結果、人間は後まで覚えている情報を、どれくらいのペースで覚えることができるのかがわかった。さらに人間はモノを忘れるという事実を考慮する方法も見つけた。ランドアーの分析によって、実験で用いられた学習方法やアイテムの種類にかかわらず、被験者が情報を記憶したペースはほぼ変わらなかったという事実が明らかになった。アイテムが視覚的なものであっても、音楽的なものであっても、あるいは口頭で提示しても、学習の速度はほぼ一定だった。[7]

続いてランドアーは、私たちが人生七〇年のあいだ、一定の速度で学習を続けると仮定し、持っている情報の量、すなわち知識ベースの大きさを計算した。さまざまな方法を使ったが、結果はだいたい同じだった。一ギガバイトである。ランドアーは自分の計算結果が精緻であると主張はしなかった。ただ一ケタずれていたとしても、つまり知識ベースが一ギガバイトの一〇倍あるいは一〇分の一であったとしても、たいした量でないのに変わりはない。現代のノートパソコンの内蔵メモリと比べれば微々たる量だ。人間はおよそ知識のかたまりではない。

これはある意味、ショッキングな結果と言える。世界には知るべきことがたくさんあり、そしてふつうの大人ならばたくさんのことを知っている。テレビニュースを見ながら途方に暮れることもない。幅広い話題について知的な会話もできる。クイズ番組の『ジェパディ！』[8]を見れば、何問かは正答できる。少なくとも一カ国語は話せる。そんな私たちの知識が、リュックサックに入れて持ち運べるちっぽけな機械の数分の一ということはないはずだ。

しかしこの結果にショックを受けるのは、人間の脳がコンピュータと同じような仕組みで動くと考えるからにすぎない。私たちを取り巻く世界の複雑さを考えると、脳は記憶をコード化して保持する機械である、というモデルは崩壊する。覚えるべきことはあまりに多く、膨大な情報を記憶に保持しておいても意味がない。

認知科学者はすでに、コンピュータを脳のメタファーとしてそれほど重視しなくなった。

もちろん、このモデルが有効なケースもある。人間がじっくりと慎重に思考するとき、つまり直観的あるいは思いつきではなく一歩ずつ順を追って熟慮するときのモデルは、コンピュータ・プログラムに近いこともある。ただ今日の認知科学者は主に、人間とコンピュータはどう違うかを示すことに注力している。

熟慮は思考プロセスの一つにすぎない。認知の大部分を占めるのは、意識下の直観的思考だ。そこでは膨大な情報が同時並行で処理される。たとえばある単語を探すときには、候補をひとつひとつ順番に検討するわけではない。自分の語彙、つまり脳内辞書を一括で調べ、たいていは探している言葉がトップに浮上する。これはフォン・ノイマンやチューリングがコンピュータ科学と認知科学の草創期に思い描いていた演算モデルとはまったく異なる。[9]

人間とコンピュータの違いをより端的に示すのは、人間は思考するとき、メモリから読み書きする中央処理装置を使わないという点だ。本書の後の章で詳しく見ていくが、人間は自らの身体、自らを取り巻く世界、そして他者を使って思考する。身の回りの環境について知るべきことはあまりに多く、それをすべて自分の頭のなかに入れておくことは、どう考えても不可能だ。

世界がどれだけ複雑であるかを実感するために、複雑さの原因をいくつか見ていこう。

人間が生み出した製品のなかには、仕様からして複雑なものもある。トヨタ自動車によると、現代の自動車は三万点もの部品からできている。[10] しかし自動車が複雑なのは単に部品が多いからではない。その設計や部品同士のつなぎ方が無数にあるためだ。自動車のデザイナーが考えるべきことは、見た目、馬力、燃費、操作性、信頼性、大きさ、安全性など無数にある。こうした当たり前の要素に加えて、現代の自動車を設計するうえで重要なのは、車の静寂性と乗り心地を決める震動の予測と測定だ。震動特性を修正するために、部品を取り換えてみることも珍しくない。

　現代の車はあまりに複雑になりすぎて、ティーンエイジャーがスパナを片手にボンネットを開けて自己流に調整することは不可能になった。いまや車の修理や調整には、長時間の訓練と多数の電気部品が必要だ。今日のティーンエイジャーが車をいじりたければ、アマチュアでも理解できる程度のシンプルなエンジンを積んだ旧式の車を手に入れなければならない。プロの自動車修理工からも、もはや自分たちでは車を修理できなくなったという嘆きが聞かれる。コンピュータの指示どおりにモジュールを交換するだけだ、と。

　航空機から時計付きラジオまで、現代のテクノロジーを使った製品については同じことが言える。現代の航空機はあまりに複雑で、一人の人間が完全に理解することはできなくなり、複数の人間が異なる部分の専門家になった。飛行力学に精通する者もいれば、航空システムのエキスパートもいる。ジェットエンジンのプロもいれば、缶入りの「プリングルス」よろしくエコノミークラスの乗客を効率よく詰め込めるように座席を設計する人間工学の専門家もいる。時計付きラジオやコーヒーメーカーのような現代の家電製品はあまりに高度なので、壊れても直そうとするだけ無駄だ。さっさと捨てて、新しいモノに買い替えたほうがいい。

とはいえ自然界の複雑さに比べれば、人工物の複雑さなどかすんでしまう。岩石や鉱物をじっくり調べてみると、思っていた以上に複雑なことがわかる。科学者はいまだにブラックホールの仕組みはおろか、なぜ氷は滑るのかといった自然現象すら完全には理解できていない。真の複雑さに触れたければ、生物学の教科書を開いてみよう。がん細胞のような顕微鏡でなければ見えない組織体でも、その特性、発生や増殖や死滅の仕組み、正常な細胞と見分ける方法を理解するために何千人という科学者や医師が全力で取り組んでいる。[11]科学と医学がこうした問題を解明できれば、人類は十把ひとからげに「がん」と呼ばれている疾病の苦しみを撲滅できるかもしれない。科学も医学も進歩を遂げてはいるが、依然として手の届かない部分は多い。

多細胞生物になると、その複雑さはさらに何倍にもなる。最たる例が神経系だ。ウミウシですら一万八〇〇〇個の神経細胞（ニューロン）がある。進化という観点から見れば、ミバエやロブスターはかなり知的な生命体だ。どちらも情報を処理するためのニューロンが一〇万個以上ある。ミツバチになると、その数は一〇〇万個に近い。当然ながら哺乳類となると次元が違う。ニューロンの数はネズミが約二億、ネコは約一〇億、人間は一〇〇〇億に近い。大脳皮質は脳のなかで最も新しい領域で、その複雑さこそ人間と他の動物を分けるものだが、そこには約二〇〇億個のニューロンがある。脳内では本当に多くのことが起きているのだ。

脳内にこれだけの細胞があるとはいえ、私たちが日々目にするものを隅々まで覚えておくにはおよそ足りない。外界があまりに複雑なのだ。皮肉なことに、複雑すぎて完全に理解できないシステムの完璧な例が脳そのものだ。脳ほど大がかりなシステムを研究する場合、細部まで完全に理解することなど望めない。それにもかかわらずここ二〇年、脳神経学者の努力によって、個々のニューロンの仕組み、また数百万個のニューロンで構成される脳内の大規模な機能単位の仕組みの解明が大きく進んだ。脳内の多数のシステムが明らかになり、さらに認知神経学者はこうしたシステムがさまざまな機能とどう結びついているかを次々に解き明かしてきた。

最も理解が進んだ機能はおそらく視覚だろう。光がどのように目に入り、どのように脳を活性化する信号に変換され、それが後頭葉でどのように分析され、現実世界の意味のある特性として理解されるのか（動き、方向、色など）が明らかになった。さらには刺激が後頭葉から側頭葉に伝わることで物体として認識され、頭頂葉に伝わることで空間的位置関係が把握されることも明らかになっている。

しかし脳神経学者は、複雑な対象のどの部分に脳が反応し、具体的にどのような計算をするのか、まだほとんど理解していない。先天的知識と後天的知識の区別、私たちが何をどれくらいの速さで忘れるか、意識の性質とその役割、感情とは何か、どの程度コントロール可能なのか、（赤ん坊も含めて）人間はどのように他者の意図を理解するのか、といったことも、解明は道半ばである。進化の過程で脳はあまりにも複雑になり、完全に理解するのは困難になった。

科学者が解明を試みている複雑なシステムのもう一つの例が、気象である。気象学者の努力によって、気象予測は大きく前進した[12]。異常気象事象の多くは何日も前に予想できるようになった。一〇年、二〇年前でもできなかったことである。これは短期予報といわれ、膨大なデータ、優れた気象モデル、コンピューティングの高速化によって大幅な向上がもたらされた。これは途方もない進歩である。

気象は脳と同じように、尋常でない数の変動要因があり、その相互作用によって結果が決まるきわめて複雑なシステムだ。あなたの街の今日の天候は、最近の日照時間、海抜、山地からの距離、近隣に熱を蓄えたり吸収したりする大規模な水源があるか、近隣での重大な気象事象（ハリケーン、雷雨など）の有無、近隣の気圧配置などによって変化する。[13]

こうしたさまざまな要因を気象予測に織り込むのは容易ではない。事実、気象学者には次に竜巻が起こる場所はどこかといった具体的な予測はできない。しかも長期気象予測が可能になるのは、まだずっと先のことだ（永遠に可能にならないかもしれない）。今後数日の天気予報は信頼できるかもしれないが（それでもときには外れることも覚悟しなければならない）、数週間先の予報はあてにしないほうがいい。長期的な気候変動のトレンドはある程度わかっているものの、それは短期的な気象事象の予測には役に立たない。気候変動が原因で異常気象が増えることは予想されているが、具体的に何がどこで起こるかはわからない。

私たちが理解したいと思っても、どうにも複雑で、本来的に理解不能なこともある。たとえば同窓会に行くとき、かつての恋人が来るかどうか、予測するとしよう。相手とは連絡が途絶え、もう何年も消息を聞いていない。それでも同窓会の出席率など、一般的事実から予測はできる。特定の個人が姿を見せるかどうか、友人からヒントが得られることもある。かつての恋人が周囲とどれだけ親しかったか、過去を懐かしむタイプか、といった情報も予測の参考になる。しかしこの人物の現住所が会場からどれくらい近いか、出席するだけの金銭的余裕があるのか、そもそも生きているのかといった具体的事実に基づいて予測を立てることはできない。結婚しているかもしれないし、離婚しているかもしれない。世話をしなければいけない子供が一人か二人、あるいは八人もいるかもしれないし、どんな仕事をしているかもわからない。刑務所に入っている可能性だってある。この人物の人生がたどりえたシナリオは無数にあり、それを知るすべはない。

これは軍事戦略の専門家にはおなじみの問題だ。敵の攻撃パターンをどれだけ想定しても、敵が想定外の方向から襲ってくる可能性は常にある。敵が来襲する可能性が高いルート（陸上あるいは海上）もある一方、可能性が低いルートもたくさんある（地中に掘ったトンネルから、あるいは城壁の外に置かれた木馬の中から）。敵は当然、手の内を読まれないようにするため、可能性が低いルートのほうが実は実現性は高いのかもしれない[14]。

ときには実現性の低そうな事象だけでなく、憂慮すべきものとして明確に想像できないような事象まで、予測しなければならないこともある。ジェラルド・フォード、ジョージ・W・ブッシュ両大統領の下で国防長官を務めたドナルド・ラムズフェルドの有名な言葉に、さまざまなタイプの「わかっていないこと」を定義したものがある。

> 世の中には、わかっているとわかっていることがある。これは自分たちにわかって

いるという事実が、わかっていることだ。一方、わかっていないことがわかっているこ ともある。つまり、自分たちにはわかっていないという事実が、わかっているということ だ。しかし、わかっていないことがわかっていないこともある。自分たちにわかって いないという事実すら、わかっていないことだ。

わかっていないことがわかっているなら、対処できる。難しいかもしれないが、少なく とも何に備えればいいかは明白だ。攻撃が来ることはわかっているが、いつ、あるいはど こから来るかはわからないという場合、軍は兵に招集をかけ、武器を準備し、できるだけ 臨機応変に対応できる体制を整えておけばいい。二〇〇一年初頭の時点で、治安当局には ニューヨークのワールド・トレード・センターが中東のテロリストの標的となっているこ とはわかっていた。実際に一九九三年には攻撃を受け、六人の死者と一〇〇〇人の負傷者 を出している。テロの標的であることがわかっていたので、警備員を増員したり自動車用 のバリアを設置するなど、セキュリティを高める対策をいくつも打っていた。

しかし本当に問題なのは「わかっていないことがわかっていないこと」だ。何に備えれ ばいいのかもわからないのに、どうすれば備えなどできるのか。二〇〇一年九月一一日に 大型旅客機がミサイルとして使われ、ワールド・トレード・センターが崩壊するなどと、誰が予測できただろう。このテロ攻撃によってアメリカ人の安全保障に対する認識は一変し、それがアフガニスタン、イラク、シリアでの大規模な戦争から、新たな戦争やテロ組織の台頭まで、中東地域におけるさまざまな悲劇につながった。

「わかっていないことがわかっていないこと」に悩まされるのは、軍事戦略家だけではない。それは誰もが向き合わなければならないものだ。株式取引に本質的にリスクがともなうのは、いつなんどき大事件が起きて市場が暴落するか、誰にもわからないからだ。二〇一一年、巨大地震とその後の大津波に襲われた日本では、主要な株式指数である日経平均が一七・三％下落した。「わかっていないことがわかっていないこと」はときに悲劇あるいは僥倖《ぎょうこう》（裏庭で宝物が見つかるなど）となって立ち現れ、家族の暮らしを一変させることもある。どれだけ知識があっても、わかっていないことがわかっていないことを予想することはできず、しかもそれは頻繁に起こる。

私たちが知っておかなければならないことの多くはおそろしく複雑で、どれだけ目を凝らしても理解できない。数学の世界では、このような特性を備えた図形や構造を「フラクタル」と呼ぶ。森がたくさんの木から成っているのと同じように、木はたくさんの枝から成り、枝はたくさんの葉っぱ、そして葉っぱ自体にも血管のような細かく枝分かれする葉脈がある。そして葉脈を高性能な顕微鏡で見ると、細胞レベルでも同じように複雑な構造があることがわかる。フラクタルではあらゆる階層が同じような複雑性を持つ。

自然界のたいていのものにはフラクタル・パターンがある。その典型が海岸線だ。飛行機に乗って高度九〇〇〇メートルの上空からイングランドの海岸を見ると、陸と海とを隔てるギザギザの尖った縁《へり》が見える。そこからどれだけ地上に近づいても、やはり尖った縁が見える。海岸まで降りて、水面に突き出た岩を拡大鏡で見ると、同じような尖った縁がある。何かをじっくり観察するほど、ますます疑問が湧いてくる。理解すべきことは次々と増えていく。

身の回りのちっぽけなモノにもさまざまな側面があり、そのひとつひとつにフラクタルのような複雑性が存在する。たとえばヘアピンを完全に理解するには、その現在の用途と潜在的用途をすべて理解する必要がある。さらにヘアピンに含まれるさまざまな素材、その素材の原産地、製造過程でどのように使われるか、ヘアピンがどこで販売され、誰が買うのか、といったことまで理解しなければならない。ここに挙げた疑問のひとつひとつにきちんと答えていくと、さらにまた別の疑問がたくさん湧いてくる。たとえばヘアピンを買うのは誰かを理解するには、ヘアスタイルを分析する必要があり、それにはファッションやその社会的背景まで理解しなければならない。コンピュータ・サイエンティストはこのように情報ニーズがひたすら膨らんでいく様《さま》を「組み合わせによる爆発」と呼ぶ。完全な理解を得ようとすると、次々と理解しなければならないことが増えていく。完全な理解を得るために理解しなければならないものの組み合わせはあっという間に増えていき、抱え込もうとすれば爆発してしまうだろう。

世界の複雑性はおよそ私たちの手に負えるものではないことを示す数学的概念はもう一つある。カオス理論だ。カオスシステムにおいては、プロセスのはじまりのちっぽけな違いが、最終的に途方もない違いを生む。有名なたとえが、中国での蝶のはばたきがアメリカでハリケーンを起こす可能性がある、というものだ。崖から落下するときの速度が徐々に加速していくのと同じように、カオスシステムではちっぽけな違いが増幅されていく。

科学史家のスティーブン・ジェイ・グールドは、カオスという概念が歴史研究に複雑さをもたらすと指摘する。「ことのはじまりにおける特別な理由もないささやかな出来事が、次々と結果の連鎖を生み、あとから振り返ると特定の未来が必然であったような印象を与える。しかし初期の段階でちょっとした刺激があれば、軌道がずれ、歴史は別の道筋をたどり、当初の道から少しずつ乖離していくだろう。当初の逸脱が一見、とるに足らないものであっても、最終的な結末はまるで違ったものになる」[15]。さまざまな出来事はあとから振り返ると必然に思えるというグールドの指摘は、人間の無知に対する深い洞察と言える。物事はどのようにして起こるのか、私たちはまるでわかっていないのだ。

錯覚の抗いがたい魅力

ここまで、私たちが驚くほど無知であること、自分で思うより無知であることを見てきた。また世界が複雑であること、私たちが思うよりずっと複雑であることも見てきた。ならばなぜ、これほど無知な私たちは、世界の複雑さに圧倒されてしまわないのか。知るべきことのほんの一端しか理解していないのに、まっとうな生活を送り、わかったような口をきき、自らを信じることができるのか。

それは私たちが「嘘」を生きているからだ。物事の仕組みに対する自らの知識を過大評価し、本当は知らないくせに物事の仕組みを理解していると思い込んで生活することで、世界の複雑さを無視しているのである。実際にはそうでないにもかかわらず、自分には何が起きているかわかっている、自分の意見は知識に裏づけられた正当なものであり、行動は正当な信念に依拠したものであると自らに言い聞かせる。複雑さを認識できないがゆえに、それに耐えることができるのだ。これが知識の錯覚である。

みなさんも小さな子供が「なぜ」「なぜ」と繰り返し質問し、聞かれた大人が最後には「だからそういうものなの！」と会話を打ち切る場面を見たことがあるだろう。子供は物事が複雑であること、何かを説明しようとすると次々と新たな疑問が湧いてくることを、なんとなくわかっている。「説明深度の錯覚」は、大人が物事は複雑であることを忘れ、質問するのをやめてしまったことに起因するのかもしれない。探求をやめる決断をしたことに無自覚であるために、物事の仕組みを実際より深く理解していると錯覚するのだ。

本書では最終的に、もっと深い問いに向き合っていく。私たちはなぜ複雑さに耐えられるのかではなく、複雑さにどう対処しているのかを考察する。これほど無知であるにもかかわらず、なぜ人類はこれほど多くを成し遂げることができるのか。それは認知的活動を分担することに非常に長けているためだ。ただ私たちがコミュニティとどのように知識を共有するかを理解するには、まず個人としてどのようにモノを考えるかを理解する必要がある。

第二章　なぜ思考するのか

もっと記憶力が良ければ、と思わないだろうか。完璧な記憶力があったらどうだろう。かなり魅力的ではないか。

アルゼンチンの偉大な作家、ホルヘ・ルイス・ボルヘスは「記憶の人、フネス」という短篇のなかで、この問いに答えている。フネスはウルグアイの辺境の町、フライ・ベントスに暮らす若者だ。彼には自らの経験したことを記憶する驚異的能力がある。

われわれはテーブルの上の三つのグラスをひと目で知覚する。フネスはひとつのブドウ棚の若芽、房、粒などのすべてを知覚する。彼は、一八八二年四月三十日の夜明けの、南にただよう雲の形を知っていて、それを記憶のなかで、一度だけ見たスペインの革装の本の模様とくらべることができた。また、ケブラチョの戦いの前夜、舟のオールがネグロ川で描いた波紋とくらべることができた。これらの記憶は単純なものではなかった。視覚的映像のひとつひとつが筋肉や熱などの感覚と結びついていた。彼はあらゆる夢を、あらゆる半醒状態を再生することができた。二度か三度、まる一日を再現してみせたこともある。一度もためらったことはないが、再現はそのつどまる一日を要した。

(ボルヘス『伝奇集』、鼓直訳、岩波文庫より)[1]

まさに大いなる力だ。そして優れたスーパーヒーローのご多分に漏れず、フネスの特殊能力の起源にまつわるエピソードもある。ただ放射線を浴びたクモに噛まれたとか、自ら大量のガンマ線を浴びたといった華々しいものではない。フネスの超人的記憶力は落馬して頭を強打したことをきっかけに生じた。

ボルヘスはありふれた状況のなかに空想的要素を織り込んでいくのに長けており、ごく最近までフネスの物語はファンタジーだと思われていた。だが二〇〇六年、カリフォルニア大学アーバイン校と南カリフォルニア大学の研究者であるエリザベス・パーカー、ラリー・ケーヒル、ジェームズ・マクゴーが、AJという名の患者の驚くべきケーススタディを発表した。[2] AJはフネスによく似ている。自分の経験したことすべて、たとえばとった食事の細々とした内容やありとあらゆる他者とのやりとりを記憶している。

ＡＪはマクゴーへのメールに自らの経験をこう綴っている。

私は現在、三四歳ですが、一一歳のときからこの信じられないような過去を想起する能力を持つようになりました。単なる記憶ではありません。私の最初の記憶はゆりかごに寝ていた幼児のときのものですが（一九六七年頃）、一九七四年から今日までのどの日についても、それが何曜日であったのか、その日自分が何をしたのか、さらにはその日何か重要な出来事が起きていたら、それについてもお話しできます。事前にカレンダーを見る必要もありませんし、二四年間書き続けている日記を読み返すこともありません。テレビ画面（別にテレビ画面に限った話ではありませんが）で特定の日付が表示されると、自動的にその日に戻り、自分がどこにいたのか、何をしていたのか、それが何曜日か、といった詳しいことを思い出します。

この症状は超記憶症候群、あるいは非常に優れた自伝的記憶（ＨＳＡＭ）と呼ばれる。きわめてまれであり、ほんの一握りの症例しか見つかっていない。

たいていの人は自分が鍵をどこに置いたのかも思い出せないので、ＡＪの能力をすばらしいと思う。だがそこまで感心することもないのかもしれない。コンピュータを使えば、データの保管というのは比較的簡単に解決できる問題だ。人類はコンピュータを発明すると同時に、効率的に大量の情報を保管する方法を学習しはじめ、コンピュータの記憶容量は指数関数的に増加してきた。本書執筆の時点で、アマゾン・ドットコムでは一テラバイトのUSBメモリが一〇〇ドル以下で販売されている。[3] チューインガム一パックほどの大きさのメモリに、本書二〇〇〇万冊分のテキスト情報、二〇〇万曲の楽曲、あるいは写真なら三一万枚相当のデータを保管できる。

コンピュータがそれほど多くの情報を保持できるのであれば、人間の脳も同じことができるのではないかと思うかもしれない。超記憶症候群が存在するという事実そのものが、脳が膨大な情報を保持できることを示唆している。なぜこの能力があらゆる人に備わっていないのか。

脳はコンピュータ技術者が設計したものではないから、というのがその答えだ。脳は特定のタイプの問題を解決できるように、進化のプロセスを通じて形づくられてきた。膨大な詳細情報を記憶することは、そうした目標を達成するうえで役に立たない。ボルヘスはそれをわかっていた。自らの能力を語るフネスの言葉は、初めは高揚感と驚きに満ちているが、次第に変化していく。

「世界が始まって以来、あらゆる人間が持ったものをはるかに超える記憶を、わたし一人で持っています。（中略）わたしの眠りはあなた方の徹夜のようなものです」（同）

それが次の行では、こんな月並みな言葉で表現される。

「わたしの記憶は、ごみ捨て場のようなものです」（同）

ＡＪの経験談も、彼女の「大いなる力」がそれほどすばらしいものではないことを示唆している。超記憶症候群であることを、とても負担に感じているという。

これはノンストップで、コントロール不能で、本当に疲れる。私のことを「カレンダー人間」と呼ぶ人もいれば、怖がって部屋から逃げ出す人もいます。ただこの「才能」を知った人全員に共通する反応は、心からの驚嘆です。（中略）そして私の能力がどれだけのものか試そうと、でたらめな日付を言ってくるのです。これまでのところ、答えられなかったことはありませんが。たいていの人はこれを才能と言うけれど、私にとっては負担でしかありません。私は日々、頭の中で自分の全人生を反芻《はんすう》しています。本当にうんざりです！

この症状で悩んでいるのはＡＪだけではない。二〇一三年にナショナル・パブリック・ラジオが伝えたレポートによると、超記憶症候群と認められた五五人のほとんどが鬱《うつ》症状に苦しんでいた。[4]

すべてを記憶する能力がそれほどすばらしいものではないことを理解するために、そもそも思考の目的は何なのか、という原点に立ち返ってみよう。思考はどのような問題を解決するために進化してきたのか。

脳は何のためにある？

ほとんどの動物には脳がある。動物が他の生物から分岐したあと、最初に起きた適応の一つがニューロンであった。脳が完全に発達していない動物にも神経系、すなわち情報を処理するためのニューロンのネットワークは備わっている。一方、植物には脳がない。情報処理のためのネットワークを組織するような細胞を進化させた植物は存在しない。

植物と動物にはさまざまな違いがあるが、最も根本的な違いは動物には高度な行動が可能である点だ。動物は自らを取り巻く環境に対して、複雑な反応ができる。植物にも驚くほど複雑で興味深い種があるが（たとえばキヌガサソウという植物のゲノムは、人間の五〇倍ある）[5]、高度な行動をとる能力はない。だからこそ木を切り倒すのも、花を摘むのもこれほど簡単なのだ。木や花には身を守るすべがない。植物は進化の過程で、高度な行動を必要としないようなニッチを見つけたのである。言うまでもなく、植物の最も重要な適応は光合成だ。動物も植物のように太陽を浴びているだけで栄養を摂取できたら、その生態はかなり違ったものになるだろう。

植物のなかにも、原始的な行動能力を持つものがある。たとえば葉っぱを太陽の方向に向ける、他の生物に寄生する、あるいは触れると身を翻すといったものだ。「動物のような」行動能力を持つ植物の最たる例が、食虫植物のハエトリグサだ[6]。ハエトリグサの生息する環境には、土壌に重要な栄養素が欠けている。そうした栄養素を得るために、ハエトリグサは昆虫を誘い込み、吸収する能力を身につけた。そのメカニズムは自然の驚異としか言いようがない。ハエトリグサには耳たぶのような形をした二枚の葉があり、そこから虫を誘い寄せる蜜を分泌し、虫が飛んでくるとパチンと閉じる。葉を閉じる動作は、葉っぱの先端に並んでいる感覚毛（トゲ）が刺激されることでスタートする。この刺激によって機械的・化学的反応の連鎖が始まり、葉っぱが閉じ、虫を消化するための酵素が分泌されるのだ。

この捕食のプロセスが機械的なものであるという事実は、ハエトリグサがそれほど賢くないことを意味する。進化の過程で、致命的なミスを防ぐような制御の仕組みができあがったのだ。たとえば感覚毛が短時間に二回刺激されないと、葉は閉じない。それによって葉っぱの上を昆虫が動いているのか、あるいは単に雨水や土埃がふれただけかを識別できるようになっているのだ。それでもハエトリグサはしょっちゅうミスを犯す。

ハエトリグサはある種の情報処理システムと見ることができる。環境からの刺激は、葉を閉じるか、閉じないかを判断するためのシグナルに転換される。このシグナルに反応してかなり複雑な機械的プロセスが起こる。ここで注目すべきは、情報を処理する仕組みは植物の構造そのものに埋め込まれており、情報の違いに応じて対応を変えるのはきわめて難しいという点だ。ハエトリグサは葉を閉じるべきタイミングを見きわめるための、非常に優れたルールを進化させた。だがそれをさらに高度化する方法は見つけていない。

さきほど「ほとんどの」動物には脳がある、と書いた。例外は海綿だ。その海綿が行動能力を持たない唯一の動物であるのは、決して偶然ではない。海綿は海底にじっと座ったままで、海水の栄養分を取り込む一方、老廃物を排出するための機構を備えている。あまり刺激的な暮らしではなさそうだ（たぶん海綿は気にしないだろうが）。

ひとたび動物がニューロンと神経系を発達させると、その行動の複雑さは爆発的に高まり、驚異的なペースで発達していった。ニューロンで構成される柔軟な神経系があるからこそ、進化の過程で次第に複雑な情報処理アルゴリズムがつくられていったのだ。

たとえばクラゲという単純な例を見てみよう[7]。クラゲの神経系は動物界のなかでも最も単純な部類に入り、本格的な脳ですらない。ニューロンはわずか八〇〇〇前後だ。それでもクラゲの行動はハエトリグサとは比較にならないほど高度だ。海水の塩分濃度に反応したり、正しい標的に触手を伸ばして簡単な捕食活動をしたり、捕らえた獲物を触手から口に運んだりできるほか、天敵から逃れるための秘策も持っている。とはいえクラゲの能力を過大評価するのもやめておこう。ほとんどの時間はただ水中を浮遊しているだけなのだから。

脳のサイズがもう少し大きくなると、魔法のような行動が観察できるようになる。何千というニューロンを備えた動物になると、飛翔や移動といった本当に複雑な行動がみられるようになる。ネズミのようにニューロンが何百万という領域に達すると、迷路を潜り抜けたり、子供のために巣を作ったりといった行動がみられる。そして数十億単位のニューロンを備えているのが、交響曲や宇宙船を作る能力を備えた人間である。

賢い脳

五月から六月にかけて満月の晩にアメリカのニューイングランド地方の海岸を訪れると、驚くべき光景を目にする可能性が高い。アメリカカブトガニの交尾期である。アメリカカブトガニは年間を通じて海で暮らしているが、この時期だけは何千匹という個体が交尾相手を見つけ、産卵するために海岸にやってくる。二〇一二年のある晩にデラウェア湾の海岸でボランティアたちが数えたところ、一五万七〇一六匹が確認された。[8]

アメリカカブトガニは四億五〇〇〇万年前から、ずっとこのしきたりを続けてきた。これは現生人類が登場してからの期間の実に二二五〇倍にあたる。この種がこれほど長きにわたって存続してこられた理由はどこにあるのか。彼らはどんな能力を持っているのか。その能力を発揮させるために、脳の中でいったい何が起きているのか。

こうした疑問に答え、一九六七年のノーベル生理学・医学賞を受賞したのが生理学者のハルダン・ハートラインだ。[9]一見ありふれた状況が、ときとして最大級の科学的発見を生む。ハートラインは東海岸にほど近いペンシルバニア大学に勤務していたので、五月から六月の満月の晩に海岸に行き、できるだけ多くの標本を研究室に持ち帰るのはたやすいことだった。

カブトガニの脳は比較的単純なので、科学者はその詳細な働きを解明することができた。前章で見たように、一般的に脳を理解するのは難しい。人間の脳の働きの大部分は、その複雑さゆえにまだ謎に包まれている。カブトガニの単純な脳は、脳の生理学を研究する格好の素材となった。今日に至っても、自然界で最もよく理解されている神経系はカブトガニのものだ。カブトガニの脳には複数の機能があるが、とりわけ重要なものの一つが視覚であり、ハートラインの研究対象もそれであった。

カブトガニは甲羅の両側に一つずつ複眼がある。それぞれの複眼には「個眼」と呼ばれる光感受細胞が八〇〇個ある。個眼は光に刺激されると、その強度に応じた信号を脳に送る。つまりカブトガニの視覚システムは、目に入ってくる光の強度の地図をつくるのだ。

ハートラインの最大の発見は、カブトガニの脳内の地図は、環境から入ってくる光の像をそのまま反映したものではないということだ。光の強度にかかわる情報は、きわめて体系的に修正される。目のある部分から強力な信号が入ってくると、その周辺部分から入ってくる信号は弱められる。これは側方抑制と呼ばれる現象だ。側方抑制の大きな効果は、視覚信号にコントラストをつけることだ。明るい部分と暗い部分がはっきりする。これは時間が経って色あせたりコントラストが失われたりした画像や動画をリマスターする際に使われる、信号処理アルゴリズムの働きとよく似ている。側方抑制の結果、カブトガニの脳内の光地図では、光の強い部分が周辺部より強調される。

ハートラインの研究からは多くの新たな疑問が生まれたが、とりわけ最も重要だったのは「なぜカブトガニはこのような能力を身につけたのか」だ。視覚入力のコントラストを強化する能力に、どんなメリットがあるのか。

一九八二年、ハートラインの教え子のロバート・バーロウの率いる研究チームが行った実験により、この疑問の解明が始まった。交尾以上に重要な行動はない、というのが進化のことわりである（人間にも同じ見解を持つ人はいるが）。バーロウの研究成果は、カブトガニの視覚システムにおける側方抑制は交尾相手を見つけるのにきわめて重要な役割を果たすことを示唆している。[10] バーロウは形や色の異なるコンクリート製のダミーをいくつも作り、交尾期に砂浜に設置した。ハエトリグサと同じように、雄のアメリカカブトガニも頭が良いわけではなく、ダミーと交尾しようとする個体が絶えなかった。ただ重要なのは、雄のカブトガニが求愛した相手は、形や砂とのコントラストが雌のカブトガニに最もよく似たダミーばかりだったということだ。これはカブトガニが視覚を頼りに交尾相手を見つけることを示している。雌のカブトガニである可能性が高い物体を、視覚によって識別しているのだ。

海辺に上陸した雄のカブトガニを想像してみよう。その最大の目標は、なるべく早く相手になりそうな雌を見つけることだ。おそらくその海岸に土地勘はないだろう。太陽は沈んでいたり雲に隠れていたりすることもあるし、また海藻や漂流物で見晴らしが悪いこともある。周囲には同じ目標を持った雄のカブトガニがうじゃうじゃいて、しかもさらに都合の悪いことに、雄の個体数は雌より大幅に多いときている。だからなるべく早く、まだ相手のいない雌を見つけて接近できるかが繁殖の成否を分ける。ここで側方抑制のメリットが明らかになる。コントラストが鮮明になることで、ごみごみした背景から魅力たっぷりの雌の暗色の甲羅が浮かび上がるのだ。側方抑制に長けた雄ほど、相手を見つけられる可能性は高い。

アメリカカブトガニの目は環境からの情報を処理し、求愛相手を見つけやすくする。この情報処理能力があることで、太陽が出ているのか、海岸に海藻が散らばっているのかといった周囲の状態に左右されにくくなる。雄のカブトガニにとっては、視覚的状態にかかわらず雌のカブトガニを見つけられることには大きな意味がある。それでも色を塗ったコンクリート製ダミーに簡単に騙されてしまうのは、きわめて単純な属性に反応しているからだ。多少なりともメスに似た物体であれば、同じ属性を備えている。

脳がより大きく複雑になると、脳内の処理プロセスは周辺環境の状態に影響されにくくなる。それがどういうことかを説明するために、顔認識の例を考えてみよう。人間には非常に優れた顔認識能力がある。これは情報処理としては非常に難しい作業だ。ざっくり言ってしまえば、あらゆる人の外見はほとんど同じだ。顔の大きさはだいたい同じで、目が二つ、鼻が一つ、そして口が一つ、だいたい同じ場所に付いている。それにもかかわらず、私たちは何千という微妙に異なる顔をきちんと識別できる。さらに難しいのは、異なる環境で同じ顔を識別しなければならない点だ。誰かと会うたびに、視野に入ってくる角度は異なる。化粧やヒゲも違うかもしれないし、光の当たる角度も異なり、顔にかかる影も変わってくる。脳が主に目からの感覚入力をもとに顔を認識しようとすれば、まるでうまくいかないだろう。

われわれは最近、俳優のダニー・デヴィートの高校の卒業アルバムで（驚くほどハンサムな）本人の写真を見つけた。[11] この写真がおもしろいのは、そこに写っているのは紛れもなくダニー・デヴィートであるという点だ。デヴィートの近影と並べてみると、両者の共通点を見つけるのはなかなか難しい。それでも同一人物であることを識別できたのはなぜか。

それは顔認識システムが、ある顔にどんなときも見られる本質的な属性を見つけ、他の人の顔と区別するようにできているからだ。[12] ダニー・デヴィートの顔に傷跡など珍しい特徴があれば簡単だ。それなりに大きな傷跡ならば、光の具合やメーキャップにかかわらず、またどんな角度から見ても視認できるだろう。だがデヴィートの顔に傷跡はないので、顔認識システムはダニー・デヴィートを本人だと識別するために、もっと抽象的な属性に頼らざるを得ない。たとえばさまざまなパーツの相対的な位置関係は、顔認識の重要な要素だ。人間は両目の間隔、あるいは口、鼻、目の相対的な位置の小さな違いすら見分けることができる。[13]

これは顔認識に限らず、ありとあらゆる認識について言える。知的であるというのは要するに、五感から入ってくる膨大なデータから本質的で抽象的な情報を抽出する能力があるということだ。高度な大きい脳を持つ動物は、単に周囲の光、音、においに反応するのではなく、知覚した世界の本質的かつ抽象的属性に反応する。そのおかげで新たな状況できわめて微妙かつ複雑な共通点や差異に気づくことができ、経験したことのないような場面でも適切な行動をとることができる。

本質的かつ抽象的情報が有益なのは、おそろしく複雑なさまざまな選択肢のなかから、自分の興味に合ったもの（それがどんなものであろうと）を選ぶのに役立つからだ。たとえば聞いたことのあるメロディーを認識するときに、抽象的情報が使われる。「ブラームスの子守歌」を聞けば、それがどんな楽器でどんなキーで演奏されていても、また演奏者が何度か失敗しても、「ブラームスの子守歌」だと認識できる。それが聞いたことのあるメロディーだと認識できるのは、過去にそれを聞いた具体的場面を想起できるためではない。もっと抽象的な手がかりのはずだ。私たちは常にこうした抽象的情報に基づいてさまざまなモノを認識しており、しかもそうしているという意識すらない。

フネスの苦しみ

洞察力あふれるボルヘスは、すべてを記憶することは、脳が最も得意とすること、すなわち抽象化と矛盾するという事実を理解していた。だからこそフネスは自らの脳をゴミの山などと表現するのだ。頭にあまりにも大量のガラクタが詰まっているために、一般化することや理解することが不可能なのだ。たとえば、しょっちゅう出会うふさふさの毛に覆われた四つ足の動物が、すべて同じものであると認識できない。

　忘れてはならないことだが、フネスは普遍的なプラトン的観念を持つことはおよそできない男であった。包括的な「犬」という記号が、さまざまな大きさや形をした多くのことなる個体をふくむということが理解しがたいだけではない。三時十四分の（横から眺めた）犬が、三時十五分の（前から眺めた）犬と同一の名前を持つことが気になったのだ。（同）

ほとんどの人が超記憶症候群ではないのは、この症状は人間が進化によって獲得した能力を発揮する妨げとなるからだ。脳は最も有益な情報を選び出し、それ以外を捨てるという作業に忙しい。すべてを記憶することは、本質的な原則に意識を集中し、新たな状況に過去に経験したものとどのような共通点があるかを認識し、有効な行動を見きわめる妨げとなる。

脳が何をするために進化してきたかについては、さまざまな見解がある。エドガー・ライス・バローズは、ターザンと他の猿との違いを合理的思考の能力（そしてヒゲを剃る能力）の有無とした。言語能力を持つため、あるいは社会的相互作用、狩猟採集、移動、あるいは変化する環境に適応するために脳が進化したという説もある。われわれはこうした見解のいずれも否定しない。むしろどれも正しい。なぜなら脳はもっと一般的な能力、つまりここに挙がったもののすべてを包含する能力を持つように進化してきたからだ。すなわち脳は、有効な行動をとる能力を支えるために進化した。思考する動物は、短期的にも長期的にも自らを利するような行動をとる可能性が高く、ライバルよりも生き延びる可能性が高い。これは思考とは何かを理解するうえで、重要な示唆を持つ。

脳が大きく複雑になるにつれて、環境からのより本質的で抽象的な手がかりにうまく対応できるようになり、新たな状況にますますうまく適応できるようになる。これは知識の錯覚を理解するうえで、きわめて重要な点だ。往々にして、有効な行動をとるうえで詳細情報を保持している必要はない。たいてい全体像さえわかっていれば事足りる。超記憶症候群の人々や「記憶の人、フネス」のように詳細情報を貯め込むことは非生産的な場合もある。

人間が進化してきた環境が、有効な行動を選ぶ能力ではなく、もっと別の能力を利するようなものであったなら、脳に備わる論理もまた今とは違うものになっていただろう。たとえば私たちが進化したのがギャンブルに強い者が有利になる世界であったなら、確率分布を難なく計算したり、統計学の法則を駆使する能力が発達していただろう。演繹《えんえき》的推理に長けた者が有利になる世界であれば、誰もがテレビドラマの『スタートレック』に登場するミスター・スポックのような完璧な演繹能力を持っていたかもしれない。だがたいていの人はどちらもおそろしく苦手だ。現実に私たちが進化を遂げたのは行動の論理が支配する世界であり、だからこそこのタイプの思考が人間に特徴的な能力となった。次章では行動の論理とは何か、それが他の論理とどのように違うかを詳細に見ていこう。

第三章　どう思考するのか

著者の一人であるスティーブンは、キャシーという名の犬を飼っている。キャシーと飼い主には共通点が多い。その一つが食事に対する姿勢だ。夕食時になると、どちらも空腹感にさいなまれる。キャシーの対応策は、夕食の時間が近づいたら餌皿の脇に立つ、というものだ。なかなかの妙案だ。毎晩夕食が盛り付けられるのはこの皿であり、誰かが気づいてくれれば餌がもらえる。問題はキッチンに人がおらず、キャシーが餌皿の脇に立っていることに気づいてもらえないと、誰かがキャシーの食事の時間だと思い出すまで食事にありつけないことだ。

キャシーの飼い主は、もう少し賢い。食事が出てくる場所に行くのではなく、食事を出してくれる人のところに行くのだ。もうすぐ夕食だと思うと、家族のなかで夕食を作る担当である妻のそばをうろつく。最終的にスティーブンを追い払うために、妻は一緒に夕食の支度を始める。この対応策は、誰かがキッチンにいなくても有効だ。妻が家にいればいい。しかし完璧ではない。妻が遠出していたり、あるいはつきまとう夫を不愉快に感じたら、うまくいかない。

キャシーの頭のなかでは、食事と餌の場所との関連性がしっかり認識されている。その関連性に基づいて行動をとる。しかし飼い主はもっと高度な行動をとる。飼い主は食事が出てくる原因（妻）を突き止め、その原因に的を絞った戦略を立てた。犬は結果（餌が届けられる皿）に的を絞ったために、ときには腹をすかせたままの状態に陥る。

結果ではなく原因に的を合わせるという戦略は、さまざまな問題を解決するのにかなり有効だ。病気の症状で苦しんでいるときには、症状（結果）を手当てするより、病気（原因）そのものを治療したほうがいい。またコミュニティ全体が飢えないようにしたければ、単に食べ物を施すより、コミュニティの住民が自活して生活できるような状況をつくり出したほうが効果的だ。

とはいえ、こういう評価はキャシーには少し酷だったかもしれない。歴史を振り返ると、心理学という学問は数十年にわたり、ロシアの偉大な生理学者、イワン・パブロフが示した方向性に従ってきた。パブロフは一九世紀末の有名な実験で、動物は鐘の音と食べ物といった恣意的な刺激の関連性を学習できることを示した。[1] パブロフは、犬は食べ物が口に入る前から唾液を分泌することに気づいた（人間も同じだが）。そこで唾液腺の分泌量（つまりはどれだけよだれが出ているか）を測定することで、食べ物が来ると予測しているか否かを測ることにした。まず必ず鐘を鳴らしてから、餌を出すようにした。その後、餌をやらなくても、鐘の音を聞いただけで犬がよだれを出すことを発見した。この結果に基づき、犬が鐘の音と餌の関連性を学習したことで、鐘の音が餌と同じような反応を引き起こすようになったとパブロフは主張した。鐘の音は恣意的な刺激であり、犬が知覚できるものであればなんでもよかった。一方、餌はそれほど恣意的な選択ではなかった。餌が選ばれたのは、犬が欲しがるものだからだ。ただもともと犬の記憶のなかで餌と鐘には関連性がなかったはずなので、両者の関連性は恣意的なものである、とパブロフは考えた。科学界もパブロフの主張を支持し、パブロフはこの業績によって一九〇四年のノーベル生理学・医学賞を受賞した。パブロフの条件反射の理論は行動主義心理学の土台となり、二〇世紀前半まで心理学研究の主流であり続けた。

しかし一九五〇年代に、ジョン・ガルシアという心理学者が、どんな恣意的な関連性でも学習できるという主張の問題点を指摘した。ガルシアの行ったある実験では、ネズミに与えるさまざまな刺激の組み合わせを変えてみた。[2] 最初に目ざわりな光の点滅を見せるか、甘い水を飲ませた。続いて電気ショックか、腹痛を与えた（水に混ぜ物を入れた）。ネズミたちは光の点滅と電気ショックの関連性と、甘い水と猛烈な腹痛の関連性をやすやすと学習した。しかし別の組み合わせの関連性を学習することはできなかった。つまり光の点滅と腹痛、あるいは甘い水と電気ショックの関連性は学習できなかったのだ。

光を点滅させるメカニズムと電気ショックを引き起こすメカニズムは同じである。同じように添加物の入った水（たとえ甘いものであっても）は腹痛の原因になりうる。どちらの組み合わせも因果関係として筋が通っている。一方、別の組み合わせには合理性がない。なぜ甘い水を飲むと電気ショックが起こるのか、またなぜ光の点滅が腹痛を引き起こすのかは、理解しがたい。ネズミたちは合理的な因果関係のある刺激のあいだの関連性は学習できたが、恣意的な関連性は学習できなかった。ガルシアの研究は、ネズミたちは合理的な因果関係のある刺激の関係性は学習できるが、恣意的な関連性は学習できない傾向があることを示している。ネズミでさえ、苦しさの原因を解明するために、単純な因果的推論をするのである。

ネズミに単純な条件反射だけでなく、因果的推論が可能なのであれば、おそらく犬も同様だろう。パブロフの言うような関連づけは、恣意的な刺激の組み合わせのあいだでは起こらない。二つの刺激のあいだに因果関係が成り立ちそうな場合にかぎって成立するのである。さきほどキャシーの知的能力を軽んじたことを詫びておかなければならない。われわれは犬の因果的推論能力に敬意を持っているし、人間の因果認識能力にはそれ以上の敬意を抱いている。

人間は物事の因果を考える

人間は地球上で最も因果的思考に長けた生き物である。ざらざらの表面でマッチを擦ったら何が起こるか、雨のなか傘を持たずに外出したらどうなるか、気難しい同僚に不用意な発言をしたらどうなるか、よくわかっている。どれも因果的推論を必要とする。どのケースでも世界は何らかの状態にあり、何らかのメカニズムが作用して、その状態が変化すると想像する。

最初の例では、マッチと粗い面があり、それからマッチをその面で擦るというメカニズムを考える。そのメカニズムについて十分な知識があるおかげで、擦れば火花が出て、マッチに含まれる可燃物質に引火することがわかる。二つ目の例では、今は家のなかにいて乾いた状態だが、外では雨が降っていると考える。それからたくさんの水滴が上から降ってくるメカニズムを想像する。このメカニズムについて十分な知識があるために、衣服や髪が水滴を吸収し、肌にも水滴がかかることがわかる。要するに濡れるわけだ。

因果に関する知識、つまりどんなメカニズムが働くかという知識を用いて予測を立てるのは、単純な作業に思えるが、実はたくさんのメカニズムを知っている必要がある。粗い表面でマッチを擦る、水滴を体中に浴びる、冷えた体に厚い毛布をかける、幼い子供を怒鳴りつける、家電製品の電源ボタンを押す、野球ボールを窓にぶつける、植物に水をやる、車のアクセルを踏み込む……。挙げていけばキリがない。私たちはさまざまな効果を引き起こす、膨大な数のメカニズムを知っている。

そして、ただ知っているだけではない。それがどのように機能するか理解している。マッチかそれを擦る面のどちらかが湿っていれば火花は出ないこと、またマッチを擦るのが弱すぎても強すぎても火花は出ないことを知っている。雨具を使えば濡れないこと、あるいは水滴が体に付いたとたん蒸発するくらい細かい雨であれば濡れないこともわかっている。ひとつひとつのメカニズムについて、どのような条件が整えば予想どおりの結果が出るのか（怒鳴りつけられた子供が泣くのは、怒鳴った人物が遊んでいるのではなく怒っているためだと子供が認識したときだけである）、どのような条件が整わなければ予想する結果が出ないのか（子供を怒鳴っても、聞こえないほど遠ければ泣かない）といった知識はある。

ふつうの人にはそれほど当たり前とは思えないタイプの推論もある。たとえば８７４３

の立方根を推論するのは難しい。量子力学を論じるのも難しい。次にネバダ州のリノを訪れたときに、カジノで賭けに勝つ確率を予想するのも難しい。リノがロサンゼルスより東にあるのか西にあるのかさえ、予想するのは難しい（ぜひ確認していただきたい。正解は予想と違うかもしれない）。私たちはあらゆることを推論できるわけではない。得意なのは、世界がどのような仕組みで動いているかを推論することだ。これについては、人間は因果的推論の才能に恵まれている。実はネズミも同じだ。この世界でうまく生きていくために進化してきた動物として、これ以上に有益な能力があるだろうか。

前章で見たとおり、思考の目的は特定の状況下で最も有効な行動を選択することだ。そのためにはさまざまな状況に共通する、本質的な特性を理解する必要がある。人間が他の動物と違うのは、こうした本質的な、不変の特性を理解する能力を持っていることだ。誰かが脳震盪《のうしんとう》を起こした、伝染病に感染したといった判断をする、あるいは車のタイヤに空気を入れるべきタイミングを見きわめるには、それを示す重要な特性に気づく人間ならではの才能が必要なのだ。

ここまで取り上げた事例は、かなり単純なものばかりだ。人間に戦争の結果を予想したり、特定の組織が新たな医療保険を導入した場合の影響を占ったり、あるいはトイレが機能する仕組みを説明したりする能力があるなどと主張するつもりはない。他のタイプの推論と比べれば因果的推論の能力は高いかもしれないが、個人レベルで見ればそれもたかが知れていることを、「説明深度の錯覚」は示唆している。

因果的推論は、因果的メカニズムに関する知識を使って、変化を理解しようとする試みである。さまざまなメカニズムを通じて、原因がどのような結果に変わるかを推測することで、未来に何が起こるかを予想するのに役立つ。人間は自然と因果的推論をすることを示す証拠をいくつか挙げよう。たとえば次の文章題を考えてみてほしい。

あるロビイストが上院議員にこう言っているのが聞こえた。「私の法案を支持してくれたら、今後一年、資金集めはしなくて済みますよ」。それから数カ月、問題の法案が上院で議論されているあいだ、上院議員は一貫して法案を支持しつづけた。上院議員はその年の資金を集めるために、どれだけの時間を使ったと思うだろうか。

これはそれほど難しい問題ではないだろう。上院議員は資金集めに国中を走り回る代わりに、悠々とくつろぎながらロビイストのお金で高級ウィスキーや葉巻を楽しんでいる可能性が高い。この問題が簡単なのは、私たちは自動的に推論をするからだ。直接見聞きしていないことを、あれこれ推測する。このロビイストの事例は、「肯定式」と呼ばれる論理スキーマの単純な例だ。抽象化すると、次のようなかたちになる。

もしAならば、Bである。
Aである。
それゆえにBである。

これに異を唱えられる者がいるだろうか。「もしAならばB」である場合、Aが真ならばBも真である。まるで同じことを二度繰り返しているようだ。だが実際には、この推論が正しいかはそれほど明白ではない。上院議員は法案を支持したが、ロビイストの資金は断ったかもしれない。ロビイストが嘘をついたかもしれない。結果は無効になるかもしれない。「肯定式」のような論理スキーマは、抽象論では当然と思えるが、具体論で考えるとそれほど当然ではなくなる。それは因果関係を検討しなければならないからだ。[3]

論理スキーマには当然と思えないものも多く、また論理的ではない論証が一見筋が通っているように思えることもある。例を挙げよう。

私の下着が青なら、靴下は間違いなく緑である。
私の靴下は緑である。
ゆえに私の下着は青である。

これは正しい推論だろうか。ほとんどの人は正しいと思うが、論理学の基本（「命題論理」と呼ばれる）に立ち返ると、とんでもない誤りである。これは後件肯定と呼ばれる論理的誤謬だ。

続いて、事実が正しいか否かではなく、原因と結果に関する次の論証を見てみよう。

下水道に落ちたら、シャワーを浴びる必要がある。
私はシャワーを浴びた。
ゆえに私は下水道に落ちた。

今回は騙される人はほとんどいないだろう。私がシャワーを浴びたという事実は、私が下水道に落ちたことを意味しない。シャワーを浴びる理由は他にもたくさんあるからだ。この例では、一つ目の文章が原因を示す。下水道に落ちることは、シャワーを浴びる原因になる。因果関係を推論するときのほうが、私たちは正しい推測をするために考慮すべき要因に対してはるかに意識的になる。実際、因果関係を推論するには、かなり強力な知的能力が必要だ。まず下水道に落ちることはシャワーを浴びる原因となりうること、またその逆は真ではないことを理解しなければならない。それから別の理由でシャワーを浴びた可能性も思い浮かべ、それぞれについて妥当性を評価する必要がある。さらにこうした検討結果を、質問への答えに転換しなければならない。このすべてをほんの数秒のうちに私たちはやってしまう。因果的推論にかけては、人間は生まれながらの天才である。[4]

人間はコンピュータのような論理マシンではない。私たちは常に推論をするが、それは標準的な論理に基づくものではない。因果関係の論理に基づいている。（パブロフの理論とは異なり）人間は連想的思考のみに頼るわけではなく、また論理的推論だけに頼るわけでもない。私たちは因果分析に基づいて推論するのだ。世界がどんな仕組みで動いているかを論理的に考え、推論するのである。原因がどのように特定の結果をもたらすのか、どのようなことが特定の結果を生み出す妨げとなるのか、原因が想定どおりの影響をもたらすためにはどのような条件が整っていなければならないかを考える。私たちは「命題的」論理、すなわち特定の見解が正しいか否かを判断するための論理で思考するのではない。「因果的」論理、すなわち特定の事象がどのように起こるかという知識に基づく因果関係の論理でモノを考え、結論を導き出す。

因果関係に基づいて推論する能力のおかげで、私たちはさまざまな現実世界の問題を解決できる。谷や川の上に橋を架けるのは、因果的推論の産物である。橋の設計者は安全な橋を架けるために、車両やトラックの重さに耐えられるような支持機構を論理的に考えなければならない。回転することで前進する乗り物をつくるために車両に車輪を取り付けるには、別のタイプの因果メカニズムについて推論が必要だ。現実に橋や車両をつくるには、そもそも橋や車輪を思い描く能力が必要だ。こうした能力があったからこそ、人間は領土を拡大したり、天敵から逃れたり、また希少なリソースをめぐる進化の戦いに全般的に勝利することができたのだ。

遠い未来のことを考える能力も、因果的推論の一種と言える。そこには長期的な世界の状況に影響を及ぼしうるメカニズムを考える作業も含まれる。このような長期的計画性は、人生のうち相当な年月を学習に費やす動機付けに不可欠だ。学習は能力を伸ばすためのメカニズムだが、そうした能力の価値はずっと後にならなければわからないこともある。たとえばカヤックを作る技術を習得するには何年もかかる。カヤックを使うコミュニティの人々が、ずっと先、つまり現在の作り手たちが死んでしまった後も、それまでと同じ方法で釣りをしたり旅をしたりするためにはこの技術を伝承する必要がある、と理解していなければ、誰もカヤックづくりの技術習得に時間をかけようとはしないだろう。死のような社会的変化をもたらす因果メカニズムについて論理的に考え、遠い将来を見通すことができて初めて、有益な技術や技能の習得に時間をかけることは合理性を持つ。

人間が優れた因果分析能力を発揮するのは、物理的対象や社会的変化に対してだけではない。心理的領域の問題に直面したときもそうだ。たとえばあなたの配偶者が、あなたと話すのを拒否したとしよう。さて、この問題をどう解決するか。問題を特定し、解決策を探るには、因果的推論が必要だ。

まず問題を特定するには、人間の反応と感情についての因果関係を推論しなければならない。どんなことをしたとき、他者があなたに対して否定的反応をするだろうか。相手を侮辱したのか？　過去のしくじりを思い出させたのか？　相手の倫理観に反するようなことをしたのか？　物理的対象について検討するときと同じように、ここでも高度な因果分析が必要になる。人間の思考や動機付け、それがどんな行動に結びつくかを理解しなければならない。相手が何に腹を立てているかを理解するには、相手の考え方についても多少の知識が必要だ。たとえば相手はあなたの過去について、どんなことを知っているだろうか。どんな価値観を大切にしているのか。相手の願望についてもある程度の知識が要る。どんなことに敏感なのか。あなたを無視することで、何を得ようとしているのか。要するにあなたがしなければいけないのは、相手の行動の背後にある意図を理解し、相手が達成しようとしている結果を特定することだ。これは私たちがあらゆる社会的交渉の際に行う因果分析であり、ほとんどの人がきわめて優れた能力を持っている。

問題を解決するために何をすべきかを明らかにするためにも、因果的推論が必要になる。さまざまな行動の選択肢は、どんな結果をもたらすだろうか。相手を慰めようとすれば、相手の気分は良くなるかもしれないが、相手はあなたが罪を認めたと思い、強い態度に出るかもしれない。一方、あなたが対決姿勢に出れば、相手が優位に立つことは防げても、関係が終わるか、少なくともしばらくは居心地の悪い思いをするかもしれない。自分の行動が相手にどのような影響を及ぼすかを予測するのはときとして難しいが、私たちは頻繁にそんな予想を立てており、たいていはうまくいく。丁寧な物腰で簡単なお願いをすれば、たいてい相手はよろこんで応じてくれる。ジョークを言えば、たいてい相手はしかたないなといった笑みを浮かべてくれる（われわれの経験では）。人間は物理的対象に対してだけでなく、人間の行動に対してもすばらしい因果的推論の能力を持っている。

前向き推論と後ろ向き推論

因果的推論は人間の認知の基本であり、そのほとんどは知性の働きである。ただ、その難易度は一様ではない。認知的推論には前向きと後ろ向きの二通りがある。

前向き推論とは、原因がどのような結果をもたらすかを考えることだ。それは未来を予測するため、すなわち今日の出来事が明日にはどのような結果をもたらすかを予測するのに使う。また物事の仕組みを理解するのにも使う。たとえばさまざまなボタンをどのような順番で押すと、新しい目覚まし時計のアラームが鳴るかを考えるときだ。さきほど例に挙げた肯定式の論理スキーマは、前向き推論に使われる。上院議員の行動から、彼が資金集めに奔走しなければならないかを前向き推論で考察した。

一方、後ろ向き推論とは、結果から原因を推論することだ。[5] 医者は症状の原因を診断するのに、また機械工はあなたの車のどこが故障しているかを判断するのに、それぞれ後ろ向き推論を使う。後ろ向きの因果的推論には通常、ある事象がなぜ起きたかという説明が含まれる。前向き推論（原因から結果）のほうが、後ろ向き推論（結果から原因）よりも簡単だ。たとえば医者にとっては、消化性潰瘍を患っている患者には腹痛が出ると予測するほうが、腹痛に苦しむ人に消化性潰瘍があるという結論を導き出すより簡単だ。また後ろ向き推論のほうが前向き推論より時間がかかる。結果から原因にさかのぼる後ろ向き推論は難しい。ただ、それこそ人間の特徴でもある。他の生物が、起きた事象の原因を分析する能力や興味を持ち合わせているかは定かではない。

前向き推論をするときには、たいてい頭のなかでちょっとしたシミュレーションをする。たとえば私があなたに、オムレツを作るのにどれだけ時間がかかるかと聞いたら、きっとオムレツを作るのに必要なさまざまなステップを反芻し、それぞれに要する時間を見積もり、足し合わせることで総時間を予測するだろう。ロシアと戦争を始めた場合の影響を予測するときには、大陸間弾道ミサイルが飛び交い、レーダーがそれを探知し、それを迎撃するために別の弾道ミサイルが発射される様子を思い浮かべるだろう。
反対に、結果からさかのぼって原因を診断するのはそれほど簡単ではない。ロシアとの戦争が勃発し、その原因を探る場合、他の手段を使って考えられるさまざまな原因を特定する。それから実際に何が起きたかを予測するために、それぞれの原因の影響を評価しなければならない。
皮肉なことに、私たちは診断推論より予測推論のほうが得意であるがために、予測推論をするときには診断推論では犯さないような過ちを犯す。[6] たとえばあなたが精神医療に携わるケアワーカーで、次の問いを受けたとしよう。

Yさんは三二歳の女性で、鬱《うつ》病と診断された。Yさんが無気力症状を示す可能性は何%か。

つまり患者が鬱病と診断された三二歳の女性であるという情報しかない場合、患者が無気力である可能性をどう判断するか、と聞かれているわけだ。適切な統計データを持ち合わせていない場合（たいていの人は持ち合わせていないが）、この問いに答えるのは難しい。しかし、わかっていることはいくつかある。たとえば患者が無気力である確率は、少なくとも鬱以外の要因がなければもう少し低くなるはずだ。つまり問いが次のようなものであったら、どうだろう。

Yさんは三二歳の女性で、鬱病と診断された。**精密検査の結果、Yさんには無気力症状の原因となるような、他の医学的あるいは精神医学的疾患はなかった。**Yさんが無気力症状を示す可能性は何％か。

この場合、あなたの回答する数字は、最初の問いを見たときより低くなるだろう。それも大幅に低くなるかもしれない。少なくとも二つ目の文を読めば、患者が無気力状態だと考える根拠は一つ目を読んだときより多少薄れるだろう。

しかしたいていの人は、このようには考えない。二つ目の問いの太字の部分をそっくり無視する。われわれはこの問いを、ハーバード大学で精神医療を勉強する専門職（スポンサー付きのワークショップの出席者）に投げかけた。さまざまなグループに二つの文面を提示したが、回答は変わらなかった。彼らが二つ目の文面の太字の部分を無視したのは、特定の原因に対する結果の発生確率を検討しろと言われた場合、他の原因には目を向けなくなるからだ。若い鬱状態の女性を思い浮かべ、その精神状態をもとに無気力である可能性を考える。この患者が脱水症状ではないか、疲労状態ではないか、あるいは別の理由から無気力になっていないかを示す情報は、この思考プロセスには一切含まれていない。

意外なことに、診断推論ではこのような過ちは起きない。われわれは同じワークショップに参加した別の集団に、次の問いを投げかけた。

Yさんは三二歳の女性で、無気力症状を示している。Yさんが鬱病の診断を受けている可能性は何%か。

今度は質問を逆転させた。特定の原因に対して結果の発生確率を尋ねるのではなく、特定の結果に対して原因の確率を尋ねている。今回は次の文面との回答の違いを比較した。

Yさんは三二歳の女性で、無気力症状を示している。**精密検査の結果、Yさんには無気力症状の原因となるような、他の医学的あるいは精神医学的疾患はなかった場合、**Yさんが鬱病の診断を受けている可能性は何%か。

ここでも太字の部分は、Yさんには無気力症状を引き起こす原因が他にはないことを示している。この場合、他に原因がなければ、回答の数字は高まるはずだ。AがBの原因となること、そしてBが起きたことがわかっていて、しかも他にBの原因となる要素がない場合、Aが原因である可能性はきわめて高いはずだ。すべての事象には原因があると考えるのであれば（たいていの人はそう考えるが）、ほかにBを引き起こす原因がないなら、Aはまちがいなく原因であるはずだ。

被験者となったハーバード大学の精神医療の専門職たちの答えは、まさにそういうものだった。他に原因がないことが明記されているケースのほうが、他の原因について言及されていないケースより、Yさんが鬱病と診断されている可能性は高いと判断した。結果から原因にさかのぼる診断推論をするとき、被験者は他の原因を無視しなかった。

われわれが原因から結果を推論するとき他の原因を無視するのは、頭のなかでシミュレーションをするときに他の要因が入り込む余地がないためであり、また結果から原因にさかのぼって脳内シミュレーションをすることができないためだ。

診断推論に特別長けているわけではないが、この能力こそが人間の特徴かもしれない。他の動物に診断推論ができるというエビデンス（証拠）はない[7]。他の動物もきわめて高度なやり方で環境に反応することはできるかもしれない。ネズミが因果関係を意識することはすでに見たとおりだ。しかし他の動物が結果から原因にさかのぼる診断推論の能力を持つことはまだ証明されていない。

　われわれの見解が誤っている、すなわち動物にも診断推論は可能であることを示すエビデンスとして最も強力なのは、チンパンジーやボノボ（チンパンジーより遺伝子的に人間に近い）、あるいはイルカ（人間よりはるかに高度な知能を持つとされ、地球の支配者となるチャンスを虎視《こし》眈々《たんたん》と狙っている）といった、みなさんが想像するような動物の研究に関するものではない。科学者が驚くような推論能力を示した生き物とは、カラスである。

　ある研究では、六羽のニューカレドニアのカラスに対し、おいしい肉片の入った透明なチューブを見せた。[8] チューブには穴をあけるという細工がしてあった。つまりカラスが肉片を手に入れるには、穴から肉片が落ちないように工夫しながら、道具を使って肉片を押し出すか引っ張り出すかしなければならない。六羽のうち三羽は、肉片をチューブから取り出す方法を見つけただけでなく、問題の因果構造を解明したようだった。チューブの穴の位置を変えても、肉を取り出すことに成功したのだ。人間以外の動物を使った実験室での研究成果と比べると、これは驚くべき偉業だった。チンパンジーですらできなかったことだ。しかしこのカラスの能力も、人間の持つ高度で抽象的な推論能力とは比較にならない。病気の子供（あるいは病気のカラス）に染色体異常があることを突き止めたカラスはいない。だから真の診断推論（結果から原因にさかのぼる因果的推論）ができるのは人間だけである、という仮説は依然として有効である。カラスがきわめて賢い生き物であることに変わりはないが。

物語

因果分析にはさまざまな形態がある。買ったばかりのコーヒーメーカーがどのように機能するかを理解するには因果分析が必要だ。穴のあいたセーターの直し方、あるいは膝の関節炎の治療方法を調べるのにも必要だ。私たちは社会として、さまざまな方法で因果分析に関する情報を交換する。組立作業が必要な家電製品には、マニュアルが付いている。ユーチューブでは食器洗浄機の修理方法の動画が共有されている。病人を看護する方法、周囲に好印象を与える方法、会社経営で成功する方法などについては専門家の本を読む。

因果情報を交換する方法として最も一般的なのは物語だ。[9] イディッシュの民話にこんなものがある。商店主がある朝店に来ると、ショー・ウィンドウにスプレーで下品な落書きがされていた。商店主は落書きをすっかりきれいにしたが、翌日また同じことが起きた。そこで一計を案じた。三日目、近所の不良が集まってきて落書きをすると、彼らに一〇ドルを支払い、その労力に感謝した。翌日も同じように不良たちに礼を言ったが、今度は五ドルしか払わなかった。その後も店を汚す不良たちにカネを払いつづけたが、その金額は徐々に減っていき、ついに一ドルになった。すると不良たちは姿を見せなくなった。これっぽっちしかカネをもらえないのに、商店主を困らせるためにこれだけの手間をかけてもしかたがない、と思ったからだ。

この眉唾ものの物語は、実は因果関係に関する教訓を伝えている。人間の行動の理由は何か、どうすれば動機付けを操作し、相手にもとの理由とは異なる理由から行動していると思い込ませられるかを伝えている。

人間の動機に関する物語は多く、世界がどんな仕組みで動いているのか、私たちはどのようにふるまうべきかといったさまざまな気づきを与えてくれる。聖書の物語のなかにはすべての起源、すなわち世界がどのように誕生したかを論じているものもあれば、さまざまな行動の結果とその理由を説明し、それゆえに特定の行動は正しく、他のものが誤っていると伝えているものもある。アダムとイブの物語は神の命令に従うことを教え、カインとアベルの物語は兄弟を愛せと説く。おとぎ話や都市伝説は、何を避けるべきか、何が危険なのか、信頼すべき相手をどうやって見分けるかを伝えている。英雄的行為に関する物語は、人間の秘める驚くべき可能性を教えてくれる。

人間は出来事の因果を理解するために、自然と物語を作る。だから私たちの身の回りには、これほど物語があふれているのだ。一九四〇年代に、フリッツ・ハイダーとマリアンヌ・ジンメルが行った社会心理学の古典的研究がある。[10]被験者に、画面上を円が一つ、三角形が二つ動き回るシンプルなアニメーションフィルムを見せる。それだけだ。音もなく、字幕もない。ときどき二つの図形が近づいたり、一つの図形がもう一つを追いかけたり、図形同士がケンカをしたりしているような場面がある。すると被験者は、そこに円や三角形以上のものを読み取る。それをロマンチックなドラマのように解釈するのだ。人間はあらゆるところに物語を見いだす。

　優れた物語は、単に何が起きたかを描写するだけではない。起きていないこと、少なくともまだ起きていないことにもからめて、世の中がどのような仕組みになっているのかを伝える。シェークスピアの『マクベス』のなかで、マクベス夫人がダンカン王を殺した後、手を洗いつづける場面がある。

「消えろ、このしみ、消えろ。一つ二つ、鐘の音、やるのは今だ。地獄は薄暗い！」

　ここからは架空の登場人物の悔恨の情だけではなく、殺人が感情にどのような影響を及ぼすかもわかる。因果の法則が学べる。人を殺すと、決して消えることのない罪の意識にさいなまれることになる、と。

優れた物語には、特定の場面だけでなく、私たちが体験しうるさまざまな場面に当てはまる教訓が含まれている。アブラハムが息子イサクをモリヤの地でいけにえに捧げる物語は、アブラハムの家族についての知識を深めるためだけにあるのではない。どのような状況にあろうとも神に忠誠を尽くさなければならないという教訓を伝えている。

そういう意味では、物語を作るのには、人間以外の動物がおよそ持ち得ない能力が必要とされる。世界の因果関係のメカニズムに対する理解に基づいて、まったく別の世界を構築する能力である。物語は、今と何かが違っていたら、世界はどうなっていただろうと想像するのに役立つ。それが明確なのがサイエンス・フィクション（SF）だ。SF作家は、異星人が存在する世界、幸せを保証するクスリ、あるいは世界を乗っ取るロボットの存在する世界を読者に想像させる。だが他のタイプの物語にも、別の世界は登場する。特に私たちが自分自身に語る物語がそうだ。たとえば、あなたは自分がロックスターだと想像することがあるかもしれない。その結果はどんなものだろう？　そこでこの世界の仕組みについての自らの理解に基づき、ロックスターになることはどんな結果を引き起こすかを考える。たとえばすてきなホテルに滞在して、移動するときはリムジンに乗り、ファンのためにサインするのに膨大な時間を割くようになるかもしれない。妄想の内容はどんなことでもいい。存在しうる他の世界を想像するのは、人間の重要な特徴だ。これは反事実的思考と呼ばれ、因果的推論の能力があるからこそ可能になる。

なぜ私たちは反事実的思考をするのか。なぜこれほど自然に反事実的世界について推論し、物語をつむぐのか。おそらくその主な理由は、別の行動シナリオを検討するためだ。これまでと何かを変えると世界はどうなるか想像するのは、たやすいことだ。髪型を変えたらどうなるだろう？　新しい芝刈り機を購入したら、あるいは家を売ってヨットを買ったら？　このような仮定の行動について思いを巡らすことができるので、ときにはそれを実践してみる。新しい髪型を思いつけない者は、美容院に行って斬新な髪型にしてもらうことはできない（たまたまそうなってしまう場合はあるが）。新たな権利に関する法案、あるいは新しい掃除機を思い描くことができない者も、それを手に入れることはできないだろう。反事実的思考をする能力は、特別な行動と当たり前の行動のどちらも可能にする。

人類最大の発見のなかには、反事実的な思考実験の産物もある。ガリレオが質量が異なっても落下速度は変わらないことを証明するため、ピサの斜塔から重《おも》りを落とした話は有名だ。この出来事が実際にあったかをめぐって歴史家の意見は分かれているが、この実験が行われるはるか以前に、ガリレオは頭のなかの実験によって結果を正しく予測していたことはわかっている。一六世紀の著書『運動について』では、重さの異なる物体を二つ、紐で結んで落下させたらどうなるかを予想している。そして自らの思考のよりどころであった物理法則の理解に基づき、二つの物体が重量にかかわらず同じ速度で落下することを正確に推測していた。

ガリレオほど洞察力に優れてはいないものの、私たちもみな、日常的にガリレオと同じような思考をしている。意思決定をするときには、ちょっとした脳内シミュレーションをして、その場の状況にふさわしい因果法則の理解に基づき、異なる行動シナリオがどのような結果をもたらしそうか検討する。道が渋滞しているときには、あまり時間をかけずにさまざまなルートを思い浮かべ、一番空《す》いていそうなものを選ぶ。昼食に何を食べようか決めるとき、さまざまなメニューとその味を思い浮かべ、それが今自分の望んでいるものか考える人もいるだろう。このような脳内シミュレーションは、自分や他者に語る「ミニ物語」と言える。その目的は、今自分が置かれている状況とは異なる因果的シナリオを思い浮かべ、検討することだ。

心理学者は、物語はアイデンティティを形成すると考えている。[11] そこには個人としてのアイデンティティと、所属する集団のアイデンティティの両方が含まれる。私たちは過去についての物語を語る。過去を懐かしみ、美化する。未来についての物語も語る。未来を予測し、夢想する。そして現在についての物語も語る。自己像を構築し、楽しい空想にふける。いずれも原因を特定し、結果を予測する作業だ。私たちはいかにして、今のような状況に至ったのか。どこに向かっているのか。いま自分はどのような行動をとるべきか。

物語は人々が因果情報と教訓を伝え合うため、また経験を共有し、コミュニティの集団的記憶を形成し、物事に対する考え方を説明し、伝えるために使われる。コミュニティが特定の物語を支持するとき、そこに込められた姿勢も受け入れているのである。一七七三年にボストン港で茶箱を海に投げ捨てた「自由の民」の物語をするとき、アメリカ人はそこに込められた圧政に対する誇り高き抵抗の物語を語っている。一方、その当時茶箱を台無しにされたイギリスの商人たちが語っていたのは、泥棒のようなごろつきどもに灸《きゅう》をすえてやらなければならない、という筋書きだった。このように物語は一般的に個人ではなくコミュニティに属するものであり、そのコミュニティの信念体系と密接に結びついている。

物語には共有物という性質があるかもしれないが、それを語る個人には、それに見合った認知システムが備わっていなければならない。すでに見てきたとおり、因果体系を思い描き、思考する私たちの認知システムの能力には限界があり、個人レベルでは世界の複雑さに対処できない。物語が、ときに過剰に物事を単純化するきらいがあるのはこのためだろう。たいていの人がヘンリー八世について知っているのは、とにかく好色で、だから妻が六人もいて、しかもほとんど誰とも長続きしなかったということぐらいだ。現実世界と同じような複雑な物語は、覚えることも語ることもできない。

ただどれほど単純化されていても、物語は世界の因果関係を伝えている。だからそれを語る個人には、その物語が伝えようとしている因果性を理解できる認知システムが備わっていなければならない。主人公やその敵役が何を達成しようとしており、それを妨げるどのような障害があり、それがどのように克服されるのか（あるいはされないのか）を理解できるような認知システムが必要だ。いずれも世界を特定の状態に導こうとする行為主体をめぐる因果を伝えている。人間にとって最も自然なコミュニケーションの手法である物語が、有効な行動を生み出す思考と同じリソース、つまり因果的知識に依拠しているのは決して偶然ではない。

第四章　なぜ間違った考えを抱くのか

女優アンジェリーナ・ジョリー主演の映画『ウォンテッド』は二〇〇八年に、アメリカで一億三五〇〇万ドルの興行収入をあげた。映画のなかでスパイを目指す訓練生は、弾道曲げの特訓を受ける。銃の引き金を引く前に絶妙なタイミングで手首をひねることで銃弾を曲げ、障害物の奥にいる敵を倒すのだ。たいていの視聴者はこの場面に納得するかもしれないが、物理学者にはおよそ受け入れがたいものだ。

物理学に対する素人的理解は、現実の物理法則と一致しない。[1] 一般人の物理現象に対する認識は、現実世界の物体の動きを正確に予測するニュートンの運動法則とは一致しないこともある。弾道曲げが現実には不可能であることを理解するために、あなたが石に紐《ひも》を結びつけ、頭のまわりで振り回すところを想像してみよう。そこへ意地悪な兄が登場し、

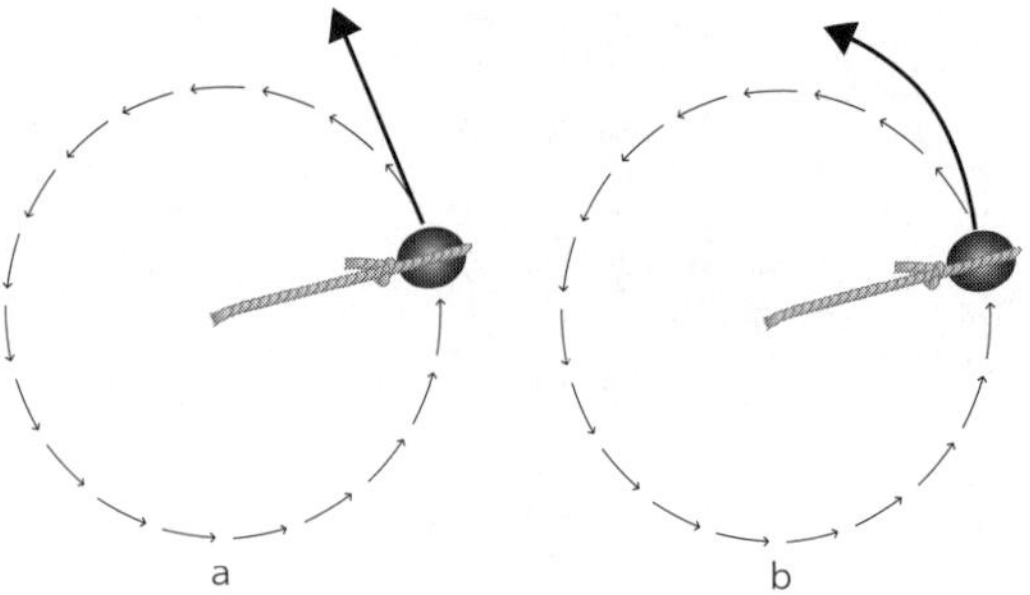

図4

紐を切ってしまった。つまり、こんな状況だ（図4）。

　あなたの元を離れた石は、どんな軌道をたどるだろうか。たいていの人は石は弧を描くと考える（bの図だ）。しかしニュートンの法則によると、石は直線を描いて飛んでいく（aの図のように。運が良ければ兄の方へまっすぐ飛んでいくかもしれない）。私たちが想像する物体の動きが必ずしもニュートンの法則と一致しないのは、日々目に入る光景がニュートンの法則に反するように思えることも多いからだ（だからこそ運動法則の発見には、アイザック・ニュートンのひらめきが必要だったのだ）。たとえば第一の法則（慣性の法則）は「運動している物体は、等速で直線運動を続ける」とする。しかし私たちの目に映る光景は、それとは異なる。たとえば床の上でレンガを押し出しても、すぐに止まってしまう。物理学者なら、その原因は摩擦であると正しく判断できる。一方、物理学の素人は、ニュートンの法則とはまるで相いれない解釈をする。たとえばレンガを押すときには「はずみ」をつけるが、そのはずみが時間とともに減衰してしまうのだ、と考える。はずみが完全になくなると、レンガは止まるのだ、と。

同じようにニュートンの第一法則からは、振り回していた紐が切れ、石が円を描くように動く力が他に加えられなければ、直線方向に飛んでいくことがわかる。しかし一般人は、それまでの回転によって石には円を描くようなはずみがつき、それがしばらく持続すると考える。だから弧を描くと予測するのだ。『ウォンテッド』のプロデューサーも同じ誤解に基づいて、あるいは観客はそう誤解するだろうと考えて、弾道曲げを考案したのだろう。ハリウッドでは正しい知識を持つ者が成功するわけではない。観客の直観に訴えかける者が成功するのだ。

因果的推論は人間の思考において基盤的役割を果たすのかもしれないが、だからといって私たちの因果的推論が完璧なわけではない。すでに見てきたとおり、私たちは物事の仕組みについて、自分が思っている以上に無知である。人間が生まれつき因果のメカニズムについて推論する能力を持ち合わせているとはいっても、個人の能力には限界がある。

あなたは自転車のブレーキを調整したことがあるだろうか。それは不可能ではないが、たいていの人には長期間にわたる訓練と練習が必要なことに思える。自転車のメカニズム全体を考え、さまざまな選択肢のなかからどの部分を、どのぐらい調整するかを考えていると、まともな人間ですら自分の正気を疑いたくなるだろう。同じように、電子レンジの時計をセットしようと試みた挙句、最終的には「○時○○分」で点滅していてもかまわないと投げ出したのも、あなただけではない。ふつうの人間の思考は、あらゆる事柄を解明するようにはできていないのだ。

一番有効なダイエット法や正しい経済政策、あるいはアメリカ政府は中東にかかわるべきかといったことをめぐり、コンセンサスがない一因もここにある。人生や社会システムは複雑なものであり、それを理解するための唯一無二の正しい方法はない。思考はあてずっぽうや大まかなイメージにあふれている。

物理的性質について推論することの難しさを示す、衝撃的な例をもう一つ示そう。カリフォルニア大学バークレー校で、教育学を研究するアンドレア・ディセッサの研究によるものだ。[2]図5の二枚のコインを見てほしい。上のコインを下のコインの縁《ふち》に沿うように回転させていく。上のコインが下のコインの真下に来たとき、矢印はどちらを指しているだろうか。

たいていの人は、矢印は下を指すと考える。だが実際には上を指す。二五セント硬貨を二枚用意して、実際に試してみよう。日々の生活のなかでは物体が回転する場面をよく目

図5

にするが、曲面上を回転するところを見る機会はきわめてまれである。だからコインがどんな具合に動くかについてはひどく直観的に考えられない。物体が平らな面を回転するというふつうのケースでは、回転数は進む距離と比例する。自らの円周の半分の距離を回転するときには、半回転する。つまりコインが平面上を円周の半分だけ回転していくと、矢印は下向きになる。ただ物体が曲面上を回転するときには、この法則は当てはまらない。それでも私たちは誤って、平面を回転するときと同じ因果モデルを当てはめようとする。これが誤った直観の原因である。

因果モデルが使われるのは、物体の動きを理解するときだけではない。電気についても、水の流れや群衆の動きなど、観察できるものからの類推で理解しようとする。[3] 因果モデルは、日常生活のなかでさまざまな機械を操作する方法にも影響する。たとえば寒いと思うと、早く部屋の温度を上げようと、サーモスタット（温度自動調節器）の目盛りを一気に上げる人は多い。これは無駄な努力だ。なぜそんな行動に出るかといえば、特定の温度に到達する速さが設定温度によって変化する暖房システムの因果モデルを適用するからである。サーモスタットにも同じように高い目標を与えれば、もっと頑張って働くだろうという誤った考えを持っている。ある実験に参加した被験者の一人が、自らの誤解を次のように説明している。

きわめて単純な話だと思うよ。たぶんレバーの位置と、熱を生み出すシステムの動作状態には、なんらかの相関があるんだろう。車のアクセルを踏み込むのと同じようなものだ。ほら、たしか油圧システムが働いて、強く踏み込むほど多くのガソリンがエンジンに流れ込み、燃焼が激しくなり、車は加速する。だからサーモスタットも同じように、レバーを強くというかたくさん押したりひねったりすると、システムはパワーを上げて、より多くの熱を生み出すんだ。[4]

それからこの被験者は、同じ原理で働くモノを次々と挙げていく。

今ひらめいたんだが、電気ミキサーも同じで、スイッチを「高」にすると回転は速くなる。アクセルを踏み込めば、車は加速する。蛇口を大きく開ければ、つまりレバーをひねるほど、水も勢いよく出てくる。

多くの人がこの因果モデルを直観的に思い浮かべるのは、日常生活でとにかく頻繁に経験するからであるのは間違いない。特定の結果を引き起こすメカニズムを、直接観察できるのはまれである。代わりに自らの行動を経験し、その行動の結果を経験する。機械の内部をのぞきこまなければ、それを可能にするメカニズムは見えない。機械の部品が目に見えるものであれば、のぞきこむこともできる。たとえばフェースが透明な機械式時計が動く仕組み、芝刈り機が芝をかき集める様子などは見ることができる。

しかしメカニズムの多くは、小さすぎたり（たとえば水が沸騰して水蒸気となる原因である分子の変化）、抽象的すぎたり（たとえば貧困の経済的要因）、あるいはアクセス不可能（たとえば心臓が体中に血液を送る仕組み）で観察できない。ワクチンがどのように機能するのか、食料の遺伝子組み換えがどのように行われるのかを見ることはできないので、その欠落を自らの経験で補おうとする。それが誤解につながるのだ。

必要十分

完璧な因果的推論の能力を持ち合わせていないからといって、自らを責めるのは見当違いだ。あらゆる状況で正確な因果的推論をするためには、何が必要か考えてみよう。宇宙がどうなっているかを知り尽くすと同時に、物事がどのように変化するかについても完璧な知識がなければならない。世界は複雑であり、また物事の変化のパターンは限りなくあるので、どちらの知識も当然、完璧とはほど遠く、不完全で、不確実で、不正確なはずだ。現実世界についての知識は必然的に、自ら経験した部分に限られたものになる。また関心のないものより、自分にとって重要なものに知識は偏るだろう。プロのアイスホッケー選手になる方法より、あなたが選んだ職業で秀でるための知識のほうが充実しているだろう（あなたのキャリア目標がナショナル・ホッケー・リーグでプレイすることなら話は別だが）。

さまざまな分子の位置、方向、動きについても多くは知らない可能性が高い。そんな微細なレベルで生きていないからだ。私たちの知覚系や運動系は、もっと高いレベルに適応している。具体的にいえば、物質世界、植物や動物（特に他の人間）、そして人工物と相互作用するレベルだ。私たちの知識は、この精密さのレベル（私たち個人が生きているレベル）と、もう少し高次のレベル（コミュニティやその他の社会組織）の対象に適したものだ。知識はこのレベルに合わせて形成される。

だから人間はすべてを知っているわけではない（言わずもがなだが）。「すべて」とはほど遠い。生きていくためにちょうど十分なだけの知識を持っている。知識が限られているために、物事が変化する仕組みについての理解も同じように限られている。たいていの人は化学者でも物理学者でもないので、分子や原子を支配する因果法則について気にかける必要がない。ニュートン物理学は微視的レベルでも（原子の粒子のふるまいについて）、巨視的レベルでも（最大スケールにおける宇宙のふるまいについて）完全に正確なわけではないが、人間の経験する世界を説明するには十分だ。物理学者を悩ませる量子効果は、私たちの経験する世界の埒外《らちがい》にある。

研究を終えて白衣を脱いだ化学者や物理学者を含めて、たいていの人は裸眼で観察できる物体の動き、夏と冬のあいだの限られた温度変化の範囲、他者とのやりとり、そして私たちが経験する日常的な出来事全般をつかさどる因果法則さえわかっていればいい。私たちが遭遇する事態は非常に限られたものなので、表層的な因果的推論さえできれば事足りる。これは幸運なことだ。というのも、すべてを知っていなければならないとしたら、あっという間に人間の手に負えなくなる。

社会的状況について推論するのは、物理的物体について推論するのと似ている。どちらもかなり表層的なのだ。日々のなにげない他者との交流では、そのとき出くわした相手の意図を理解する必要がある。しかしここでいう意図は、かなり表層的なものだ。単にあなたと歩道ですれ違おうとしているのか、あるいは何か質問をしよう、金をせびろうなどとしているのか？　これは私たちが常に行っている、単純でわかりやすい推理である。こうした状況での推論の浅さを嘆くよりも、そもそも推論ができるという事実を評価すべきだ。

もっと深い推論が要求される場面もある。詐欺師がおとり販売であなたをひっかけようとしているとき、相手の意図を理解するのは難しい。あるいは恋人が落ち込んでいたり、不安定になっているときには、その理由や対応を考えるには、相手に対する深い思いやりや理解が必要だ。たいていの人は、こういう状況で適切な推論をするのがひどく苦手である。いつの世も詐欺師が存在するのは、詐欺がうまくいくからだ。私たちはすぐに騙されてしまう。そして残念なことに、誰かが苦しんでいるとき、それをきちんと理解して助けてあげられる人はきわめて少ない。たいていの人は誰かを助けようとして、結局誰かの手を借りることになる。いったい何が問題なのか理解するために友人や家族に相談したり、専門家に治療を頼んだりといった具合に。ここでも重要なのは、人間は因果的推論に長けているが、自分の専門外の分野については表面的な推論しかしない傾向があるということだ。

因果的推論には二タイプある

私たちは絶えず何らかの因果的推論をしているが、そのすべてが同じというわけではない。瞬時のものもある。ネズミが体の不調の原因を光の点滅ではなく食べ物だと考えるといっても、その推論は熟慮の結果とは思えない。それは瞬間的かつ自動的なプロセスだろう。手が痛むのは壁にぶつけたからだと判断したり、気分がいいのは数学のテストの成績が良かったからだと結論づけたりするのと同じように。結論がこれほど自明で考えるのに時間がかからないような判断は、「推論」と呼ぶのもはばかられるほどだ。

一方、じっくり考え、分析するのが必要な因果的推論もある。第一次世界大戦の原因は何か。なぜ車のエンジンがかからないのか。なぜこれほど懸命に働いているのに、上司はいまだにあなたの働きを認めないのか。このような質問に答えるには、時間と労力がかかる。結論を導き出すには、時間をかけて思慮深く検討しなければならない。推論という言葉のイメージどおりの、しっかりとした思考が求められる。

この二つのタイプの思考は、以前から哲学、心理学、認知科学の研究においてはっきりと区別されてきた。ダニエル・カーネマンは著書『ファスト&スロー――あなたの意思はどのように決まるか？』[5]のなかで、両者の違いを明確に述べているが、この発想は数千年前から存在する。両者は認知科学ではさまざまな名前で呼ばれる。たとえば「連想的思考」と「ルールに基づく思考」[6]、あるいは単純に「システム1」と「システム2」[7]と呼ばれることもある。本書では「直観」と「熟慮」と呼ぼう。

　頭文字が「e」で始まる動物は何か。

こう聞いて、あなたは「エレファント（象）」を思い浮かべただろうか。ほとんどの人がそうだ。いくつかのアイテムがぱっと自然に苦もなく頭に浮かぶだろう。これは直観によるものだ。

直観と熟慮を比べるときには、そこで意識が果たす役割を考えてみるといい。直観的思考は、自然と頭に浮かんでくる。次のアナグラム（単語のつづり替え）は特別難しくないだろう。

　inituitve

答えは頭にぱっと浮かぶはずだ。最終的な結果は意識していても、回答を生み出すプロセスは意識しない。「intuitive〔直観の〕」という正解が魔法のように、脳内のステージに浮かぶ。

一方、熟慮するときには、最終結果だけでなく、そこに至るプロセスも意識される。もっと難しいアナグラムに挑戦してみよう。

vaeertidebli

答えを導き出すことができたとしたら、*最終結果だけでなく、そこに至る思考プロセスも意識的なものだったはずだ。脳内のステージ上で、ぴったりはまる単語を求めて文字を動かす思考プロセスを見られただろう。同じように、難しい数学の問題を解くときや選挙の特定の候補者の強みを論じるときなども、ひとつひとつの思考ステップに対して意識的になる。

学問の歴史を振り返ると、直観と熟慮の区別が常に重要なテーマであったことがわかる。

* 正解は deliberative〔熟慮の〕。

たとえば古代ギリシャの哲学者、アリストテレスは、染みついた直観や習慣を熟慮によって克服するのがいかに難しいかを指摘している。

議論そのものが人を善良にするのであれば、彼らが多大な報酬を得るのも正当なことだ。（中略）しかし現実には、多くの者を高潔さや善良さにいざなうことはできない。（中略）どんな議論であれば、そのような人々を更生させることができるのか？長い時間をかけて人格にすり込まれた特性を、議論によって取り去るのは不可能とは言わないまでも困難である。

——アリストテレス『ニコマコス倫理学』[8]より

プラトンは比喩を使って、直観と欲望のつながりを指摘している。その主張を要約すると、以下のようになる。

それでは魂を、一組の翼ある馬たちとその御者の自然な集合体にたとえよう。馬のうち一頭は名誉を重んじ、口頭の指示だけで動く。もう一頭はとんでもないほら吹きで行いが悪く、御者の突き棒にもなかなか屈しない。

――プラトン『パイドロス』より

プラトンは感情と理性を二頭の馬にたとえ、私たちが誘惑にかられたときにはそれぞれが逆方向に引っ張ると考えた。プラトンの言う「理性」はアリストテレスの「議論」によく似ており、また認知科学者が「熟慮」と呼ぶものと同じであることがわかるだろう。これは問題の解決、そして欲望によって行動が支配されるのを防ぐのに役立つ、慎重な意識的思考である。長期的目標を達成するためには何が重要で、どうすればよいかを思い出させてくれる心のなかのささやきだ。チョコレートケーキのおかわりを控えさせたり、結局二切れ食べてしまったときに罪悪感を抱かせたりする思考プロセスだ。

一方、直観は感情と同じものだろうか。直観はわれわれの内にしっかりと埋め込まれた知識に基づいて、自動的に浮かんでくる思考である。たとえば誰かが「アバウト」という単語を独特のアクセントで発音したら、「カナダ人だ」と思うようなものだ。こうした思考そのものは、欲望ではない。誰かがカナダ人だと思うことによって、その人物が欲望の対象になるわけではない（なったとしても問題はないが）。

直観のなかにも、欲望を刺激するものはある。パン屋の箱は、中に入っているのはケーキかもしれないという直観につながり、それが糖分や脂肪分への欲望を高めることもある。

その逆、つまり欲望が直観的反応を引き起こすこともある。すてきな車を見ると、それを運転している自分を想像する。魅力的な家に招かれたら、そこに住んでいる自分を想像する。おいしそうなデザートを見たら、食べているところを想像する。魅惑的な人を見たら……言わなくてもわかるだろう。すべての直観が感情とつながっているわけではないが、感情は特定の直観とつながりがある。このように直観と感情は同じではないが、両者のあいだには密接なつながりがある。直観も感情も、熟慮に役立つこともあれば、その妨げとなることもある。

因果的推論については、私たちがぱっと直観的に導き出す結論は、慎重な熟慮の末に到達するものと常に一致するとは限らない。直観的には、敵に爆弾を落とせば、相手は降伏するかもしれないと思っても、もっときちんと熟慮すれば、それは国民に恐怖を植えつけるという敵の思惑に資するだけだという結論が出るかもしれない。何かが起きて不安や恐怖に包まれても、熟慮することで冷静になれることもある。少し慎重に考えることで、何も恐れることはないと気づく。言葉を換えれば、即座に手間をかけずに生まれる直観的結論は、時間と手間をかけた熟慮による結論によって覆《くつがえ》される。直観がある結論を導き出しても、熟慮が歯止めをかける。

直観と熟慮の区別は、西洋思想だけに見られるものではない。一部のヒンドゥとヨガの伝統では、「チャクラ」と呼ばれるエネルギーの集積する七つの輪がある。これは「呼吸の中心」、すなわち人間の存在と健康という異なった側面と結びつくスピリチュアルな要素とされる。生命エネルギーの集積点と言われることもある。チャクラはそれぞれ体の一部と関連づけられている。第一の一番下のチャクラは、根を支えるという意味がある。第二のチャクラはへそのやや下にあり、性と性器、性欲とかかわりがある。第三のチャクラはへそのやや上で、火とかかわりがある。第四のチャクラは胸の中心、心臓の近くにあり、愛とかかわりがある。第五のチャクラは喉にあり、コミュニケーションと関連する。

第六と第七のチャクラは認知科学者が考える思考と密接なつながりがある。六番目は「アジュニャー・チャクラ」とも呼ばれ、眉間にある。ヒンドゥ芸術に見られる第三の目はこれを指し、視覚的イメージと関連づけられることが多い。これはわれわれの言う直観、すなわち無意識的なプロセスによって形成され、自然と浮かんでくる思考を東洋流に表現したものだろう。

七つ目の「サハスラーラ・チャクラ」は頭頂にあり、知性や意識と関連づけられる。私たちを高次の自我や他者と結びつけるのが、このチャクラだ。この七つ目のチャクラと、われわれの言う熟慮の類似性も明らかだろう。

ここから読み取れるのは、直観は私たち自身が生み出すものであり、それは個人の思考プロセスの産物であるということだ。一方、熟慮は違う。熟慮の一つのやり方は、他者と話すように、自分自身と語り合うことだ。熟慮はあなたを他者と結びつける。集団は一緒に直観を生み出すことはできないが、ともに熟慮することはできる。このコミュニティとしての思考という概念は、これからの本書の議論で中核的な役割を果たす。コミュニティとともに熟慮することで、直観的因果モデルに内在する弱点や誤りを克服できることを見ていく。そうすることで、私たちは非常に強力な社会的知性を醸成することができる。

直観、熟慮、説明深度の錯覚

説明深度の錯覚を思い出してほしい。私たちは因果システムを自分が思っているほど理解していないという研究成果だ。この錯覚は、直観的思考の産物である。私たちは物事の仕組みを、労力をかけずに自然と思い浮かべる。しかし自分の知識について改めて考えてみると、錯覚は崩れる。万人がこの錯覚に陥るわけではない理由はここにある。イェール大学でマーケティング論を教えるシェーン・フレデリック教授は、被験者が直観型か熟慮型かを見分ける「CRT（認知反射テスト）」という簡単なテストを考案した。テストは三つの単純な問題で構成される。その一つはなぞなぞの本で見つけた。

バットとボールで合計一ドル一〇セントである。バットはボールより一ドル高い。
ボールはいくらか。

答えは一〇セントと思っただろうか。そう思う人はたくさんいる。たいていの人は一〇セントと回答する（「アイビーリーグ」と呼ばれる名門大学の学生の多くも含めて）。「一〇セント」という答えが、ぱっと浮かぶのだ。重要なのは、あなたがこの直観的反応をそのまま受け入れるのか、あるいは確認するかだ。確認すれば、ボールが一〇セントで、バットがそれより一ドル高ければ、バットの金額は一ドル一〇セントとなり、両者の合計は一ドル二〇セントだとわかる。だから正解は一〇セントではない。

直観的回答を確認する人は少ないながらも存在し、彼らは一〇セントは誤りだと気づく。そして正解にたどり着く。* フレデリックは後者を「内省的」と呼ぶ。[9] 直観的反応を抑制し、回答する前に熟慮する傾向があるという意味だ。

このバットとボールの問題には、CRTで出題される他の二つの問題と共通点がある。二つ目は次のようなものだ。

＊　正解は五セント。

湖面にスイレンの葉が並んでいる。その面積は毎日二倍になる。四八日で湖面全体がスイレンの葉で覆われるとすると、湖の半分が覆われるまでには何日かかるか。

「二四日」という回答がぱっと頭に浮かんだだろうか？　大多数の人はそうで、「二四日」と回答する。だが本当にそうだろうか？　面積が毎日倍増するなら、二四日目に湖の半分が覆われていれば、二五日目には湖全体がスイレンの葉で覆われているはずである。しかし問題文には湖全体が覆われるのは四八日目だと言っている。だから二四日が正解ということはあり得ない。正解は湖全体が覆われる一日前なので、四七日である。

最後の問題はこれだ。

五台の機械を五分間動かすと、製品が五つできる。一〇〇台の機械で一〇〇個の製品を作るには、何分かかるか。

ヒントを差し上げよう。正解は一〇〇分ではない。*

CRTの三つの質問に共通するのは、誤った答えがぱっと頭に浮かぶという点だ。正解を導き出すには、直観的回答を抑制し、少し計算してみる必要がある。だがたいていの人はそんな手間をかけない。誤った直観的回答を脇に置き、正解を出すためにほんの少し考えてみることをせず、たいていの人はぱっと頭に浮かんだ直観的答えをそのまま口に出す。CRTの三つの問題を正答するのは、アメリカ国民の二〇％に満たない。数学者や技術者の正答率は詩人や画家をやや上回るが、大幅に高くはない。フレデリックがテストしたところ、MIT（マサチューセッツ工科大学）の学生の正答率は約四八％だったが、プリンストン大学の学生は約二六％だった。

CRTは答える前に熟慮する人と、思いついた答えをそのまま口に出す人を区別する。内省的傾向の強い人はじっくりと考え、表現する一方、そうした傾向の弱い人は直観に頼る。両者にはたくさんの違いがある。内省的な人は、推論を要する問題を与えられたとき、より慎重に対処する傾向がある。ミスは少なく、内省的ではない人がひっかかりやすい落とし穴にもはまりにくい。[10]

たとえば、ある文章に深い意味があるのか、あるいは単に言葉を並べただけか（例「隠された意味は比類なき抽象的美を変容させる」）を見分けるのに長けている。[11]またリスク

＊　正解は五分（一台あたり五分で製品が一個できる）。

をとることに前向きであり、衝動的ではない。一般的に、リスクをとったり、少し待つことで報酬が増えるのであれば、そうする傾向がある。[12] 両者の違いは、嗜好にも表れる。熟慮型は直観型に比べて、ミルクチョコレートよりダークチョコレートを好む傾向がある。[13] そして神を信じない傾向がある。[14]

本書の議論に関係のあるところでは、熟慮型の人、すなわちCRTのスコアが高い人には、そうではない人ほど「説明深度の錯覚」が見られない。われわれはある研究で被験者に、さまざまなわかりにくい商品のメカニズムについて、自らの理解度を評価してもらった（二週間、植物に自動的に水やりをする「アクア・グローブ」など）。評価は自らの理解している内容を語る前と後に、それぞれ依頼した。CRTのスコアが高い被験者には、錯覚がまったく見られなかった。それとは正反対だったのが、CRTでゼロ点、あるいは一問しか正答しなかった被験者で、かなりの錯覚が見られた。[15] 要するに、熟慮型の被験者では説明の前後で自らの理解度に対する評価がまったく変わらなかったのに対し、あまり熟慮しないタイプの被験者は説明した後で自らの当初の判断に疑問を抱くようになっていた。

直観は単純化された大雑把な、そして必要十分な分析結果を生む。それは何かをそれなりにわかっているという錯覚を抱く原因となる。しかしよく考えると、物事が実際にはどれだけ複雑であるかがわかり、それによって自分の知識がどれほど限られているかがはっきりする。

ＣＲＴで高得点をあげた人々は、なぜ説明深度の錯覚を示さなかったのか。われわれが行った別の研究は、その答えを示唆している。この実験では一般消費者に、それぞれ説明の詳しさが異なるたくさんの製品広告を見せた。それから製品をどれくらい気に入ったかを尋ねた。熟慮型の被験者（ＣＲＴのスコアの高い人）は、詳しく説明されている製品を好む傾向があった。この結果は、それほど熟慮型ではない被験者（つまり大多数の人）とは対照的だった。ＣＲＴのスコアが低い人は、ほんのわずかしか説明がない製品を好んだのである。説明が詳しすぎる製品にはそっぽを向いた。大方の人とは異なり、熟慮型の人は詳細な情報を求める。物事を説明するのが好きなので、おそらく誰かに頼まれなくてもいちいち説明するのだろう。そういう人は、説明深度の錯覚に陥ることはないはずだ。

直観は個人的なものだ。それぞれの頭の中にある。一方熟慮には、個人として知っていることだけでなく、ぼんやりとしか知らないことや表面的にしか知らないこと、すなわち他の人々の頭の中にある事実も使われる。たとえばどの候補者に投票しようか考えるときには、尊敬している人のアドバイスに耳を傾けるかもしれない。そういう意味では、熟慮は知識のコミュニティの力を借りていると言える。

説明深度の錯覚の原因は、私たちの中にある直観システムが、自らの熟慮能力を過大評価しているためと考えることもできる。トイレの仕組みを説明してほしいと言われると、直観システムは「お安い御用だ、トイレのことはよくわかっている。毎日使っているんだから」と反応する。しかし熟慮システムに照会してみると、直観は表面的なものでしかなく、説明に窮することになる。本物の知識は自分自身の頭の中ではなく、別のところにある。次の二章では、それがどこに潜んでいるかを見ていこう。

第五章　体と世界を使って考える

認知科学は、人間の知能を研究する学問だ。人間がこれほど見事に物事を認識し、考え、行動できる、その魔法の原因を解明する試みである。一方、人工知能（ＡＩ）研究の対象は機械の知能だ。知的活動ができる機械をどう作るかを探る。この二つの学問分野は、現代のコンピュータの発達と足並みをそろえて発展してきたので、両者の歴史が同じような転換を遂げたのも意外ではない。

一九四〇年代から八〇年代までのＡＩの初期の研究は、個別のコンピュータに照準を合わせていた。その目標は、シリコンから偉大な頭脳を創り出すことだった。アーサー・Ｃ・クラークの名著で、映画にもなった『２００１年宇宙の旅』に登場するＨＡＬ（ハル）のような優秀なコンピュータだ。ハルはチェスの対戦相手としても一流で、宇宙船の乗組員の右腕として活躍していたが、その後、精神を病んでしまった。

HALを生み出したSF作家と同じように、初期のAIの研究者もコンピュータに膨大な知識と、高度な推論能力を持たせようとした。スマート・コンピュータの設計は、膨大なメモリにありとあらゆる種類の知識を保存し、それをもとにどんな質問にも（ただし愛や恐れといった人間固有の領域には踏み込まない範囲で）答えられるような高速のプロセッサを搭載するようになっていた。人工知能の研究者は、入手可能なリソースをすべて使って、すべての問題を解決し、人間のユーザーが機械に期待するすべての機能を果たすような、スーパーロボットを作ろうと懸命に努力していた。

しかしこのようなスーパーインテリジェントな機械は、いまだに実現していない。AI研究者のなかには、それを嘆く声もある。二〇〇三年、MITの人工知能研究所の共同創設者の一人で、AIの初期の提唱者であったマービン・ミンスキーが、あるインタビューでこう語っている。「常識を持ったコンピュータなど存在しない。せいぜい航空券の予約ができるぐらいだ。部屋のなかを見渡し、状況を説明できるようなマシンは一つもない」[1]

ここでミンスキーが念頭に置いていたのは、昔ながらのAIである（一九八〇年代以前はそれしかなかった）。インテリジェントなマシンの働きを、小売店の高度なレジと同じように考えるアプローチだ。店頭のレジは情報（購入商品を識別するためのキー入力など）を取り込み、しばらく時間をかけて何らかの計算（購入金額を足し合わせる）をして、最終結果（合計購入金額）を吐き出す。このような段階的な計算は時間がかかり、効率が悪い。コンピュータはいくつもの単純なルールを当てはめて、特定の記号の組み合わせを別の組み合わせに転換する（レジが複数の価格の組み合わせから、合計金額をはじき出すように）。ルールを当てはめる速度はとびきり速いかもしれないが、一度に一つのルールしか処理できない。コンピュータではほんの簡単な計算をするだけでも、何百、ときには何千というシンプルな操作を順番に処理しなければならない。

このような記号処理アプローチのAIも、すばらしいチェスの試合をやってみたり、医者が診断を下す際に助言したりといった、ささやかな成功を収めた。しかし初期の研究者が夢見たようなスーパーインテリジェント・コンピュータには遠く及ばなかった。そんな時代が終結するきっかけとなったのが、哲学者のジョン・ハーグランドの発言だ。人工知能の思想的パイオニアであったハーグランドは、それまでの取り組みを「古き良き人工知能」と批判した。[2]

古き良き人工知能は、ソフトウエアとハードウエアはそれぞれ別の領域だという前提に基づいている。アルゴリズム（計算の方法）はソフトウエアであり、それを実行するハードウエアとは独立して設計することができる。原則的には、十分な性能のあるコンピュータであれば、ソフトウエアはきちんと動く。つまりハードウエア（物理的コンピュータ）は重要ではない。ソフトウエアが同じであれば、ハードウエアによって計算の速度などは変わるかもしれないが、同じ計算ができる、と。

機械の知能に関するこのような考え方は、一七世紀のフランスの哲学者、ルネ・デカルトが提唱した人間の知性の二元論をそのまま引き継いだものと言える。デカルトは、人間の精神に物質的実体はなく、身体とはまったく異なるものであると主張した。「われ思う、ゆえにわれあり」という有名な言葉は、自らのアイデンティティ、つまり自らが存在するという認識は、身体ではなく考える能力から来ているという見解を反映している。ここから、思考は身体という物質的領域とは異なる、精神的領域に属するものであるという結論を導き出した。

しかし両者のあいだには、相互作用がなければならない。つまるところ思考は、身体を通じてしか世界を認識できない。思考の材料となる情報は目から、耳から、鼻から、そして他の知覚器官から入ってくる。相互作用は逆方向にも働く。思考は何をすべきか判断し、それを身体に伝える。デカルトはその相互作用の場所まで明示した。精神と身体の領域の意思疎通は、脳の松果体《しょうかたい》で行われる、と。古き良き人工知能も、思考と行動を二つの領域に区別する。非物質的なソフトウエアと、物質的なハードウエアだ（ただし松果体に相当するものはない）。
古き良き人工知能は、人間の知能のモデルとなるには致命的な欠陥がいくつもある。その一つを理解するために、アーネスト・ローレンス・セアの有名な詩『ケイシー打席に立つ』を考えてみよう。書き出しはこんな具合だ。

その日のマドヴィルのナインにとって、前途は明るいものじゃなかった
スコアは4対2だし、あともう一イニングしか残されていなかった
（平出隆『ベースボールの詩学』、講談社学術文庫より）

この詩を聞いたことのある人は、そのときのマドヴィル・ファンの状況も知っているだろう。

ばらばらと何人かが立ち上がり、深い絶望の帰途についた、あとの客は
人の胸にとうとう湧きでてやまぬあの希望というやつに、すがりついて離れなかった
彼らは思った、ケイシーがともかく一発かましてくれるんなら

奴の打席にゃ、賞金懸けたっていいんだが。（同）

そして観客の望みがついにかなう。

さあてピッチャーはボールを握り、さあて振りかぶってそれを投じる
さあて空気はケイシーの一撃で、粉微塵に打ち砕かれるばかり。（同）

ネタバレの心配はご無用。次に何が起きたか、書くつもりはない。むしろみなさんに、どんな可能性があるか考えていただきたい。野球を知っている人であれば、ケイシーはヒットを打ったか、空振りしたかだとわかるだろう。ヒットであれば長打になったかもしれないし、ボテボテの内野安打になったかもしれない。長打だと仮定しよう。それも場外ホームランだ、と。その行動はどんな結果をもたらすだろう。

まずケイシーはホームインし、マドヴィルは少なくとも一点を追加する。観客も反応するだろう。マドヴィル側の観客は興奮と喜びで舞い上がり、ケイシーのすばらしさを褒めたたえるだろう。誰もがそれほど興奮するわけではない。相手チームのファンや、野球には何の興味もないスタンドのピーナッツ売りは喜ばないだろうし、野球場の目と鼻の先で

陣痛に苦しむ妊婦はそれどころではない。ただ球場の音が聞こえる場所にいる人々は、どちらのチームが好きなのか、どちらのチームに賭けたのか、そして球場の観客の歓声を聞いてゲームの流れを理解できるほどの野球の知識があるかないかによって、喜んだり悲しんだりするだろう。要するに、結果は複雑なのだ。行動によって何が変わり、何が変わらないかを判断するのは難しい。

あなたが古き良き人工知能の原理で動くコンピュータだとしたら、理解可能なアルゴリズムに基づいて、発生しうるあらゆる結果をソフトウエアにプログラムしておく必要がある。想定しうる行動のひとつひとつについて、世界に対するあなたの認識のどの部分を変えるべきかという長いリストが必要だし、変えてはいけない部分についてのさらに長いリストも必要だ。どちらのリストも際限なく続く可能性がある。

この何を変えるべきか、何を変えてはいけないかというプログラミングの問題を、コンピュータ科学者や哲学者は「フレーム問題」と呼ぶ[3]。さまざまなアイデアはあるものの、フレーム問題は解決からはほど遠い。これがなぜそれほど難しい問題なのかを理解するために、それを解決するには何が必要か考えてみよう。まず野球のルールを知らなければいけないし、肯定的反応をする人と否定的反応をする人がいる理由を理解するためには人間の感情についての知識が必要だ。関心を持つ人、持たない人がいる理由を理解するには、人間の文化に対する十分な理解も必要だ。野球場から遠い場所にいる人々が反応しない理由を理解するには、物理学の知識も多少必要になる。ほんの数行の詩を理解するのにも、これだけの知識がかかわっている。詩に描かれた出来事の主な特徴を認識し、それをもとに関連する知識を呼び出さなければならない。

古き良き人工知能をめぐる問題は、ほかにもある。森の中を歩いているところを想像してみよう。一歩一歩が冒険だ。足下にはそれぞれ背丈の異なる小枝やキイチゴや石がある。ときには不安定な石や岩の上でバランスをとらなければならないこともある。あらゆる時間軸において、あなたの足は環境に適応しなければならない。最も長い時間軸では、自分の目指す方向を向いている必要がある。もっと短い時間軸では、躓いたり濡れたりしないように、障害物やぬかるんだ場所を避けなければならない。さらに短い時間軸では、そのときどきに踏んだモノに対処しなければならない。下に小石があれば、踏みしめなければならない。

このような足のひとつひとつの行動を計画するのであれば、つまり神経系が足の正確な軌道や足を制御するさまざまな筋肉の動きを計算し、障害物を避けながら地面の状況に適応しつつ目指す方向に進んでいくためのルートを計算するのであれば、その計算量は膨大になる。スーパーコンピュータを使っても、かなり時間がかかるだろう。

一歩ずつ足の正確な動きを計算していたら、家の周辺を一周するだけでも何時間、場合によっては何日もかかる。ほとんどの時間は複雑な計算をしながら、その場に立ちすくんでいるはずだ。これこそが古き良き人工知能システムのメカニズムである。行動する前にすべてを最適化し、計画するのだ。古き良き人工知能がコーヒーを作る場合、ほとんどの時間は計画に充て、実際にコーヒーを抽出する作業にかける時間はごくわずかだ。古き良き人工知能ロボットは思考に膨大な時間を割く一方、行動にはほとんど時間をかけない、高性能な頭でっかちの哲学者である。

ロボットに搭載されたコンピュータが高速なものであれば、思考や計画にそれほど時間を使っているようには見えないかもしれない。そして今ではおそろしい速さで計算できる、きわめて高速なコンピュータも存在する。しかし今日最速のコンピュータであっても、古き良き人工知能としては速さが足りない。今日のロボットがすばらしいのは、その意思決定と行動に、動物の計算方法に着想を得た、まったく異なる計算スタイルを取り入れているからである。

知能を具現化する

ロドニー・ブルックスは一九八〇年代半ばから、ＭＩＴでコンピュータ・サイエンスを教えている。ロボット工学に革命を起こした中心人物だ。ブルックスのマシンに対する姿勢は、まだオーストラリアで暮らしていた一二歳の頃に作った、電子三目並べゲームからもうかがえる。[4]ブルックス少年は、既存のコンピュータのソフトウエアに三目並べのロジックをプログラムし、遊ぶという昔ながらのやり方を採らなかった。金属クズやスイッチ、ワイヤー、電球などを使って、一からゲームを作ったのだ。独創的なアプローチで、しかもプレーヤーが容易に勝てないゲームだった。

伝統的な古き良き人工知能ロボットについてブルックスが不満に思っていたのは、行うべきタスクを明確に説明しなければならなかったことだ。誰か、すなわちプログラマが、何を計算すべきかを入念に考え（計算する方法、部屋を横切る方法、あるいは三目並べゲームの遊び方など）、それを非常に詳細な手順（アルゴリズム）にまとめ、その明確なルールに従って決められた手順を実行するようにロボットをプログラムしなければならない。真に知的なロボットであれば、そんな明確な指示は必要としないはずだ、とブルックスは考えた。

ブルックスは生物学に着想を得て、「知能の具現化」というロボット工学におけるまったく新しいアプローチを提唱した。動物の設計は、進化の過程で一気にできあがるものではない。新たな種は先祖から引き継いだ生物学的機能を徐々に蓄積しながら、長い時間をない。

かけてゆっくりと姿を現す。人間は初めから完全な形をとってこの世界に現れたわけではない。

　人類ははるかに単純な生物、思考はできないが、泳いだり、這いまわったり、食料を見つけたり生殖する能力は持った生物から進化してきた。こうした生物はここに挙げた各機能のための専用システムを持っており、それは自然淘汰を生き延びて、今も魚や昆虫、人間を含めた動物のなかで動いている。動物は歩行するとき、何百万年もかけて形成されてきた神経経路を活用する。彼らの祖先はまず泳ぎ、這いまわり、その後は次第に高度に発達した四肢を使って歩くことを学んできた。こうした古代の動物には知覚システムも備わっており、それが現代の哺乳類の目、鼻、耳に進化してきた。

　このためブルックスのチームはロボットを開発するとき、たとえば歩行機能しかないような単純なマシンから始めた。単純でも歩く機能はとにかく優れており、一歩一歩を詳細に計画するのではなく、リアルタイムに環境に反応した。足は知ったかぶりの中央処理装置（ＣＰＵ）が制御するのではなく、それぞれの足にはバネや衝撃吸収材、そして単純な問題に自律的かつ知的に対応できるような、ささやかな意思決定能力が備わっていた。ブルックスのロボットの足は中心となる権威から何をすべきか指示を受けなくても、自律的に障害物を避けたり適応することができた。複雑な迷路を自力で通り抜けることはできなかったが、歩行は非常に安定していた。路上の小石や溝に躓くこともなく、岩場や砂地に対処でき、上り坂や下り坂にも比較的容易に対応できた。この歩行アーキテクチャをもっと高度な作業の一部として取り込み、さらに高度なロボットを作っていくというのがブルックスの考えだった。基本的な歩行モジュールと対話できる新たなモジュールを開発し、それを通じて光を知覚して視覚信号を解釈する別のモジュールと相互作用できるようにする、といった具合に。

このタイプのロボットは、あなたも目にしたことがあるかもしれない。アイロボット社の掃除機「ルンバ」である。すでに一台、持っているかもしれない。ルンバは円盤のような形のロボットで、障害物や階段のような危険な箇所を避けながら、家中の床を掃除する。ルンバには車輪が二つ付いており、それぞれが独立して動く。また複数のセンサーがあり、何かにぶつかりそうになったときにはそれを知らせる。壁や物体にぶつかりそうになると、踵《きびす》を返して別の方向に向かう。ただマスタープランがあるわけではない。車輪をさまざまな方向に回転させるだけだ。各センサーやコントローラは、他の部品が何をしているかを知らずに、それぞれの役割を果たす。それぞれの部品が単純だが有益な作業を担い、全体として家の床を掃除するという非常にすばらしい結果を成し遂げる。

このように知能を具現化するロボットの設計方法は「包摂《ほうせつ》アーキテクチャ」と呼ばれる。

高レベルのモジュールが、低レベルの機能を包摂するように設計されているためだ。ここでは知性を、壮大なヒエラルキー（階層組織）としてとらえる。高レベルの高度な作業は、シンプルな機能を統合することで行う。このシンプルな機能は、それぞれがさらにシンプルな機能から成り立っている。高度な作業を、網羅的な計算や計画を通してではなく、階層化した行動主体を組織的に活用することで実行する。最も低いレベルの行動主体は、環境に直接反応しているだけだ。

ブルックスはまだ本当に高度な作業ができるようなロボットを生み出してはいないが、彼の思想は現在ロボット工学の主流となっている、ミニマリスト・デザインに取り入れられている。今日の最先端ロボットには、高度な機能がすべて組み込まれているのではなく、自らの動作する環境に効果的に反応できるようになっている。そのおかげで、ありとあらゆる動きを事前に計算する必要はない。世界が彼らのために膨大な計算をしてくれるのだ。

人間のデザイン

ロボット工学革命と歩調を合わせて、人間の思考に関する研究にも革命が起きた。ロボットに対して旧式なＡＩの概念（古き良き人工知能）があったのと同じように、人間の認知科学にも同じ特徴を共有する旧式な概念があり、同じ期間にわたって影響力を持っていた。

この概念によると、人間もコンピュータと同じように記号を処理する。人間特有のソフトウエアを使い、合理的結論を導き出し、結果を記憶に保持する。そして膨大な計算によって世界のモデルを構築する、という発想だ。日々の生活や意思決定において、計算を通じて最適な行動パターンを見つけ出し、情報を保持し、知識を常にアップデートする。もし私たちが本当にそんな具合に思考するのであれば、常に疲労困憊《ひろうこんぱい》しているはずだ。ただ現実には、世界を説明するためのモデルの構築に忙殺されているわけではない。

被験者に、コンピュータ画面に表示された文字を読ませるという実験があった。[5] 被験者は視線追跡装置を装着し、どこを見ているかがコンピュータに伝わるようになっていた。この研究には一つ、巧妙な仕掛けがあった。コンピュータ画面に表示される内容のほとんどは無意味な文字の羅列だったのだ。唯一、意味のある文字列が表示されたのは、被験者が見ている小さなウィンドウの中だけだった。コンピュータには被験者がどこを見ているかが正確にわかったので、目の焦点が合っている場所だけに、意味のある文字列を並べた小さなウィンドウを表示することができた。被験者の視線が文字列に沿って移動すると、ウィンドウも移動した。被験者が見ている小さなウィンドウの中だけに常に意味のある文字列が表示される一方、その周囲には無作為な文字がひたすら並んでいた。

実験の結果、ウィンドウが小さすぎないかぎり、被験者は自らの視線のすぐ脇には無意味な文字しか並んでいないことに、まったく気づかないことがわかった。表示された文書はいたって正常で、意味のある文章だけが並んでいると思っていた。通常、文字列は一七、一八文字の幅さえあれば十分だった。視線の左側に二、三文字、そして視線の右側に約一五文字である（英語の場合、文章は左から右に読むからだ）。単語数にして、六個以下である。このわずかな単語の周囲がすべて無意味な文字の羅列であったとしても、被験者はふつうの文章を読んでいると思い込んだ。被験者の後ろに立って同じ画面を見ると、ほとんど意味のない文字しか目に入らないが、それでも被験者自身はまったく気づかない。そのときどきに自分が見ているものにはすべて意味があるので、被験者は文章全体がそうであると思い込む。

この実験での被験者の体験は、現実世界とは異なる。現実世界には無意味な情報があふれているが、実験の世界には意味のある文章しかなかった。どこを見ても、目に入るのは意味のある文章だけだったので、目に入っていない部分も同様であると考えた。ある意味では視野狭窄のような状態で世界を見ており、自分のちっぽけな知覚用ウィンドウの外にはどれだけの混乱があるかわからなかった。この研究は、私たちが目に入ったわずかな情報から、世界に対する結論を導き出すことを示唆している。だが私たちは世界のモデルを構築し、それを芝居でも見せるように自らに提示しているのだろうか。そうとは考えにくい。もっと単純な解釈があるからだ。被験者が見えていない部分も意味があると考えたのは、世界はたいてい合理的だからだ、という考え方だ（心理学者は手品師や芸術家同様、およそ私たちをひっかけようとはしない人々だ）。被験者がこの実験で「正常な世界」を経験したのは、彼らが目にしたわずかな情報が日常的な世界での経験と合致していたからだ。

世界が正常な状態にあるという認識は、われわれにとって大きな支えとなる。それは情報は世界に保管してあるので、自分ですべてを記憶する必要がないことを意味するからだ。何かを知る必要があれば、それを見るだけでいい。このページの一行目に何が書かれてあったかを知りたい場合、覚えていなくても構わない。視線を右にずらして一行目を見ればいいだけだ。この実験を行った研究者の一人が言うとおりだ。「視覚環境は、ある種の外部記憶装置のような役割を果たす[6]」

この研究が、現実世界における私たちの日々の経験について、何を示唆しているか考えてみよう。あなたは今いる場所について、何を知っているだろう。身の回りの物体と、自分との位置関係を思い浮かべてみよう。よくわかっている、という気分にならないだろうか。コンピュータを使ってあなたの頭の中を読み取ったら、今いる場所の詳細なイメージ図が出てくるのではないか。部屋の全体像を見るために、目や頭を少し動かさなければならないかもしれないし、場合によっては体全体を動かす必要があるかもしれないが、今いる環境を直接知覚しているという実感があるだろう。しかし実験の示した「移動するウィンドウ」のパラダイムによると、この理解しているという実感はまやかしである。今いる環境の空間的モデルが頭に入っているという感覚は、錯覚にすぎない。あなたが見ているのは、目の焦点が合っている場所だけ、つまりスポットライトに照らされたほんの小さな範囲である。

なぜ空間全体がわかっているような気になるのだろう。それはどこに視線を移しても、その空間が目に入るからだ。環境全体をわかっているという感覚は、どこを見ても正常な光景が目に入るという事実から来ている。すべてが正常に思えるのは、世界があなたの理解どおりに動いているからだ（家具が空中に浮いていたり、木々が消えたり現れたりしていない）。あなたがそのときどきに目にする世界はほんのちっぽけな範囲だが、それ以外の部分もあなたの頭の中だけではなく、実在することがわかっている。どこに視線を送っても、正常で安心感のある、他の部分と一貫性のある光景が目に入る。

つまり世界があなたの記憶の役割を果たしているのだ。ランプがあなたの左側にあることがわかっているのは、左を向くとそこにあるからだ。確信を得る方法の一つは、目をつむって身の回りの光景を再構築してみることだ。具体的に考えてみよう。あなたの通常の視線の上には、何があるだろうか。たいていの人は、この質問にまともに答えられない自分に驚く。頭の中には周囲の環境のモデル、そこにあるモノすべてが含まれた詳細なイメージがあるような気がしている。だが実際には、そんなものはない。

第二章で、超記憶症候群について触れた。自らが人生で経験した膨大な事実を、驚くほど詳細に記憶している人々だ。超記憶症候群の人々は、私たちとは身の回りの環境を記号化して記憶に保持する方法が違っているのだろうか。もしかすると尋常ならざる記憶力のおかげで、頭の中で常人以上の計算ができるのかもしれない。だから常人よりも詳細に、自らを取り巻く環境のモデルを構築できるのかもしれない。そうだとすれば、常人ほど外部の情報には頼らないのではないか。ただデータを見ると、超記憶症候群の人々も、この点については常人とあまり変わらないようだ。たとえばその一人であるＡＪは、どの扉にはどの鍵を使うのか、なかなか覚えられなかった。またある研究チームが、目を閉じて自分たちの服装を思い出してほしいと頼んだところ、ＡＪは答えられなかった。[7] つまるところ超記憶症候群の人々の驚異的能力は、自分の人生で起きたことについての記憶力であって、世界に対する理解度ではない。

世界が私たちのコンピュータである

本章では野球の例を挙げたので、人間は頭の中で膨大な計算をしているわけではない、という点をさらに詳しく説明するために、再び野球の話に戻ろう。打者が放ったフライが、あなたに向かってまっすぐ飛んできたとしよう。どこに行けばキャッチできるか、どうやって判断するのか。

伝統的な認知科学によれば、あなたの内なるアイザック・ニュートンが活躍する。まず物理学についての知識を総動員して、ボールの弾道を予測し、落ちるであろう場所を計算する。[8] 高校時代に習った微積分は大方忘れてしまったかもしれないが、あなたの運動系が必要な知識を記憶している可能性はある。つまり打球は放物線をたどる、と（風や摩擦を無視すれば）。必要なのは、二、三個のパラメータを見積もり、放物線は二次方程式で表せることを思い出してパラメータを数式に当てはめ、さっさと解いてしまえば一件落着。計算結果がどこにいればいいかを示してくれる。これはまさに古き良き人工知能で動くロボットのやり方だ。しばらく熟慮し（それほど時間はかからないほうがいいが）、正しい位置に移動する（計算結果が正しければ）。

ただメジャーリーグで活躍するために、二次方程式を覚えて内部化する必要はない。ボールをキャッチするには、一切の思考を必要としない、もっと簡単な方法がある。弾道を計算しなくても、ボールが落ちてくる場所に行く方法はある。フライが自分の方に飛んで来たら、自然と視線をボール方向に向けるため、頭を上に向け、ボールが空高く上がっていく様子を目で追うだろう。視線の方向と地面とのあいだに、ある角度ができる。ポイントはここだ。ボールが落ちてくる場所に行くには、この角度が一定のペースで増加しつづけるように前後に動けばいい。[9] ボールがバットに当たったら、そこから目を離さないようにするには頭（あるいは眼球）を上の方に向け、その動きを追跡しなければならない。意外に思われるかもしれないが、ボールが下降しはじめても、視線は上げつづけなければならない。外野手がボールを追いかけるのを見れば、身体の方向と走る速さを調整しながら、視線が常に一定のペースで上へ動いていくようにしているのがわかる。この調整によって、ボールが落ちてくる場所にたどり着けるのだ。あとは落ちてきたボールをキャッチすればいい。

経験豊富な野球やソフトボールの選手が、本物のボールをキャッチしたり、[10] あるいはとんでもない弾道で飛ぶバーチャルボールを追いかけたりする[11] 動きを慎重に測定した実験では、常に同じ結果が出る。プレーヤーはボールが向かう場所を計算するのではない。ボールを見て、一定の角度で上昇していく視線によって正しい場所にたどり着くのだ。

この視線の方向を使ったやり方には、弾道を計算するよりはるかに単純であること以外にもメリットがある。第一に、必要な情報はすべて一瞬でそろうことだ。記憶はほとんど要らない。視線の角度を知るには、地面がどこかと自分がどこを見ているかがわかればいい。視線の角度がどれぐらいのペースで変化しているかを知るには、頭がどれくらいの速さで動いているかがわかればよく、それは知覚システムにはすでにわかっている情報だ。それとは対照的に、計算に依存する古き良き人工知能を使うと、放物線の軌道を算出する必要があり、それには少なくともボールの軌道上の少なくとも三地点、さらにはそれを数式に当てはめる必要がある。容易なことではない。

視線の方向を使ったやり方の二つ目のメリットは、それによってプレーヤーが正しい方向に移動できることだ。膨大な計算をしてから動き出すのではなく、プレーヤーは視線の角度を大きくしていくために、すぐに動き出さなければならない。そうするとボールが落ちてくる地点に行くまでに、使える時間が多くなる。プロの野球プレーヤーがこのやり方を実践するのも当然だ。

身の回りの世界を計算に使う例として、もっとシンプルでわかりやすいのが、狭いスペースを通り抜けるという場面だ。小麦畑を走り抜けるところを想像してみよう（近所に小麦畑があれば、実際に試してほしい）。あなたの近くにある小麦の葉は、遠くにある葉より速く動いているように感じられるはずだ。これは畑の表面に反射してあなたの目に入ってくる光と関係している。周囲の物体との位置関係から、あなたの移動パターンを反映した規則的な変化のパターンができる。急転回すると、小麦はそれに沿って同心円を描く。光が葉っぱに反射してあなたの目に入るので、そんな具合に見えるのだ。

これはオプティカルフローと呼ばれる現象で、あなたの移動中、光が何かの表面に反射して目に入ることでできるパターンである。オプティカルフローには明確な規則性がある。たとえばリンゴの果樹園を通るときに、小麦畑を通るときと同じ経路をたどれば、同じオプティカルフローを経験する。もちろん目に入る光景は異なるが（小麦ではなく、リンゴの木だ）、パターンは同じだ。遠くの小麦のほうがゆっくりと動いているように見えたのと同じように、あなたから遠く離れているリンゴの木のほうが近くの木よりゆっくりと動いているように見える。

オプティカルフローは高速道路でも体験できる。運輸当局が道路上に引いた車線は、あなたが狭い幅をまっすぐ走行するようにするためのものだ。片側の車線が反対側の車線と同じ速度で動いているように見えれば、あなたは車線内にとどまっている。これは運転シミュレーターを使った実験から明らかになった。コンピュータ・シミュレーターで、片側の車線を反対側より速く動かすと、被験者は遅い車線のほうに寄ってしまう。運輸当局は人間がオプティカルフローを知覚することを利用して、減速させたい区間では、実際よりも速く走行しているような感覚を抱くように車線を引く。これは高速道路の出口ランプあたりでは特に有効だ。

私たちは玄関から入るときも、オプティカルフローを利用する。両側のドアポストにぶつからないように、玄関の真ん中から入りたいとする。ドアからの距離を推定し、ドアの幅を推定し、どのような角度で進めば真ん中に入れるか計算する、というのが一つの方法だ。古き良き人工知能ロボットなら、このやり方を採る。これには相当な計算と推定が必要になる。時間的余裕がない場合には、ロボットにとって難しい作業かもしれない。

もっと迅速で、簡単な方法がある。両側のドア枠が、同じ速度で自分に近づいてくるように意識しながら進むのである（専門的な表現を使えば、オプティカルフローが左右対称になるように進む）。それだけだ。それさえできれば、どんな部屋に入るときも肩をぶつける心配はない。そしてそれが実際に人間の実践する方法だ。そう言えるのは、バーチャル・リアリティを使って人為的に片側のオプティカルフローの速度を高めると、被験者は廊下をまっすぐ歩けなくなることが実証されているためだ。速く動く壁から遠ざかっていく。[12]

ミツバチなどの昆虫も、同じようにオプティカルフローを使う。ミツバチは巣に入るとき、そして巣の中のトンネルを進むときに使う。これはミツバチに、両側の壁のオプティカルフローを変化させられる特別なトンネルを通らせることで確認された。ハチはオプティカルフローの遅いほうの壁寄りに飛んだ。[13] ミツバチなどの昆虫にもできることであれば、それほどの計算は必要ないはずだ。かなり単純な作業だろう。

こうした研究からわかるのは、人間（そして昆虫）は伝統的な認知科学の想定とは異なり、モデルを構築し、膨大な計算をしてから行動するわけではないということだ。そうではなく、世界についての事実（ボールや地面の光学的特性）を活用して、行動を単純化するのである。通常私たちは、自分の頭の中ではなく、自らを取り巻く世界に存在する情報に反応する。これはボールをキャッチしたり、玄関から入るときに限らない。皿を洗うときには、汚れた皿の山が何をすべきかを教えてくれる。それぞれの皿がピカピカになれば、きれいになったことがわかり、水滴が垂れていなければ食器棚にしまえることがわかる。記憶すべきことはほとんどない。同じように本のページを読むときは、目の前にある文字列の意味さえわかればいい。すべてはそこに書かれているのだから。

私たちがどのように文章を読み、ボールをキャッチするかということまでの例からは、知識はすべて私たちの頭の中にあるわけではないことがわかる。ごく単純な行動をするときも、私たちは世界を外部記憶として使う。高度な行動については、さらにそれが顕著だ。机の上の書類の山を見れば、何をしなければならないかを思い出す。メールのリストも、やるべきことを思い出す材料になる。紙あるいはデジタルのカレンダーも、同じ目的のためにある。次項では、私たちの身体がいかに便利で使い勝手のいい記憶装置であるかを見ていこう。

脳は知性の中にある

知性はどこにあるだろう？　たいていの人は、脳の中だと答える。[14]人間の能力のなかで最もすばらしい「思考」は、きっと人間の器官のなかで最も高度な脳で起こるのだろう、と考えるのだ。この見方が正しければ、単純な作業をどのようにこなすかという解釈にも影響してくる。たとえば、じょうろのようなありふれた物の写真を見て、上下が逆さまか否かを判断するとしよう。写真を見て、対象物が正しい位置に置かれているか、脳に相談するだけだ。その結果、写真に写った物が正しい位置なら「イエス」、逆さまなら「ノー」と答える。

これを実験で行ったところ、「イエス」のボタンを左手で押した被験者と、右手で押した被験者がいた。[15]ここまでは問題ない。この作業は簡単なもので、誰もが〇・五秒ほどで回答した。しかしこの実験にはある仕掛けがあった。使われた写真には、一つだけ小さな違いがあった。それは判断に影響するはずのない違いだった。対象物が左向きの写真と、右向きの写真が混ざっていたのだ。たとえば被験者の半数は、じょうろの持ち手が右側に置かれている写真を、残りの半分は持ち手が左側に置かれている写真を見た。被験者がじょうろが上下正しい位置に置かれているかを判断するために、脳に保持された正しい上下関係の記憶だけを照会するのなら、持ち手が左と右のどちらに付いているかは影響しないはずだ。だが現実には影響した。「イエス」ボタンを右手で押すときには、持ち手が右側に付いているときのほうが左側のときより反応が速かった。そして左手で回答ボタンを押すときには、持ち手が左側に付いているときのほうが反応は速かった。

ここからわかるのは、持ち手が右側に付いている日用品の写真を見ると、右手のほうが使いやすくなる、ということだ。写真を見ると即座に、そして無意識のうちに、身体がそこに写った物を使う準備を始める。持ち手が本物ではなくても、つまり単に写真であっても、左手ではなく右手にサインが送られる。そして右手に行動を起こす準備ができているために、質問が単にじょうろの向きに関するもので、じょうろを使うことには何のかかわりがなくても、右手のほうが速く反応する。身体は、手に対象物を扱う準備をさせることで、質問の回答に要する時間に直接影響を与えている。私たちは質問の答えを脳から引き出すだけではない。体と脳は同調して写真に反応し、答えを引き出すのである。

私たちが身体を使って思考や記憶をすることを示す例はたくさんある。たとえばある研究では、ある場面を記憶するには、その場面を演じてみることが他の記憶手段より有効であることが示された。[16] このような研究成果は「具現化」と呼ばれる現象のエビデンスと言える。[17] 具現化は身体が認知プロセスで果たす重要な役割に関する概念だ。頭の中の黒板を使って計算するのではなく、思考の対象物を使った行動を通じてモノを考えるのだ。

計算は紙や黒板（あるいは計算機）のような外部の小道具があると、ぐっと楽になる。身体を使って数を表現する文化もある。ニューギニアのオクサプミン族は、身体の二七の部位を決まった順序でたどりながら数を数える。[18] どちらかの手の親指から始まり、鼻まで上がっていき、そこから体の反対側に移って反対の手の小指に至る。このためオクサプミン族の数字体系の基数は二七だ。身体に基づく数字体系を持つ文化は他にもある。西欧文化もその一つかもしれない。十進法にこれほど執着するのは、指が一〇本あるからかもしれない。計算をするときに、指を使う子供も多い。

認知は、考えている対象や考えている道具と結びついている。[19] 作曲するときには、音楽に関する思考と、歌声や楽器の音色が同じプロセスの中に同居しており、密接に影響しあっている。実際にギターを持っているほうが、ギターの指の動きは再現しやすいし、頭の中で考えるより紙に書いたほうが、単語の綴りや計算をするのは簡単だ。一般的に物理的世界を使ったほうが思考はうまくいく。この事実は、思考は頭の中だけで起こる肉体とは無関係のプロセスではないことを示唆している。知的活動は脳内だけで起こるのではない。むしろ脳は身体その他の物質世界を巻き込んだプロセス体系の一部にすぎない。

人間は感情的反応を、ある種の記憶として使うこともある。ある出来事に喜び、痛み、恐れを感じたとき、私たちは何に注意を払うべきか、何を避けるべきかを学ぶ。南カリフォルニア大学の神経科学者、アントニオ・ダマシオは、このような反応を「ソマティック《身体的》・マーカー」と呼ぶ[20]。ギリシャ語で身体を意味する「ソマ」を使った造語である。身体は注意を喚起したり、警告を発するような感情を生み出す。対象物が好ましいものであるときには、肯定的な感情的反応、つまり良い気分が湧きあがる。それは身体がそれに注意を払い、もっと詳しく調べてみろと伝えているのだ。高級なパン屋に行くと、気分が良くなるのはこのためだ。目に入るおいしそうな品々に、もっと注意を払えと身体が訴えているのだ。

反対に対象物が好ましくないものであるときには、否定的な感情的反応、たとえば嫌悪感や恐怖が湧き起こる。この反応は、対象物には悪影響があったり危険であったり、あるいは単に不愉快なので、避けたほうがいいと通告しているのだ。耐え難い嫌悪感などは、その原因から遠ざかれというサインだ。原因が道の真ん中にある汚い水たまりであれば有益なサインだが、私たちが自ら片づけなければならないものであれば厄介だ。同じことが恐怖についても言える。蛇など敵に遭遇したときには有益なサインだが、見知らぬ人にそんな反応をしたら問題だ。

このような感情的反応は、意思決定に影響する。何を考えるか、どんな選択肢を検討すべきかを左右する。私たちは恐れを抱くものより、恐れを抱かないものについてじっくり検討する傾向がある。汚い水たまりより、高級なパンについて考えたがる。このように考えると、感情的反応は思考に影響を与えるだけでなく、思考に置き換わることもある。

このような反応はどこから来るのだろうか。その一部は生まれつき備わったものだ、というのは興味深い発想だ。たとえば蛇を恐れるのは、何千年も危険な蛇に囲まれてきたことで遺伝子に埋め込まれた知識かもしれない、と。それは真実かもしれない。恐怖症は恐怖感が制御不能になるもので、よく見られる恐怖症は先史時代の祖先にとって危険だったものが対象だ。クモ恐怖症、高所恐怖症、広場恐怖症などである。いずれも私たちの祖先がなんらかの危険を感じたものへの恐れである。たとえば「MP3恐怖症」「BMW恐怖症」といった症例もあるのかもしれないが、聞いたことはない。自然淘汰のプロセスで、このような恐怖症を遺伝子に刻みつける理由は見当たらない。

一方、進化の歴史に原因を見いだせないような恐怖もある。空を飛ぶことを極端に恐れる人（飛行機恐怖症）、腹話術師の使う人形に恐怖を感じる人もいる。このような恐怖心は、対象と接触するなかで長い時間をかけて醸成されるものであり、おそらく概念的、あるいは文化的原因もあるのだろう。たとえば飛行機が怖い原因は、飛ぶことを概念化するのが難しいことにあるのかもしれない。物理学の常識に反するように思えるからだ。あんな巨大な金属の塊が、なぜ浮くのか、と。

嫌悪という反応は、何かが身体に有害で、避けるべきだと知らせるソマティックなシグナルである。私たちは近寄ると危険なものに対して嫌悪反応を示す。それは危険物から身を守るのに役立つ。嫌悪感の対象となるのは、体液や病原菌を運ぶ媒体だけではない。特定のふるまいにも嫌悪感を抱く。嫌悪感は倫理的反応と結びついていると指摘する心理学者もいる[21]。同性間のセックスに嫌悪感を抱く人もいる。近親相姦に嫌悪感を抱く人はさらに多い。特定の行動を思い浮かべるだけで恐怖や不快感を抱くのは、抽象的なソマティック・マーカーが作動したためかもしれない。身体が私たちに、特定の行動を適切と思うか否かを伝えているのだ。幸い、私たち（の中にいる理性）は、身体の意見に同意するか反対するかを選択することができる。

ここに挙げたのは、人間が思考や記憶に身体をどのように使うかといった事例のほんの一部にすぎない。ここから学ぶべき主な教訓は、知性を脳の中でひたすら抽象的計算に従事する情報処理装置と見るべきではない、ということだ。脳と身体、そして外部環境は協調しながら記憶し、推論し、意思決定を下すのだ。知識は脳内だけでなく、このシステム全体に分散している。思考は脳内の舞台だけで起こるわけではない。私たちは賢く行動するために、脳、身体、そして身の回りの世界にある知識を使って思考する。言葉を換えれば、知性は脳の中にあるのではない。むしろ脳が知性の一部なのだ。知性は情報を処理するために、脳も使えば他のものも使う。

ここまでで、個人レベルでは比較的無知なのに、なぜ人類は自らを取り巻く環境を思うままにできるのかという問いに、多少は答えられたと思う。外部からの手助けがあれば、個人はかなり無知ではなくなる。身体を含めた身の回りの世界が記憶装置や外部支援装置の役割を果たすことで、それらがないときよりずっと賢くなる。次章では、人間はさらに大規模な記憶装置やデータ処理装置も活用することを見ていく。それは他の人々だ。

第六章　他者を使って考える

ここまで、思考は複雑な行動を支えるために進化したことを見てきた。個人が行動できるように、個人が環境を自分の都合に合わせて変化させられるように、知性は情報を処理する。さらに思考は情報を処理するうえで、環境を使うことも見てきた。世界は外部記憶の役割を果たし、思考プロセスの一部となる。ただ、たった一人の思考はたかが知れている。自然界では、複数の個体が協調することで、高度な行動が可能になることが多い。複数の認知システムが力を合わせると、個体の能力を超える集団的知能が出現する。

その最たる例がミツバチだ。ハチの群れはすばらしく複雑で、その各部を足し合わせたよりも大きな力を発揮する。ハチの群れが機能する原理は、企業と同じである。異なる個体が共同体のなかで異なる役割を果たす。まず働きバチがいる。巣を守り、蜜や花粉を集め、冬を越すための食料であるハチミツをつくり、それを貯蔵しておく小部屋をつくり、幼虫に餌をやるメスだ。それから女王バチがいる。新たなコロニーをつくり、それから交尾し、卵を産む。それからコロニーを離れ、他のコロニーの女王バチと生殖する雄バチがいる。ハチの巣自体も非常に緻密に組織されている。ハチミツや花粉は巣の上部の小部屋に蓄えられる。成長中の幼虫は下のほうにいる。そこはさらに働きバチ、雄バチ、女王バチを育てる区画に分かれている。

ハチの群れは協力することで、さまざまな難しい問題を解決する。働きバチは蜜や花粉が採れなくなる冬に備えて、食料を集め、貯め込む。また侵入者を防ぎ、食料と次世代を守る。女王バチは他のコロニーから来た雄バチと生殖することで、遺伝的多様性を確保する。

個々のハチに自らを守る力はない。働きバチは交尾ができない。雄バチは食料を集められない。女王バチには幼虫を世話することはできない。それぞれの個体には決まった仕事があり、そこにおいて卓越した能力を発揮する。働きバチは自らが働きバチであることを知らず、雄バチは自分たちが雄バチだとは知らない。進化の過程で自らにプログラムされた仕事をするだけだ。それが全体としてうまく機能するのは、各個体がこのきわめて複雑な行動システムを支える比較的シンプルな仕事を担っているためだ。

人間の個体はハチよりも賢い。ただ別のレベルで見ると、人間とハチには重要な共通点がある。どちらも複数の個体が協力する能力を活かし、途方もない知能を生み出す。人類が史上最も複雑で、強力な種《しゅ》であるのは、個人の脳の力量のためだけでなく、多数の脳が協力しあうためだ。

集団的狩猟

種の存続の可否は、いくつかの要因によって決まる。その一つが食料調達能力だ。人類学では一九世紀後半から、先史時代の人類がこの世の始まり以来、最も天才的なハンターであったことを示す発見が続いてきた。アフリカ、中東、ヨーロッパからアメリカ大陸まで、世界各地で大量の獲物を処理してきたことを示す骨の山が見つかっている。古代の人類は、マンモス、象、サイ、オーロックス〔家畜牛の先祖にあたる野生のウシ〕、バイソンなどその時代に生息していた最も巨大な生物を含めて、ありとあらゆる動物を仕留めていた。巨大哺乳動物の種がいくつも絶滅した主な原因の一つは、人類の狩猟能力がきわめて高かったことだろう。私たちの祖先は貧相な体格にもかかわらず、自分たちの何倍も大きな動物を殺すことにおいてはすばらしい成功を収めた。人類が登場するまで、ハンターとして成功するには、強さ、大きさ、速さなど優れた身体能力が欠かせなかった。そこに現れたのが思考能力を持つ人類で、突然バスほどもある巨大な図体を持つ動物もひとたまりもなくなった。

考古学者や民族誌学者は、古代の人類がこうした偉業を成し遂げる際に用いた戦略や技を分析した。そこから明確になったのは、狩猟は人類にしかできないレベルの協力と分業を要する集団的作業であったということだ。集団的狩猟は何十人もの人間が参加する、きわめて高度かつ協調的な活動だった。その見返りは大きく、狩猟隊はたった一度の狩りで巨大な獲物を大量に仕留め、数カ月分もの食料を確保することも多かった。

人類学者のジョン・スペスは、最終氷期の末、つまり更新世後半の北アメリカ西部で行われていた集団的バイソン猟を、次のように説明する。[1]まずハンターたちはワナを仕掛けた場所まで、何キロもバイソンの群れを誘導する。ワナは群れを閉じ込められるような自然の渓谷のこともあれば、そのために作った囲いのこともあった。ときには群れが崖から落ち、死ぬように仕向けることもあった。

このような狩りには、優れた専門知識、慎重な計画、緊密な協調行動が欠かせない。狩りを率いていたのは、バイソンの行動に精通したシャーマン（宗教指導者）だ。長年の鍛錬によって習得した専門知識を駆使して、群れの行動をコントロールした。バイソンの皮をかぶり、群れに先頭を走る仲間と誤認させるといった巧妙な手段も使った。他のコミュニティのメンバーはバイソンの群れを正しい方向に誘導するため、ルート上で戦略的な配置についた。また最適なタイミングで獣を仕留めるため、ワナのところで待ち伏せする者もいた。すべてが入念に計画されていた。動物たちが人間のにおいに気づいたり、ワナにたどり着く前に暴走したりしたら、狩りは台無しになってしまう。

獲物を殺すのは、狩猟の目的のほんの一つにすぎない。動物を屠《ほふ》ったら、肉をさばいて保存しなければならない。これも非常に大がかりな仕事だった。一頭あたり一六〇〇キロほどもあるバイソンを、一〇頭さばき、保存処理をするのがどれだけ大変か、想像してみてほしい。これには共同体をあげて協力する必要があった。

もちろん個人の知能も狩りには役立つ。威力のある武器をつくったり、動物を脅《おびや》かすとどのような反応をするか予測したり、肉をさばいて保存したりするのには、相当な知能が必要だ。しかし、そのような知識があっても、複数のバイソンを一度の狩りで仕留めるのには不十分だ。相手がマンモスのようなもっと大きな動物ならなおさらで、一人でできる者などいない。認知的分業によって初めて可能になった。共同体のメンバー一人ひとりが、共同体としての目標をかなえるために何らかのスキルを習得した。シャーマンはバイソンの群れを動かす技を習得することに時間とエネルギーを注いだ。ただそれが可能だったのは、仲間がやり投げ、肉の処理、火おこしなど他の役割を担ってくれたからだ。認知的分業によって、効率や能力は劇的に高まる。

認知的分業による劇的な能力の向上は、建物を造る場面を想像するとよくわかる。テントを張ったり丸太小屋を造るぐらいなら、一人でもできる。ただ水道設備、断熱性、温度管理、本格的なキッチンやホーム・エンターテインメントシステムを備えた現代の家は、集団でなければ造れない。現代の家を造るとき、どれほど多様な職業がかかわっているか考えてみよう。測量技師、掘削業者、骨組み業者、レンガ職人、屋根ふき業者、配管工、乾燥壁や窓の設置業者、大工、塗装職人、漆喰《しっくい》職人、電気技師、木工職人、造園師、絨毯《じゅうたん》業者。このうち二つ以上を兼ねる人もいるかもしれないが、建築法や消費者の要求を満たすようなレベルですべてをこなせる個人はいないだろう。

古代エジプトのピラミッドから今日の高層ビルまで、重要な建物の建築には常に認知的分業が求められてきた。中世の大聖堂の建築は、石工、左官、レンガ職人などが各地を転々としながら担っていた。そして言うまでもなく、パトロンや建築家をはじめとする設計者がいなければ、そもそも企画自体が始まらない。大聖堂の建設は、数十年、ときには数百年を要する共同体をあげてのプロジェクトと見られていた。作業にかかわる人の多くは、生きているあいだに完成した姿を見られるとは思っていなかった。このような集団としての努力と責任感があったからこそ、世界中の大聖堂は驚くべき壮麗さ、美しさ、永続性を持ちえたのだ。

こうした例は、知性の重要な特性を浮き彫りにしている。知性は、個人がたった一人で問題の解決に取り組むという環境のなかで進化してきたのではない。集団的協業という背景の下で進化してきたのであり、私たちの思考は他者のそれと相互にかかわりながら、相互依存的に進化してきたのだ。ハチの群れと同じように、それぞれの個体が特定の役割に精通すると、その結果として生まれる集団的知能は部分の総和を超える。

賢さ

ほかのヒト科動物（人類と関連する霊長類種）から現代人への進化は、進化の時間尺度のなかでは極端に速かった。それは二〇〇万から三〇〇万年前にアフリカのサバンナにヒト属が現れたところから始まり、二〇万年前には現生人類が出現した。その間、人類の認知力は飛躍的進化を遂げた。現生人類は祖先と比べて、特別強靭なわけでも、移動速度が速いわけでもなかった。祖先と比べた優位性は、脳の大きさにあった。現生人類の脳の質量は、ヒト属の初期の祖先の約三倍だ。[2] この脳の質量の急激な増加を、人類学者は「大脳化」と呼ぶ。この急激な大脳化は、進化論に照らすと不可解だった。大きな脳はエネルギー消費が大きく、コストが高い。摂取できるカロリーは有限なので、その分身体は弱くなるはずだ。[3] また脳が大きいと頭蓋も大きくなり、出産はより危険で大きな痛みを伴うものになる。このようなデメリットがあるにもかかわらず、なぜ人類はこれほどの速さでこれほど賢くなったのか。

現生人類の特徴である脳の大きさと知能の劇的な成長については、二つの説がある。生態学理論によると、それを促したのは個人の環境対応能力が向上したことだった。たとえば殻や硬い皮をむけるようになるなど、狩猟採集能力が向上したことで、賢いヒト科動物の適応能力が高まった。その結果、より多くのカロリーを摂取できるようになった。同じように、より広い範囲の脳内地図を保持する能力を持ったことで、食料を獲得する能力が高まり、健康状態も改善した。

このように生態学の仮説が個人の能力向上に注目するのに対し、それと競合する学説は、何人もの認知システムが協調し、複雑かつ共通の目的を追求したことで、人間の知能は急速に進化したと見ている。これは社会脳仮説と呼ばれる。知能が向上したのは、ヒト科動物の社会集団の規模や複雑性が高まったことに起因するという見方だ。狩猟の例で見たとおり、集団で生活することにはメリットもあるが、それにはある程度の認知能力が必要になる。高度な意思疎通能力、他者の意見を理解し、取り入れる能力、目的を共有するといった能力だ。社会脳仮説では、集団生活を送ることに付随する認知的要件や適応能力が、雪だるま式効果をもたらしたと見る。[4] 集団の規模が大きくなり、より複雑な共同行動が出現するのに伴い、個人はそれを支えるような新たな能力を獲得していった。そしてその新たな能力が、集団が一段と大規模化し、集団行動のさらなる複雑化につながった。

徐々に複雑化した組織的活動の一例が狩猟だ。初期のヒト科動物にももちろん、一匹の獲物を囲い込み、逃げ道をふさぐだけの知恵はあった（これは犬にもできる）。それが何千年もかけて、共同体が協力して何十頭というバイソンを捕らえ、仕留め、さばくという高度な活動に進化した。このような狩猟能力こそが、解剖学的に現生人類と呼ばれる種とそれ以前の種との違いかもしれない。狩猟は人類の進化に決定的な役割を果たした可能性がある。[5]

人類学者のロビン・ダンバーはさまざまな霊長類のデータを収集し、競合する二つの仮説（生態学仮説と社会脳仮説）を検証した。[6] ダンバーは脳の大きさをはじめ、活動範囲や食習慣などの生活環境、そして平均的な集団の規模など、霊長類の各社会についてデータを集めた。その結果、脳の大きさと社会集団の大きさには密接な関係があることがわかった。大きな集団で暮らす霊長類ほど、脳は大きかった。対照的に、活動範囲の大きさや食習慣などの環境指標は、脳の大きさとは無関係だった。この結果は大きな脳が、共同体で生活するのに必要な能力を持つのに役立つことを示唆している。

他者との交流のなかで進化した、高度な知的プロセスがもたらす機能として、最もわかりやすい例が言語だ。単純な意思疎通の能力を持つ種は多い。ミツバチはダンスのような動きやフェロモンを分泌することで、たくさん蜜のとれる花の場所を他の個体に伝える。群れの成功はコミュニケーションで決まる。たくさんの働きバチが有望な場所を探し、お宝を発見すると群れの仲間に伝える。互いの発見を伝え合うことで、群れは最も蜜の豊富な場所に労力を集中できる。コミュニケーションによって群れは仕事を成し遂げることができる。

とはいえ、ダンスとフェロモンで伝えられる情報はたかが知れている。コミュニケーション能力で金メダルを獲得するのは、まちがいなく人間だ。人間の最大の特徴は、言語を通じて自在に難易度を変えながら、スムーズに考えを伝え合う能力だ。群れで狩りをする動物はすべて、協調行動をとるのに十分なコミュニケーション能力を持っているのかもしれない。しかし初期の人類が実践していた狩りでは、スムーズにコミュニケーションをとりながら、はるかに複雑な概念を伝え合う必要があった。獲物の位置を知らせるための空間的概念、獲物を追い込む場所、また誘導、襲撃、食肉処理の方法に関する複雑な因果概念などだ。もちろん獲物の分配方法に関する交渉も必要だ。

誰かと一緒に狩りをするときには、相手の意図を把握しておく必要がある。相手の意図はコミュニケーションを通じてだけでなく、相手の行動から推論することで理解できる。たとえばあなたが弓を持ち上げてバイソンに狙いを定めれば、バイソンを撃とうとしているのだと推測するのが自然だ。この推測をするのにも、驚くほど複雑な意識のメカニズムがかかわっている。まずあなたの行動（弓矢を持ち上げて構える）から後ろ向き推論によって、意図を推測する（バイソンを撃つ）。そのためにはあなたの欲望（バイソンを仕留めたい）や考え（矢で撃てばバイソンは倒せる）についても多少理解していなければならない。また性格（バイソンを仕留めることに倫理的抵抗感がない）についても多少知っておく必要がある。私がそのままあなたにバイソンを撃たせたら、それは私があなたには協調性があり、肉を持ち逃げしないだろうと信じていることを意味する。私たちは絶えずこのように他者の心理状態を自然と、難なく推論する。もちろん他者の意図や心理状態を読み解く能力には個人差はあるが、誰でもある程度の能力を持っている。犬もかなり得意だが、人間ほどではない。あなたが弓矢を構えたからといって、バイソンを殺そうとしているのだと推論できる犬はいない。他の人々の心理状態を推論する能力は、大規模な集団がともに活動するうえで欠かせないものだ。

志向性の共有

人間は他者が何をしようとしているかを推論できるだけではない。他の機械や動物の認知システムにはない能力がある。他者と関心を共有することだ。人間同士が相互作用するときには、単に同じ事象を経験するだけではない。互いが同じ事象を経験していることを認識している。自分たちは関心を共有しているという認識によって、経験そのものが変わるだけではない。自らの行動や、他者とともに何を成し遂げられるかが変わる。

関心を共有することは、認知的作業を共有する集団、すなわち知識のコミュニティに完全なメンバーとして参画するうえで、きわめて重要な一歩だ。関心を共有できれば、さらにすばらしいことが可能になる。共通認識を共有できるのだ。他者が知っていることを、私たちも知っていることを知っている。そして私たちが知っていることを他者が知っていることも知っている（そしてもちろん、他者が知っていることを私たちが知っていることを、他者が知っていることも知っている……という具合に続いていく）。コミュニティの中で知識は単に分散しているだけではない。共有されているのだ。このように知識が共有されると、「志向性」を共有することができる。[7] つまり、ともに共通の目標を追求することができるようになる。他者と意図を共有し、ともに物事を成し遂げるのは、人間の基本的能力である。

これは主にロシアの心理学者、レフ・ヴィゴツキーが提唱した理論だ。ヴィゴツキーは二〇世紀初頭に、知性は社会的存在であるという見方を提唱した。人間と他の動物との違いは、個体の知力にあるのではない、とヴィゴツキーは主張した。他者や他の文化を通じて学習できること、そして協力できることこそが違いである、と。他者とともに集団的活動に従事できることだ。ヴィゴツキーの主張は、知識のコミュニティという概念の土台を成すものの一つだ。

ドイツのライプチヒにあるマックス・プランク進化人類学研究所の所長、ミヒャエル・トマセロとその研究チームは長年にわたり、共有された志向性のメカニズムを理解するため、子供とチンパンジーを対象に研究を続けてきた。[8] 人間の子供が大人に成長すると、芸術や文学、高等教育や高度な機械文明、合法的なマリファナやバーボン、カントリー・アンド・ウェスタンミュージックといった文化に親しむようになるのに対し、今日のチンパンジーは進化の歴史に登場した当初とほぼ変わらない生活を続けている。その違いはどこから生じるのか？

彼らの研究成果の一つを見てみよう。大人と幼児がいる部屋に、中身の見えないバケツが一つ置かれている。幼児の目の前で、大人がバケツを指さす。大人が突然バケツを指さすと、幼児は困惑する。大人の意図はなんだろう？　何を指さしているのか？　幼児の注意を容器の形、色、素材、あるいは別の何かに引こうとしているのか。今度は大人と幼児がゲームをしていると想定しよう。大人が何かを隠し、幼児に見つけさせるゲームだ。そのゲームをしているときに大人がバケツを指さすと、幼児には大人の意図がわかるはずだ。隠したモノのありかを教えようとしているのだ。実験では、生後一四カ月の幼児ですら成功した。このような状況で大人の意図を理解したのだ。一方、チンパンジーや他の類人猿は、いくつになっても成功しなかった。

類人猿は高等生物だが、人間と意図を共有することはできない。人間の視線をたどり、視線の先に何があるかを見るところまではできるが、人間がゲームの対象物を指さしていることは理解できなかった。対象物に関心を向け、人間も同じものに関心を持っていると理解することができなかった。類人猿には「ふむ、あの人間は私に自分と同じことを考えさせようとしているんだな。さっき一緒に遊んだアレのことだ」といった思考はできない。人間が何かしようとしていることはわかるが、関心を共有することで協力し、力を合わせて共通の目標を追求することはできない。

ジェスチャーを考えてみよう。人間のコミュニケーションの重要な要素だ。情報を伝える（何かを指し示す、あるいは動きを模倣する）、強調する（腕を広げたり閉じたり）、あるいは要求をする（誰かを手招きする）といった目的に使う。人間の赤ん坊は生後九カ月には、ジェスチャーを使って他者の関心を引き、同じ対象に注意を向けようとする。対照的にチンパンジーなどの類人猿は、他者を動かす手段としてしかジェスチャーを使わない。たとえば他者に何かのやり方を示したり、要求への対応方法を伝えるときだ。人間は誰かと意識を合わせるために、類人猿は必要な作業をこなすのにジェスチャーを使う。

トマセロらは別の研究で、大人の実験者に子供と作業をさせ、途中でやめさせた。すると子供は実験者を、もう一度一緒にやろうと誘う。同じ実験をチンパンジーにも実施したところ、実験者を誘うことはなかった。研究チームはこう書いている。「チンパンジーには見られなかったが、人間の子供にとっては協力すること自体が協力する目的になっていることが多かった。たとえば何らかの目的を持った作業だけでなく社会的ゲームにも協力したほか、目的を持った作業を完了して無事おもちゃを手に入れた後、再びおもちゃを装置に戻して同じ活動をやり直すことも多かった[9]」。人間の子供は共同作業をしたいがために、一緒に作業をしようとした。一方、チンパンジーには共同作業という概念が理解できなかった。

どちらのケースでも人間を特徴づけるのは、他者とともに何かをし、それに対する関心を共有する能力であり、またその欲求である。人間は協力するようにできているのだ。志向性を共有する力は、人間の最も重要な能力を支えるものかもしれない。知識を保存し、次の世代へと伝える能力である。これは人類学者の言う「累積《るいせき》文化」をもたらす。言語、協力、分業によって、社会脳を通じて伝えられた知識が累積し、文化が生まれる。これは人類のサクセスストーリーの最も重要な構成要素の一つだろう。人間の能力は常に向上しつづけているが、それは個人が賢くなっているためではない。[10] 何百万年にもわたって基本的な仕組みがまったく変わっていないハチの群れとは異なり、人間の共同作業はひたすら複雑になり、また集団的知能はひたすら強力になっている。

社会的スキルと知能には負の相関があると思われがちだ。八〇年代の映画を観れば、きまって典型的なオタクキャラクターが出てくる。数学や物理はすばらしくできるが、異性とは単純な会話すらできない。このような描写は個人の知能と集団的知能の深い関係について、誤ったイメージを伝えている。これから見ていくとおり、最も優秀な人とは最も成功している人である、と定義すれば、それは他者を理解する能力が最も高い人かもしれない。

今日のチームワーク

認知的進化が社会的なものであることを示すエビデンスは、身の回りにあふれている。小さな子供が他者と交流する姿を観察してみよう。たいてい大人や他の子供との集団的思考に積極的に参加する。自分たちでゲームをつくったり、ロールプレイをしたり、問題を一緒に考えたり口論したりする。

大人も同じだ。テーブルで友達と冗談を言い合っているときには、互いから情報を得ている。ときには集団のなかでたった一人が話し手になり、他は全員聞き役になることもあるが、たいてい会話では集団が協力する。冗談を言い合うときには、さまざまな人がアイデアを口にし、互いの意見から自由に連想する。

これは友達同士の会話に限らない。科学者の集まる研究室の議論も同じようなものだ。研究者たちはテーブルを囲むように座り、スライドやホワイトボードのような視覚的資料を使って、互いの知識やアイデアを出し合う。互いに質問をしたり答えたり、仮説を提唱したり、反対意見を述べたり、ときには合意が形成されることもある。次々と話し手が代わり、さまざまな返答が出てくるなど、かなり混沌としたプロセスだ。

これは多くの環境において、優れた成果を出す最適な方法だ。今日では病院でも、患者の治療に対してチームアプローチを採るのが一般的だ。医師、看護師、医学生、技師、薬剤師、ケアマネージャーなど、さまざまな専門知識を持った医療専門職が協力しあう。明確なリーダーはいない。専門知識の集合体として、うまく機能すれば各部分の総和を超える集団的知能を生み出す。飛行機は機長、副機長、管制官などを含む合議体によって運航され、高度な自動操縦システムも大きな役割を果たす。今日、政治政策、陪審員の評決、軍やスポーツの戦略など、重要な意思決定の多くが合議体方式によって下されており、それがふつうだと言ってもいいだろう。

先端科学の知識はきわめて高度であり、さらなる進歩を遂げるには巨大なチームが必要だ。基礎物理学に詳しい人なら、二〇一二年のヒッグス粒子の発見が天地のひっくり返るような偉業であったことを知っているだろう。この発見は物質世界の仕組みに関する最も基本的な理論を固めるのに役立った。ではこの発見をしたのは誰か。ヒッグス粒子の発見に対して二〇一三年のノーベル物理学賞を受賞した、ピーター・ヒッグスとフランソワ・アングレールの功績と言いたくなる。しかし実際には、約四〇カ国の何千人という物理学者、技術者、学生の努力がなければ、ヒッグス粒子は発見されていなかったはずだ。三〇〇〇人近い研究者が、発見につながった重要な物理論文を執筆している。それに加えて欧州原子核研究機構（CERN）に六四億ドルを投じて建設され、ヒッグス粒子観測の現場となった超衝突型加速器の建設や運用にも大勢の作業員がかかわった。たった一人の力では、この複雑で専門性の高い作業のごく一部ですらやり遂げることはできなかったはずだ。ノウハウは何千人もの人々に分散されていた。

心理学の研究によると、私たちはたいてい無意識のうちに、自然と認知的作業を分担する。あなたが友達と一緒に特別なディナーを準備するとしよう。料理の腕はあなたのほうが上かもしれないが、友達はワインに詳しいアマチュア・ソムリエだ。そこへ隣人がやってきて、近所の店にすばらしいワインが入った、と教えてくれた。新たに入荷したワインは多く、とても覚えきれない。あなたなら、隣人の口にした銘柄を覚えるために、どれだけ努力をするだろう。隣にワインに詳しい友達がいて、隣人の話をそっくり覚えてくれそうなら、努力する気になるだろうか？　友達がいないときのほうが、熱心に覚えようとするだろう。もちろんその晩のディナーにふさわしいワインを知っておいて損はない。でもあなたの友人なら、努力しなくても隣人の持つ情報を記憶できる可能性が高い。

この効果は、トニ・ジュリアーノとダニエル・ウェグナーが実験室で証明した。[11]交際期間が三カ月以上のカップルに、コンピュータのブランドなど、さまざまな事柄を記憶してもらった。同時にカップルにはそれぞれの事柄について、二人のうちどちらが詳しいか評価してもらった（たとえば一人がコンピュータ・プログラマで、パートナーがシェフなら、前者のほうがコンピュータには詳しい）。その結果、カップルは記憶の任務を分担し、相手に相手の詳しい分野の記憶を任せる傾向があることが明らかになった。二人のうち、どちらかだけが詳しい事柄については、詳しいとされたほうが記憶し、パートナーは忘れる傾向が見られた。パートナーの得意分野については、記憶しようという努力がおざなりになった。言葉を換えれば、相手の詳しい分野については、誰もが情報を記憶して思い出す役割を相手に委ねた。人は特定のコミュニティにおいて、自分が覚えるべきことを覚え、認知的分業に最大の貢献をしようとする傾向がある。他のことを記憶するのは、その分野のエキスパートに任せる。

言語、記憶、関心をはじめ、すべての知的機能は認知的分業という原則に従い、コミュニティ全体に分散しながら働いていると考えられる。

境界での混乱

人間がこれほど自然に認知的分業をするという事実は、自分のアイデアや知識と、チームの他の人々のそれとを明確に区別しないことを示唆する。ビートルズがすばらしかったのは、ジョン・レノンの思想性のためか、ポール・マッカートニーの才能のおかげか、といった無駄な議論にどれだけの時間が費やされてきただろう？　われわれから見れば、答えは明白だ。ビートルズがすばらしいバンドとなったきっかけは、一九五七年七月六日にイングランドのリバプールのセント・ピーターズ教会で、ちょうど自らのバンド「クオリーメン」と一緒にステージに上がろうとしていたジョンに、ポールが引き合わされたことだ。この出会いのおかげで二人はともに活動を始め、彼らがジョージ・ハリスンやリンゴ・スターと力を合わせたことでビートルズは伝説のバンドになった。ポップカルチャーを一変させたすばらしく独創的な精神は、四人の個人的才能ではなく、彼らの相互作用から生まれたものだ。

本書の構想を温めていたとき、われわれは同じ心理学者であるカリフォルニア大学ロサンゼルス校のクレイグ・フォックス、ハーバード大学のトッド・ロジャースをはじめ、多くの仲間とともに議論した。そのなかで無知や錯覚についての洞察や、その洞察を科学的に検証する方法について新たな気づきが得られた。本書にとって重要なアイデアを出したのは、著者のうちどちらかというのは、問いとして誤っているとわれわれは思う。それを生み出したのは、このプロセスにかかわった全員である。さまざまな問題を議論した複数の会合で、誰がどんな発言をしたかをすべて追跡できたとしても、やはり特定の個人を功労者に選ぶのは難しいだろう。アイデアは対話から生まれたのであり、その対話には全員が寄与した。

新たなアイデアが生まれたとき、それを特定の個人に帰属させるのは難しいことが多い。なぜならたいてい会合に参加した多くの人が、難問を解いたり、あるいはひらめきを得るのに少しずつ貢献するからだ。特定の個人ではなく、集団全体が功績を認められるべき（場合によっては責任を負うべき）だ。アイデアは膨大な思考の産物だが、個人の認知プロセスは他者のそれと密接に絡みあっており、アイデアを生み出したプロセスは集団に帰属する。

共同作業では、特定のアイデアが誰のものか、参加者にもわからなくなるということがよくある。本書の執筆中には、次のような会話がよくあった。

フィリップ「すごいアイデアを思いついたぞ！　Xをしたらどうだろう？」

スティーブン「ちょっと待てよ、三カ月前に僕がXを提案したとき、君は猛反対したじゃないか」

フィリップ「（一〇秒間の沈黙）そうか。本当はすばらしいアイデアだったということだな」

なぜこんなことが起きるのか。それは個人の思考と集団の思考が密接に絡みあっており、境界を意識するのが難しいからだ。グループプロジェクトにおいて個々の参加者に貢献度を尋ねると、たいていの人がこの曖昧さを逆手にとり、自分の貢献度を高く見積もる。[12]全員の貢献度を足し合わせると、確実に一〇〇％を超える。たとえば既婚夫婦に、夫と妻がそれぞれ家事の何パーセントを担っているかを尋ねたところ、自己評価の平均は五〇％を超えた。[13]自分の貢献度を過剰評価する傾向は、集団内での対立につながることもある。別のメンバーの貢献度を低く評価している場合はなおさらだ。私たちは集団において、非常に相互依存的に活動する。だから個人の貢献度を見きわめるのはきわめて難しいことを、わきまえておいたほうがいい。

自分の活動と他者のそれとの境界がどこであるかを見きわめることができないのと同じように、自分の知識と他者のそれとを明確に区別することもできない。コミュニティのなかに知識があることを知っているだけで、私たちは自分が知っているような気になる。次のような新聞の切り抜きを目にしたとしよう。

二〇一四年五月一九日、学術誌『地質学』で、新たな岩石の発見が報告された。科学者はこの岩石を完全に解明した。新たな岩石は方解石に似ているが、光源のないところでも発光する。論文の執筆者であるリテノア、クラーク、シュウはそのメカニズムを完全に理解しており、その鉱物の美しさと今後の実験計画を明らかにした。

この岩石が光を放つメカニズムについて、あなたはどれだけ理解できたと思うだろうか。おそらく、あまりよく理解できなかっただろう。この岩石の話自体、われわれがでっちあげたものなので、聞いたこともなかったはずだし、新聞記事のなかにも理解する手がかりは乏しかった。記事中に名前の挙がった科学者（リテノア、クラーク、シュウ）が「岩石を完全に解明した」と書かれていなかったら、あなたの感じる理解度は違っただろうか。反対に、科学者が解明できていなかったら、あなたの理解度も低下するだろうか。おそらくそんなことはないだろう。新たな現象に対するあなたの理解度が、他の人々の理解度に左右されるわけがない、と思うかもしれない。

しかし、その直観は誤っているようだ。われわれはある実験で、一部の被験者グループに先の記事を、別のグループには内容は似通っているが、科学者は岩石の発光するメカニズムを解明できていないとする記事を見せた。そしてそれぞれのグループに、光る岩石に対する自分の理解度を評価してもらった。すると科学者が理解していないときは、被験者も自分の理解度を低く申告した。被験者の自らの理解度に対する評価は、他の人々の理解度についての情報に影響を受けていた。科学者がある現象を理解しているという事実を伝えるだけで、被験者自身の理解度の評価も高まったのだ。被験者には、質問しているのは被験者自身の理解度であることを明確に伝えていた。被験者は自分の理解していることと、他の人々の知っていることとを区別できないようだった。[14]

あるレベルでは、これはきわめて理にかなっているのかもしれない。私自身の頭の中に情報があるか否かが、なぜ重要なのか。あなたから特定の電話番号を知っているかと尋ねられた場合、私がそれを記憶しているのか、紙に書いてポケットに入れているのか、あるいは隣に座っている人が記憶しているのかで、何か違いはあるのだろうか。私の行動する能力は、ある瞬間にたまたま頭に入っている知識によって決まるわけではない。必要なときにアクセスできる知識によって決まる。

次の架空の新聞記事を読んでほしい。

二〇一四年五月、DARPAは新たに発見された岩石に関する研究を機密事項に分類した。DARPAの科学者はこの岩石を完全に解明した。新たな岩石は方解石に似ているが、光源のないところでも発光する。論文の執筆者はそのメカニズムを完全に理解しており、その鉱物の美しさと今後の実験計画を説明した。将来の実験も機密であり、DARPA関係者以外は新たな岩石に関する情報を入手することはできない。

DARPAを知らない読者のために説明しておくと、これはアメリカ軍の研究機関である国防総省国防高等研究事業局の略称である。このケースでは、誰かが発光する岩石について理解しているが、それが機密事項であるために、あなたはその情報にアクセスできないとされている。つまり知識は誰かの頭の中にはあるが、あなたには入手可能ではない、つまりあなたの知識のコミュニティには含まれない。すると驚いたことに、このケースでは被験者は自らの理解度をきわめて低く評価したのである。他の人々が理解しているという事実によって、被験者の感じる理解度は高まらなかった。

知識のコミュニティにおいては、知識を自分が持っているか否かより、知識にアクセスできるか否かのほうが重要なのだ。岩石を研究している科学者は、地質学や関連する学問分野における知見をすべて自分の頭に記憶しておくことはできない。しかし参考文献、ウェブサイト、他の専門家を覚えておけば、必要な情報は必要なときに参照できる。もっとわかりやすい例が医療だ。今日、医学研究は飛躍的に進歩しており、一般の家庭医がありとあらゆる疾患や患者の抱える問題をすべて頭に入れておくことは不可能になった。幸い、いまでは電子データベースにアクセスし、必要な情報は必要なときに入手できるようになっている。

個人を知識のコミュニティに合わせてデザインする

レフ・ヴィゴツキーとミヒャエル・トマセロの研究から、知識のコミュニティには欠かせない要素があることを見てきた。個人には志向性を共有する能力が必要だ。他者と関心や目標を共有し、共通理解を確立する能力がなければならない。

もう一つの欠かせない要素は、情報の保管方法にかかわるものだ。共有知識は集団のなかで分散されている。すべてを持っている個人はいない。だから私個人が知っていることを、他の人々の知識とつなげる必要がある。私の知識には単なる事実だけでなく、データの所在地を示す「ポインタ（位置情報）」や、後から数字や記号を入れるべき「プレースホルダ（空欄）」がたくさん含まれているはずだ。[15] たとえば私はスフィンクスがエジプトにあることは知っているが、スフィンクスが具体的に何かは知らないとしよう。つまりエジプトについて思考や推論をするときには、そこにスフィンクスと呼ばれる何かがあるという情報を使う。しかしそれを見たことはないので、私の情報は他の人々がスフィンクスについて持っている知識に基づいている。他の人々がすばらしいと言うので、いつかはスフィンクスを見てみたいと思う。スフィンクスは訪問可能な場所であることを知っているのは、それを見たことがある人を個人的に知っている、あるいは見たことがある人がいることを知っているからだ。英語を母国語とする他の人との会話で「スフィンクス」と言うときには、相手もスフィンクスについて私程度の知識しかないかもしれないが、同じものを思い浮かべているだろうと想定する。つまりスフィンクスについての私の知識は、実は他の人々が情報を入れるためのプレースホルダにすぎない。同じことがエジプトに関する知識についても言える。そこには「ここはスフィンクスのある場所」というプレースホルダが含まれている。エジプトについての私の知識には、詳細情報は別の場所にあることを示すポインタがびっしり並んでいる。

人間の驚くべき点は、少なくとも互いに意思疎通ができているときには、それぞれ異なる情報のかけらしか持っていないにもかかわらず、この広い世界に存在する同じちっぽけな対象物を意識していることだ。ここから共有知識についての二つ目の特徴が浮かび上がる。コミュニティの異なるメンバーがそれぞれ持っている知識のかけらには、互換性がなければならないということだ。[16]

私たちは常に他者と完全に合意できるわけではなく、合意しない場合も多いが、少なくとも考えている対象には関連性がある。そうでなければ認知的分業が成り立たない。家を建てるときには、トイレの位置や形、誰がどんな意思決定を下せるのか、設備はどれくらいの大きさなのかといったことについて、大工と配管工とのあいだに共通認識がなければ困る。大工が配管について何も知らなくても、トイレは水道管が入ってきて、下水管が出ていくように造らなければならない。同じように物事に対する知識も、他の人々に埋めてもらうべき知識が適切な場所に収まるように、体系化されている必要がある。

集団意識の強みと危険性

劇作家のジョージ・バーナード・ショーは、一五世紀初頭に聖人や大天使の姿を見て、兵士を率いて戦場に向かうことになった少女ジャンヌ・ダルクを描いた戯曲『聖女ジャンヌ・ダルク』の序文で、驚くほど説得力のある見解を披露している。[17] 合理性という点においては、ジャンヌ・ダルクの神託を信じて戦場に赴いた兵士たちと、技術的に高度で理解不能な兵器の支配する戦場に赴く今日の司令官たちとではなんの違いもない、と。つまり二〇世紀の兵士たちも、一五世紀の兵士らと同じように信念で動いている、と言っているのだ。

中世の人々は、地球は平らだと信じていた。少なくともそれは自分たちの感覚という証拠に支えられていた。一方、われわれは地球は丸いと信じている。そのような奇妙な考えの物理的根拠を理解している者が一パーセントもいるからではない。今日の科学によって、当然と思われるものはひとつも正しくなく、反対に魔法のようなもの、ありえないもの、尋常ではないもの、巨大なもの、微小なもの、冷酷あるいは腹立たしいものこそが科学的であると、説得されてしまったからである。

たしかに大げさな言い分ではあるが、今日の世界で、私たちは驚くほど人づての情報だけを頼りに生きている。自分の身に起きることのうち、直接的な知覚経験を通じて理解することはほんのわずかだ。朝、起こしてくれる目覚まし時計、そのままふらふらと入っていくトイレ、（トイレに入る前か後で）起動するスマートフォン、キッチンで出迎えてくれるコーヒーメーカー、コーヒーメーカーに入れる水を出すための蛇口まで、完璧にその概念を理解できるものは一つもない。

それでもこうした道具を使う。頼ってさえいる。便利だからだ（壊れているときはそのかぎりではなく、そんなときは生活が少し狂ってしまう）。こうした道具はそれぞれ作ってくれた専門家がおり、彼らのノウハウに頼っている身としては感謝するしかない。また長年、現代テクノロジーのプロが開発してくれたデバイスを使いこなしてきた結果、今では彼らに信頼を抱いている。しかしひとたびこうしたデバイスが故障したり、通信サービスが使えなくなったり、排水口から汚水が漏れてきたりすると、現代生活を支える便利な品々について自分がどれほど知らないかを思い知らされる。

知識の錯覚が起こるのは、知識のコミュニティで生きているからであり、自分の頭に入っている知識と、その外側にある知識を区別できないためだ。物事の仕組みについての知識は自分の頭の中に入っていると思っているが、実際にはその大部分は環境や他者から得ている。これは認知の特徴であると同時に、バグである。私たちの知識ベースの大部分は、外界とコミュニティに存在している。理解とは、知識はどこかにあるという認識でしかないことが多い。高度な理解とは、たいてい知識が具体的にどこにあるかを知っているというのと同義である。実際に自らの記憶に知識を蓄えているのは、真に博識な人のみである。

知識の錯覚は、経済学者の言う「知識の呪縛」の裏返しである。[18] 自分が何かを知っていると、他者がそれを知らないということを想像しにくくなる。ある曲をかけてみて、他の人々が知らないと、びっくりすることがある。[19] 自分はすべて覚えているので、知っているのが当たり前だと思っていた。あるいは一般常識に関する質問（映画『サウンド・オブ・ミュージック』の主演女優は？）で、自分が答えを知っていると、他の人々も知っていると思い込む傾向がある。知識の呪縛は、ときとして後知恵バイアスのかたちをとることもある。[20] 自分のチームが重要な試合に勝ったとき、あるいは応援していた候補者が当選したとき、私たちはそんなのはわかりきったことで、他の人々も当然予測できたはずだと感じる。知識の呪縛とは、私たちは自分の頭の中にあることは、他の人の頭の中にもあるはずだと考えがちなことを指す。一方、知識の錯覚は、他の人の頭の中にあることを、自分の頭の中にあると思い込むことを指す。いずれのケースも、私たちは誰が何を知っているかを理解できないことを示唆している。

人は集団意識の中で、他者や環境に蓄積された知識に依存しながら生きているので、個人の頭の中にある知識の大部分はきわめて表層的である。そんな表層的知識でも十分生きていけるのは、たいてい他の人は相手にそれ以上を期待しないからだ。彼らの知識も同じように表層的なのだ。それでも生きていけるのは、知識のさまざまな部分の責任をコミュニティ全体に割り振るような認知的分業が存在するからである。

認知的分業は、認知の進化のあり方を決め、また今日の認知のあり方を決定づけている。コミュニティ全体で知識を共有する能力によって、人間は月に行き、自動車や高速道路を造り、ミルクシェイクや映画を作り、テレビの前でだらだらくつろぐなど、社会で暮らすことのさまざまな恩恵を享受できるようになった。認知的分業をするかどうかが、社会で心地よく安全に暮らすか、原野で孤独に生きるかの分かれ道になる。

しかし知識の保管を他者に委ねることには、デメリットもある。本書を読んでいる人の多くは、おそらく『不思議の国のアリス』を知っているだろう。だが今日、アリスを世に送り出したルイス・キャロルの小説を読んだことのある人はほとんどいない。[21] たいていの人は、キャロルの傑作を読むという心を揺さぶる唯一無二の体験を通じてではなく、映画、アニメ、テレビ番組などを通じて間接的にアリスを知る。また微積分を知らないと、時間を徐々に縮めていくと細切れな瞬間になり、最終的に消滅するのではないかと想像するすばらしさ、そしてそれが曲線の接線とどのように関連しているかを理解することはできない。ロンドンのウエストミンスター寺院に埋葬されるほどニュートンの名声を高めた発見を、自らすることもない。これは知識のコミュニティに生きることの代償の一つである。他者の知識や経験を通じてのみ得られた知識では、こうした重要な部分が欠落してしまう。

もっと危険な弊害もある。外から入手できる知識と頭の中にある知識を混同するため、たいていの人は自分がどれだけモノを知らないかに気づいていない。自分が実際よりはるかに多くを理解していると思い込んで生きている。これから見ていくとおり、社会の重要な課題の多くは、この錯覚から生じている。

第七章　テクノロジーを使って考える

好むと好まざるとにかかわらず、インターネットは私たちの生活のなかで重要な地位を占めるようになった。主要な情報源であり、知識のコミュニティの中枢にある。事実をいくらでも提供してくれるので、他者との面倒なやりとりをしないで済む。しかも数々のすばらしい恩恵が得られるようになった。一般常識にかかわる質問なら、何でも数秒で答えが見つかる。ネットでモノを買えるので、不良がたむろするモールに出かけていく必要もない。アプリを使えば渋滞が避けられ、家で映画も観られる。おかげで生活ははるかに楽になった。

テクノロジーは私たちの生活を根底から変えている。それも猛烈な速さで。まもなく膨大な雇用が、長距離運転が可能なアルゴリズムや、完璧なハンバーガーを作れるロボットに置き換わるだろう。商取引の場はネットに移り、それは経済に劇的な変化をもたらし、出版、音楽、映画などの産業をまるごと破壊しようとしている。かつてはオフィスでやっていた仕事の多くが、いまでは自宅でできるようになった。その結果、職場の同僚とのかかわりは減った。通勤も少し減った。[1] また数えきれないほどの本、画像、映画、雑誌、音楽、情報源に、望めばいつでもアクセスできるようになった。

こうした変化は、私たちは本当に重要なものとのかかわりを失っているのではないか、という懸念を生んでいる。いまではすっかり当たり前になったハイビジョンテレビと音響システムのおかげで、自宅にいながらにして音楽の生演奏を聴いている気分になれるが、それは直接的な他者とのかかわりを減らしている。人口のうち、かなりの層が音楽をライブで聴くために外出しなくなり、映画館の入場者数は一九九五年以降最低の水準にある。[2] また通勤が減るとたしかにストレスも軽減されるが、誰もいない職場では人間関係もつくれない。

男女関係にかかわる定番ジョークが、いまではスマートフォンに対して使われるようになった。「一緒にいるのは耐えがたいが、彼・彼女なしには生きていけない」。一万回目のメール確認とフェイスブックのフィード確認のためにポケットのスマートフォンに手を伸ばしながら、心の中では電波の届かない遠いところに行って、（少なくとも数日間は）

絶え間ない情報の流れを断ち切りたいと思ったりする。

テクノロジーの進歩はある部分では生活を向上させたが、同時に心配、絶望、ときには恐怖さえ生み出している。技術変化が引き起こすさまざまな影響のなかには、私たちが望んでいなかったものも含まれている。

当代きっての起業家や科学者からは、地平線上にはさらなる暗雲が立ち込めているという声があがる。イーロン・マスク、スティーブン・ホーキング、ビル・ゲイツらは、テクノロジーが高度になりすぎると、それを生み出した人間の目標ではなく、自らの目標を追求するようになる可能性がある、と警鐘を鳴らす。こうした懸念は一九九三年のヴァーナー・ヴィンジの論文「来たるべきシンギュラリティ」[3]や、レイ・カーツワイルの二〇〇五年の著書『ポスト・ヒューマン誕生――コンピュータが人類の知性を超えるとき』[4]、最近ではオックスフォード大学で活動するスウェーデン人哲学者、ニック・ボストロムなども指摘している。ボストロムは、テクノロジーがあまりにも速く進歩しており、超絶知能（スーパーインテリジェンス）の誕生が迫っているおそれがある、と言う。[5]

超絶知能とは、人間をはるかに超える知力を持った機械、あるいは機械の集合を指す。懸念されているのは、優れた人工知能（ＡＩ）が自己増殖していくことだ。ＡＩロボットは人間を上回るペースで、さらに優秀なＡＩを設計することができるだろう。その優秀な

ＡＩが、さらに優秀なＡＩを設計し、それがもっと優秀なＡＩを生み出せば……。結果がどうなるかは自明だろう。ここに挙げた未来学者たちは、産業革命以来の爆発的な生産性向上と同じようなことが、ＡＩの世界でも起きると予測する。機械の知能は加速度的に向上し、人類はまもなく人間の思考能力や作業の遂行能力を大幅に上回る超絶知能を持つことになる。悲観論者は、超絶知能が登場してしまったら、何が起こるかわからないと言う。超絶知能は人間を上回る目標達成能力を備えている。だから機械が人間と異なる目標を追求しはじめれば、人類は厳しい状況に立たされる。

思考の延長としてのテクノロジー

新たな技術の習得と人類の進歩には密接なかかわりがある。ニューヨークのアメリカ自然史博物館の名誉館長、イアン・タターサルは、文明の発展の過程では「認知能力と技術が互いに高め合ってきた」と言う[6]。遺伝的進化と技術的変化は、人類の進化の歴史を通じて歩調を合わせて進んできた。ヒト科動物が新たな種へと進化し、脳が大きくなるのにともない、道具は高度になり、その使用も広がっていった。人間の祖先が最初に使った道具は、先の尖った石だ。その後の世代が火、石斧、石刃を発見し、その後さらに銛《もり》、槍《やり》、網、釣り針、ワナ、輪なわ、弓矢が使われるようになり、やがて農耕が始まった。こうしたひとつひとつの技術変化と同時に、現代の人間につながるようなさまざまな文化的・行動的・遺伝的変化が起きていた。各段階において道具、文化、認知、そして遺伝子がともに変化を遂げ、新たな均衡が生まれ、私たちの祖先は環境を思いどおりに変えるための力を獲得してきた。用水路のような新たな技術によって文明が誕生した。文明は古代人に多くの、そして多様な道具をもたらし、それが二〇世紀半ばに始まった今日の爆発的な情報技術の成長につながっている。良くも悪くも、社会と技術は常に互いの変化を後押ししてきたのである。

人間は技術的変化を受け入れるようにできている。私たちの身体や脳は、新たな道具をまるで身体の一部であるかのように取り入れるようにできている。[7]

たとえば、まるでコンピュータ画面上で自分の指を動かすように、マウスやトラックパッドを使ってカーソルを動かす方法をあっという間に習得できる。ペンや鉛筆を使ってモノを書くときは（今でもそういうときがあれば）、指が実際に知覚している筆記具の圧力ではなく、ペン先の紙の表面を知覚する。外科医がロボットを使って超微細手術ができるのも同じ原理だ。同じように床掃除をするときには、ほうきの長さにすぐに適応できる。まるでほうきが腕の延長であるかのように、ほうきを伸ばしてソファの裏側を掃くことができる。寿司職人は長い年月をかけてその技を磨く。優れた職人の特徴の一つが、包丁を手の一部であるかのように自然に扱う能力だ。

ここに挙げたすべての事例で、脳は使っている道具を身体の一部のように扱う。だから技術に不自然なところは一つもない。むしろ技術の使用は、人間の最大の特徴の一つである。

ここ数年で何が変わったかといえば（それが技術に対する人々の不安感の原因かもしれない）、技術はもはやユーザーがコントロールできる単なる道具ではなくなったことだ。今日、技術はさまざまな面で人間を追い越している。あまりにも進歩のペースが速く、まるで生き物のように思える。コンピュータに同じ条件下で同じ命令を出せば、常に同じ結果が出るというのを、私たちはずっと当たり前だと思ってきた。所詮《しょせん》、機械なのだから。しかし、それはもはや真実ではない。いまやまるで生き物を相手にしているかのように、コンピュータの反応は必ずしも予想できない。一見同じ環境で同じ命令を出しても、コンピュータがまったく異なるふるまいを示すこともある。

機械が予測不可能になった理由はいくつかある。一つは複雑化だ。システムがあまりに複雑になったので、もはやどのような状態にあるか、ユーザーが常に把握できなくなった。スマートフォンをオフにしたつもりでも、実際には画面が暗くなっただけで、ポケットに突っ込んだはずみで何かが画面に触れ、別れた恋人に突然電話をかけたりする。

もう一つの理由は、外的事象が機械に予想外の影響を及ぼすことだ。生き物と同じように、インターネットは常に予見もコントロールもできないかたちで変化している。今日では、コンピュータが自動的に自らのオペレーティングシステム（ＯＳ）やアプリケーションをアップデートする。だからデバイスをオンにしたとき、それが前日に使っていたものと同じ状態なのか、確信が持てなくなった。あなたが一日一二時間も使うワープロや電子メールプログラムも、一夜で様変わりしているかもしれない。自称ヘアスタイリストの友人の家に遊びに行った一六歳の子供が、別人のようになって帰ってくることがあるように。

機械が予測不可能であるもう一つの理由は、ネットワークのトラフィックによって動作速度が変化するためで、しかもネットワークの状況は私たちには通常まったくわからない。ときにはネットワークが混雑しすぎて、突然ネットへの接続が切れてしまうこともある。子供がティーンエイジャーに変化するときのように、私たちの大切な機械もますます予測不能になっている。いったい何をしでかすか、あてにならない。

インターネットが人間のようになりつつあることを示す一つの例が、人間を騙そうとし、ときには成功することさえあることだ。たとえば気になる動画を見たいと思ってウェブのリンクをクリックすると、ハードドライブをリセットする業者を雇ったほうがいい、さもないととんでもないことになるといった警告が表示されたりする。あるいはウェブサイトを訪問したら、うっかりマルウエアがダウンロードされてしまうこともある。これは技術そのものではなく、悪意ある人間のしわざだが、このような邪悪な行為が可能になったのは技術が複雑なためだ。

プラス面を考えれば、テクノロジーは自ら問題を解決するようになったという点においても、生き物に近づいている。機械に自己治癒のための機能を盛り込むこともできる。あなたが指を切ってしまったら、バンドエイドを貼って治るのを待つだろう。今日では、ソフトウエアのバグも自然と消えることがある。自動アップデートは役立つこともあるのだ。あるいは次世代のハードウエアやソフトウエアがあまりにも変わってしまい、あなたが抱えてきた問題は存在しなくなるかもしれない。これは無知のすばらしさである。何が起きているかはまるでわからないが、それでも運がいいと嬉しいことが起こる。自分で何もしなくても、ときには知らないうちに、コミュニティが状況を改善してくれる。

このような変化によって生じた結果の一つは、私たちがテクノロジーを人間のように、つまり知識のコミュニティの完全な構成員として扱うようになってきたことだ。その最たる例がインターネットだ。私たちは他者に知識を保管するのと同じように、インターネットに知識を保管しておく。他者の頭の中に知識があり、それを利用できるときには、私たちが自らの理解度を過大評価する傾向があることはすでに見たとおりだ。知識を共有するコミュニティで生きているため、個人は自分の頭の中にある知識と他者のそれとを区別することができない。それが説明深度の錯覚につながる。他の人々の知識を自分の理解度の評価に含めるため、自分の理解度を実際より高く見積もる。

インターネットを検索するときも、まったく同じ「境界での混乱」が生じることを、二つの研究グループが確認している。[8] テキサス大学の心理学者、エイドリアン・ワードは、インターネット検索を利用することで、被験者の認知的な自己評価、すなわち情報を記憶し、処理する能力に対する評価は高くなることを明らかにした。しかも知らなかった事実をインターネットで検索した後、その情報をどこで見つけたのかと尋ねたところ、記憶違いをして「もともと知っていた」と回答するケースが多かった。検索したこと自体を完全に忘れてしまう被験者も多かった。グーグルのおかげではなく、自分の実力だと考えたのだ。

イェール大学で博士課程の研究生、マット・フィッシャーがフランク・カイル（「説明深度の錯覚」の提唱者の一人）とともに行った別の実験では、被験者に「ファスナーはどんな仕組みで動くのか」といった、一般的な因果関係についての知識をいくつか尋ねた。被験者を二つのグループに分け、一方のグループには説明するときの細部を確認するために、インターネットを検索してもらった。もう一方のグループは外部の情報源を一切使わず質問に答えてもらった。

続いて被験者は、最初の質問とはまったく関係のない分野の質問について、どれぐらい詳しく回答できるか聞かれた。たとえば「なぜ大西洋のハリケーンは八月と九月に多いのか」といった、ファスナーとはまるで関係のない質問である。その結果、最初の質問でインターネット検索をしたグループは、しなかったグループより無関係の質問に答える能力を高く評価していた。特定の質問の答えをインターネットで検索し、見つけるという行為が、検索していない質問も含めたあらゆる質問への答えを知っているという感覚を高めていた。

ひねくれた見方をすれば、自分の知識とインターネットに存在する知識を混同するというのは理にかなっている。インターネットは幅広い用途に役立つ、不可欠な道具となった。人間と機械というシステムを、ユニットとして作業を遂行する単一の存在と考えれば、遂行の責任は人間か機械のどちらかにあるわけではない。両者がコンビとして責任を負うのである。私が旅行の計画を立てるのに、複数のウェブサイトを検索したとしよう。一部のサイトでは情報収集し、別のサイトでは旅程を推奨してもらい、また別のサイトで予約した。その場合、最終的な旅行計画は誰が作ったものになるのか。ここに挙げたすべてが寄与している。私がいなければ、そもそも何もできなかったが、閲覧したすべてのサイトがそれぞれ貢献をした。つまり共同責任である。

あなたが最近、インターネットを使って作業したときのことを振り返っても、あなた自身にその作業をこなす能力がどれだけあったのか評価するのは難しいだろう。なぜならそれはインターネットの貢献分とあまりにも密接に絡みあっているからだ。すべての成果はチームにかかわるもの、あなたとコンピュータとの共同作業の結果だ。しかも個人でやるよりチームで取り組むほうが当然良い結果が出るので、成果を見ればあなたの遂行能力はインターネットを使えなかった人より高くなる。思考は個人の頭蓋を超え、目的達成に使える道具をすべて活用するので、あなた個人の貢献が具体的にどれだけであったか測るのはほぼ不可能だ。チームスポーツと同じで、チームが勝った場合にはあなたの貢献の多寡にかかわらず、あなたも勝者となる。

これはやや気がかりな影響をもたらす。インターネット上の知識がこれほどアクセスしやすく膨大であることから、スマートフォンとＷｉ－Ｆｉ接続を持っている人はみな、自分は幅広い分野に精通していると思い込むようになるかもしれない。われわれはエイドリアン・ワードと共同で、医師と看護師を対象に掲示板サイトのレディットでアンケート調査を実施した。診察を受ける前に、ＷｅｂＭＤなどの医療専門サイトで病名を検索してくる患者と接した経験を尋ねたのだ。[9] 回答者は、そうした患者は事前にネット検索をしなかった患者と比べて明らかに豊富な知識を持っているわけではないにもかかわらず、自分の医療知識にかなり自信を持っている傾向があると答えた。そうなると専門家の診断を否定したり、セカンドオピニオンを求めたりする可能性がある。

われわれが実施した別の調査では、被験者にまず金融に関する単純な質問（「株式とは何か」など）の答えをネットで検索してもらった。それから質問とは関係のない投資ゲームをしてもらった（事前に調べた質問は、ゲームの成績を上げるのにはまったく役に立たなかった）。さらに被験者には、自分のゲーム成績について賭けをしてもらった。最初にネット検索をした被験者は、しなかった人と比べて自分の成績にはるかに多くのお金を賭けた。しかし成績はまったく変わらず、獲得額はむしろ少なくなった。

問題は、ほんの数分（場合によっては数時間）ＷｅｂＭＤを読んでも、信頼できる医学的診断を下すのに必要な専門知識を得るために何年もかけて勉強する代わりにはならないということだ。また金融サイトを数分間眺めても、投資の勘どころをつかむことはできない。だがすぐ手に入るところに世界中の知識があると思うと、まるでその多くが自分の頭の中にあるような気になってしまう。

テクノロジーは（まだ）志向性を共有しない

本書執筆の時点で、日々の作業に役立つ最も進化したAIといえば、GPS（全地球位置測定システム）を使った位置情報ソフトウエアだ。GPS端末は一九九〇年代から二〇〇〇年代初頭にかけて一般化し、二〇〇七年にGPSを搭載したスマートフォンが登場したことで遍在化した。運転しているとこのちっぽけだがとびきり優秀なシステムは、最適なルートを計算し、視覚的に表示する。また渋滞状況に応じて、あるいはあなたが指定の角を曲がり損ねたときにはリアルタイムに推奨内容を更新する。話しかけてきたりもする。その能力と性能はすさまじく、運転のあり方をすっかり変えてしまった。人間関係さえも変えた（たいていは良い方向へ）。車を停めて道を聞くべきかどうかで、カップルがケンカをすることもなくなった。

ただ、このすばらしい端末にもできないことがある。たとえば実家に向かうとき、あまり早く到着したくないので敢えて遠回りのルートで行く、といった決断はできない。特別美しい夕暮れが見えそうだから、湖のそばを通るルートを選ぶ、といったこともしない。今日はどこに行っても渋滞するので、出かけないほうがいい、といった選択肢を提案することもない。ここに挙げたことはいずれもできなくはないが、そのためにはあらかじめプログラミングしておく必要がある。コンピュータにできないのはあなたの意図、すなわちあなたの目標、願望、それを達成するためのあなたなりの考えを読み取り、それを自らの意図とし、新たな推奨を導き出すことだ。あなたと志向性を共有し、共通の目標を追求することはできない。

マシンとユーザーとのあいだには、私たちは何を知っており、何を目指しているかについて最も原始的な相互理解しかない。その意味で、人間とテクノロジーとのあいだに共通認識はない。機械はあなたの目標がAかBかCなのか尋ねることはできるし、回答に合わせて対応することもできる。しかしギリギリのタイミングで主体的に目標を変更する権限を機械に付与できるほど、確実に目標を共有しているわけではない。あなたと機械とのあいだには、あなたの目標達成を支援するために機械はできることをする、という暗黙の了解がある。ただ何が目標かを確実に伝えるのはあなたの責任だ。機械は協力者ではなく、道具だ。ある意味ではAIというツールは、ほかの人間より電子レンジに近い。情報を提供し、有益な道具にもなるテクノロジーは、知識のコミュニティの重要な構成要素かもしれない。しかし人間と対等のコミュニティの構成員ではない。人間は羊と協力しないように、機械とも協力しない。使うだけである。

志向性を共有する能力は、知的な行為主体に欠かせない要素だ。言語や概念化といった人間の中枢的機能にはすでに見たとおり協業的性質があり、いずれもこの能力によって成り立っている。おそらく志向性を共有するようにコンピュータをプログラミングするのが難しいのは、それには他者と協調する能力が必要になるからだろう。自分が何を知っているのか、他の人々は何を知っているかを意識する必要がある。自分自身の認知プロセスと他者のそれについて考えなければならない。どのようなプログラミングをすればコンピュータに意識を持たせられるかは、誰にもわからない。それが可能になれば、意識があるとはどういうことかがわかるだろう。しかしまだそれは実現していない。

　私たちはテクノロジーの歴史において難しい時期にある。私たちのすることのほぼすべては、知的な機械によって可能になっている。機械の知能は十分に高まり、知識のコミュニティの中心的存在として頼れるようになった。しかし志向性を共有するという、人間の活動に欠かせないこの特別な能力を備えた機械は存在しない。それが人間と機械の協力のあり方に影響を及ぼす。

　今日の人間機械系《マン・マシンシステム》（人間と機械が共同作業するシステム）の重要な機能の一つは、人命を救うことだ。そして人間を殺害することがそもそもの目的であるとき以外は、かなり成功している。今日の航空機、電車、産業機械をコントロールしているのが人間だけではないのは自明である。人間は業務遂行を可能にする高度なテクノロジーに囲まれている。自動車の運転も、かつてほど人間がコントロールしているわけではない。今日の自動車には一台あたり、五〇個前後のマイクロプロセッサが搭載されている。[10] 一部は乗り心地を良くしたり、衛星ラジオで乗客を楽しませるためにあるが、大半は運転者が車を制御するのを支援するためにある。パワーステアリング（動力操舵装置）の設定では、コンピュータを使って速度を変えるときに加えるべき力を調整する。電子制御ブレーキ（ABS）はコンピュータを使って横滑りを防止する。しかも自動化革命がいままさに始まろうとしている。完全な自動運転車はもはやSFの世界の話ではない。二〇一五年末、テスラ・モーターズCEOのイーロン・マスクは、完全自動運転を可能にするテクノロジーは、二年ほどで完成するだろうと語った。[11] ただ自動運転車が自由に道路を走行できるようになるには、政府の規制機関が法的問題を解決しなければならないため、もっと時間がかかるかもしれないが、との注釈付きで。

もっと大きな乗り物については、テクノロジーの活躍の場はさらに広がっている。現代の航空機は、もはや自動操縦装置なしに飛ばすことはできない。最先端の軍用機では、フライバイワイヤー（コンピュータを介在させる操縦系統）が使われている。きわめて不安定なので、制御するには人間の操作者より何倍も速く知覚や反応ができる自動化システムが必要なのだ。

スマート・テクノロジーへの依存は、パラドックスを引き起こしている。テクノロジーが進歩するほど、信頼性や効率性は高まる。そして信頼性や効率性が高まるほど、人間はますますテクノロジーに依存するようになる。やがて人間は集中力を失い、注意散漫になり、システムに操縦を任せて退出してしまう。極端な場合、巨大な航空機の操縦は、テレビを見るのと同じような受動的な行為になる。想定外の事態が起きないかぎり、それでも問題はない。想定外の事態が起きると、人間の価値が明らかになる。人間の強みは、新たな状況に柔軟に対応する能力である。機械は共通目標の実現に向けて協力しない。単に道具として役立つだけである。だから人間の操作者が監督をやめてしまうと、システムが重大事故を引き起こす可能性は高まる。

自動化のパラドックスとは、自動化された安全システムの有効性がきわめて高いがゆえに人間が依存するようになり、それが人間の操作者の主体性を妨げ、危険性を高めることだ。現代のテクノロジーは非常に高度で、しかもますます高度化している。自動安全システムはさらなる進歩を遂げている。システムがさらに複雑化し、追加の警報装置やバックアップ・システムを備えると、さらに多くの役割を期待されるようになる。そうしたシステムが故障すると、被害はその分甚大になる。皮肉なことに、航空機、鉄道、産業機械の自動化システムによって、全体としての安全性が損なわれるリスクがある。[12] テクノロジーはシステムが達成しようとしている目標を理解せず、人間の志向性を共有しないので、何か問題が生じる危険性は常にある。システムの一部である人間の側に、テクノロジーが故障する事態への備えができていないと、大惨事が起こりかねない。

わかりやすい例を挙げよう。航空機の速度が飛行状態を維持するのに十分な揚力を生み出さなくなると、失速する。失速すると、航空機は落下する。失速から復活する最適な手段は、航空機の先端を下に向け、飛行速度が揚力を維持できるレベルに上昇するまでエンジン出力を高めることだ。失速回復はパイロットの訓練生が飛行学校で習得する最も基本的な能力の一つだ。

二〇〇九年に海に墜落して二二八人の死者を出した、エールフランス四四七便のブラックボックスを回収した事故調査当局が衝撃を受けたのはこのためだ。問題のエアバスA三三〇は失速し、上空から落下しはじめた。だが副操縦士はなぜか飛行機の先端を下ではなく、上に向けようとした。なぜそんなことが起きたのか。二〇一三年にアメリカ連邦航空局がまとめた報告書は、パイロットが自動操縦システムに依存しすぎたため、基本的な手動操縦能力を失ってしまい、不慮の事態に対応できなくなったと結論づけた。このケースでは乗務員が航空機が失速する可能性があることすら認識しておらず、それゆえに機器から発せられる危険信号も正しく解釈できなかった可能性がある。これは自動化のパラドックスの最たる例だ。航空機の自動化テクノロジーがあまりに高性能であったために、それが機能しなくなったとき、操縦士たちは集団としてどうすればよいかわからなくなってしまった。[13]

　GPS端末が急速に普及するなか、あなた自身も自動化のパラドックスを経験したことがあるかもしれない。GPSを信頼するあまり、GPSに指示されたことはなんでもする、という人もいる。GPS端末はあなたの目的を本当は理解していないという事実は忘れられがちだ。GPS様の指示に従うことに夢中になって、川に落ちた、崖から落ちたといった例は枚挙にいとまがない。[14]

　一九九五年、クルーズ船のロイヤル・マジェスティ号は、マサチューセッツ州沖合のナンタケット島の近くを航行していた。[15] そんななかGPSとアンテナをつなぐケーブルが、風に揺られて切れてしまった。だが不運にも乗務員はそれに気づかなかった。GPSはきちんとエラーメッセージを表示した。ディスプレイから小さな警報音を出したのだ。しかし乗務員の関心を引くことはできなかった。衛星データが入手できなくなったので、GPSシステムはまもなく設計どおりの行動に出た。推測航法（直前の位置から推定速度、時間、方向を使って現在地を推測する）に切り替えたのである。警報も止めた。推測航法への変更（「DR」）とインプット情報の喪失（「SOL」、ソリューションの略）を示す略称はディスプレイに表示されたが、乗務員は見落としてしまった。後者は「もはや正しい位置情報を算出していない」という情報を伝えるには、わかりにくい略称だった。

推測航法はデータに基づく推測にすぎず、風や波に対して調整できない。このため船の自動航行システムが依拠するデータは合理的ではあったが、徐々に現実との乖離が広がっていった。乗務員はレーダー地図をモニタリングしていたが、そこに表示されたのはGPSシステムが推測した船の位置情報であり、もはや正確な位置を示していなかった。また船はもう一つの位置情報システムとして、海岸からの無線信号を基に三角測量法によって位置を計算する航行システムを備えていたが、乗務員はそれとGPSのデータを照合しなかった。

船の運命を決定づける不幸な偶然は、もう一つ重なった。船の通るべきボストン・ハーバーレーンの正しい位置を示すブイがあるとGPSが予測した場所の近くに、たまたま危険なナンタケット水域であることを示す別のブイが浮いていたのである。レーダーはブイを認識したが、乗務員は船が予定どおりのルートを通過していると思い込んだままだった。海の色の変化によって浅瀬に来たことが明らかになるまで、乗務員はまったく異常に気づかなかった。気づいたときにはすでに手遅れで、三万二〇〇〇トンの客船はナンタケット島から一六キロ離れた浅瀬で座礁してしまった。

幸い、この一件はハッピーエンドで幕を閉じた。ロイヤル・マジェスティ号は座礁から二四時間後、五隻のタグボートによって解放された。船体が二重底になっていたおかげで航行は継続でき、乗客をボストンまで送り届けることができた。しかし再び航行可能な状態に戻すのに二〇〇万ドルの費用がかかった。

このあわや大惨事という出来事から、何を学ぶべきだろうか。機械は想定どおりに動作した。バックアップ・システムもすべて想定どおりに機能した。たしかに操作者に対して具体的に何が起きているかは伝えなかった。しかしそれを機械に要求するのは酷だろう。それには機械が、人間に必要な情報は何かを理解する必要があり、それには人間が何をしようとしているかを理解する必要がある。すでに見てきたとおり、それは機械にはない能力だ。機械はただの道具であり、人間と共通の目標を追求する真の協力者ではない。

船上で起きた唯一の重大な失敗は、責任を持つべき人間がGPSを信頼しきったことだ。しかもそれは決して無分別な行為ではなかった。それまで機械はずっと、このうえなく正確だったからだ。乗務員は、理解しているという錯覚に基づいて行動していた。端末が伝えてくるメッセージを理解していると思っていたが、実際にはモニターに登場した地味な記号（小さく表示された「DR」や「SOL」）の重要性を理解していなかった。それは彼らがGPS端末の仕組みを本当は理解していなかったためだ。こうした記号が、GPSは単に位置を推測しているだけであり、完全に間違っている可能性もあることを意味するとは知らなかった。また自らの無知に気づいていなかったため、GPSの数字を再確認しようともしなかった。長年にわたり問題なく航行してきた経験が、彼らに強い自信を与え、それが理解しているという錯覚を助長していた。

正しい自己認識は、いま何が起きているかを考える能力とセットになっている。人は常に自分の行動を観察し、評価することができる。一歩引いて、自分が何をしているのか、自分を取り巻く環境で何が起きているかを認識することができる。自らの思考プロセスまで観察できることもある（じっくりモノを考える意識的思考の部分）。観察結果が気に入らなければ、自ら影響力を行使してそれを変えることができる。

もちろん影響力は限られたものだ。氷の壁を滑り落ちているとき、ピッケルがなければ止まるに止まれない。同じように恐怖や欲望にとらわれてしまうと、コントロールできないこともある。だが少なくとも自覚的、意識的であるときには、何が起きているかを認識する能力はある。自らのコントロールの及ぶ範囲で、行動を修正することはできる（たとえば目の前のチョコレートケーキに伸びる手を、止められないはずがない）。

それとは対照的に、機械は常にプログラムに従わなければならない。プログラムは高度なものかもしれないし、変化する環境に適応できるようなプログラムの書き方もある。しかしつまるところプログラムの設計者が思い至らなかった状況に対しては、機械は対応方法を知らない。もしそんな状況が発生すれば、機械は誤った行動をとるだろう。だから人間の最も重要な任務は、監督である。何かおそろしく間違ったことが起きるのに備えて、その場にいることである。今日きわめて危険なのは、現代の高度なテクノロジーを理解し、コントロールするのに必要なすべての知識にアクセスできる人間がいないことだ。しかもテクノロジーはかつてない速度で進化を続けている。これは憂慮すべき問題だ。

真の超絶知能

コンピュータに志向性を共有する能力がなく、またそれを獲得しつつある兆候もないことから、人類の利益に反して自らの目標を追求するような邪悪な超絶知能が誕生することはあまり懸念されていない。地平線上に超絶知能の姿はまったく見えない。関心や目標を共有するという人間の最も基本的な能力を持たない機械には、人間を理解することはできない。だから人間の心を読み、出し抜くこともできない。

しかし、ある意味では、テクノロジーは超絶知能を生み出しているとも言える。ウェブはGPS端末やユーザーに話しかけてくるOSなど、新しいスマートなツールをたくさん生み出してきたが、そのなかでも特に便利なアプリケーションの一つであるクラウドソーシングは、ユーザー自身をツールに変えてしまう。

クラウドソーシングはたくさんの人の知識や能力を統合することで、かつてないほど裾野の広い、ダイナミックな知識のコミュニティを生み出した。多様な経験、場所、知識ベースから集まるデータを統合するサイトやアプリにとって、クラウドソーシングは重要な情報源だ。イェルプやアマゾンは、製品やサービスへのレビューをクラウドソーシングする。カーナビアプリのウェイズは、道路を走っている個々のドライバーからのインプットをもとに交通情報を集約する。またレディットのようなサイトは、ユーザーが質問を出し、誰でも回答できるような場を作った。うまくいけば、クラウドソーシングはコミュニティに存在する専門知識を活用する最適な手段となる。

クラウドソーシングは目標を達成するために、できるだけ多くの人を集める。これは専門家が情報を提供する可能性が高まることを意味する。結局は専門家の知識を活用するのが、目標を達成する一番の方法だ。イェルプは、特定のレストランがどれほど良い店か知っていると主張する人々から知識を集めてくる。レディットはユーザーの投稿した質問に答えるのに、最も専門知識があるのは誰かを特定しようとする。つまりクラウドソーシングが最もうまく機能するのは、誰よりも専門知識を持った人々にコミュニティに参加するのに十分なインセンティブ（動機付け）がある場合だ。

クラウドソーシングは知的システムを生み出すが、それを動かすのはＡＩの魔法ではない。その知能は、最高の論理への深い理解に基づくものでもなければ、膨大な演算能力がもたらしたものでもない。クラウドソーシングの知能は、コミュニティを活用することから生まれる。ウェイズは、現在地の交通状況に精通した何千人という個人からの報告内容を統合し、あなたを渋滞から救ってくれる。ここで進歩したのは、従来の意味での知能ではない。進歩したのは人と人とを結びつける能力である。

クラウドソーシングを活用する起業家たちが直面している最も重大な問題の一つは、専門知識を持った人々にどうやって貢献するインセンティブを与えるかだ。お金はインセンティブの一つにすぎない。専門家は金銭的インセンティブより、自分が正しいと認められることを喜ぶ傾向がある。[16]ウィキペディアの爆発的成長がそれを物語っている。ウィキペディアは投稿者に一セントも支払っていない。『オックスフォード英語辞典（OED）』は一八五七年に言葉の意味を明確にするための引用文を集めはじめたが、それに対して報酬は払わなかった。OEDは膨大な英語の文献を読む作業をボランティアに託し、今でもそれが続いている。[17]専門家の多くは自らの知識を示す機会を歓迎する。貢献が認められる場合はなおさらだ。知識のコミュニティに貢献することは、人間の協力本能の一部なのだ。

私たちはみな、世界に対する小さな窓を持っている。直接入手できる、少しばかりの知識である。クラウドソーシングは何十、何百、ときには何千というこうした窓を同時に見るための仕掛けだ。しかしクラウドソーシングが成功するのは、専門知識が入手できる場合だけだ。専門知識が集まらなければ、クラウドソーシングは無益であり、有害にもなりうる。「PK35」はフィンランドのサッカーチームだ。[18] 数年前、新人獲得やトレーニング、さらには試合の戦術にかかわる判断にファンにも参加してもらおうとした。投票には携帯電話を使った。結果は惨憺《さんたん》たるものだった。チームの成績は低迷し、コーチは解雇され、実験は突然打ち切られた。大規模なコミュニティをつくるだけでは、クラウドソーシングの仕組みをうまく機能させられない。コミュニティの中に、求められる専門知識が存在しなければならない。

ときには専門知識が見せかけにすぎないこともある。アマゾン・ドットコムの平均ユーザー評価は、必ずしも実態を反映していない。[19] 本物の専門家の評価とはあまり相関性がなく、人気ブランドや高額商品の評価は高すぎる。たいていの消費者は、デジタルカメラや家電など技術的製品の品質を正確に評価するだけの専門知識を持ち合わせていない。

ただ、クラウドソーシングが有効な場合もある。それを最初に明らかにしたのは、一九〇七年にフランシス・ゴルトンが書いた『群衆の英知』と題する論文だ。[20] ゴルトンはイングランドのプリマスで開かれた品評会での、太った牡牛の重量を推測するコンテストの様子を描写している。コンテストは牛の重量を当てて賞金を獲得したいと思う者なら誰でも、わずかな金額を払えば参加できた。賭けには一般人のほか、肉屋や酪農家といった専門家も参加した。ゴルトンはこう書いている。

「平均的な参加者の、血抜きされた牡牛の重量を正しく見積もる能力は、おそらく平均的な有権者が投票する際に政策の是非を判断する能力と変わらなかっただろう。また正しい判断を下す能力のバラツキも、おそらくどちらのケースも同じようなものだっただろう」

ゴルトンがコンテストの参加者が記入した用紙を入手したところ、判読可能なものは七八七枚あった。フタを開けてみると、参加者の当て推量の平均値と、五四三キログラムという牡牛の本当の重量との誤差は一パーセントもなかった。[21] 重量を見積もることにかけては、群衆に多少の知恵があるのは明らかだった。ゴルトンは控えめにこう書いている。

「私が思うに、この結果は民主的判断の信頼性が予想以上に高いことを裏づけている」。

私たちは個人のレベルでは知識の錯覚にとらわれるかもしれないが、群衆に宿る英知は個人の知識の偏りを乗り越えることができる。

クラウドソーシングはビジネス界ではかなりもてはやされてきた。特にウィキペディアのようなサイトが成功した理由を説明する際に引き合いに出されることが多い。経済学者の一派は、クラウドソーシングの一種である予測市場の効用を説く。[22] 予測市場では、参加者が将来何が起こるか賭けをする。群衆が特定の結果に賭けようとする金額が、その事象の発生確率を評価するのに使われる。最も正確な予測をすれば、金銭や名誉などの褒賞が得られることが賭けに参加する動機付けとなる。専門家は素人より先を読める可能性が高く、特に参加意欲が高くなるので、予測市場においては専門家が比較的大きな影響力を持つようになる。多くの政府機関や民間企業が、国内の選挙、国際問題、事業環境の先行きを占うために予測市場を活用しており、たいていは従来の予測方法より優れた結果が出る。

クラウドソーシングは知識のコミュニティの活用法として、これから登場しようとしているものよりは原始的な手法と言える。ウェブデベロッパーは、個別の問題を解決するコミュニティを機動的に形成するためのアプリケーションを開発しはじめた。根底にあるのは、世界中の専門家が個別のプロジェクトごとに一時的なチームを結成できるようにして、容易に協業ができるようにしようという発想だ。こうしたアプリケーションが主流になるまでには、いくつもの問題を解決する必要がある。専門家が参加意欲を持つこと。個々の問題に適したメンバーを選択する方法を考案すること。認知的作業を効果的に分割すること。そしてプロジェクトにともなうリスクと報酬を公平に配分する方法を確立することだ。このような協業のためのアプリケーションの成否は、ここに挙げた問題をどれだけきちんと解決できるかにかかっている。

このような分散型協業をサポートするプラットフォームが今、次々と登場しており、いずれも「イーサリアム」「センソリカ」「コロニー」など未来的な名前がついている。イーサリアムは、分散型で単一の管理主体の存在しないインターネット通貨、ビットコインの成功にヒントを得ている。ビットコインを誰がどれだけ所有しているかという情報は、ブロックチェーンと呼ばれる取引の共有台帳に保管される。ブロックチェーンはすべてのビットコイン取引の記録を維持するための高度なテクノロジーで、記録はユーザー・ネットワーク全体で更新され、保管される。取引台帳をネットワーク全体に分散させるのは、誤りやいかさまを防ぐ優れた方法だ。イーサリアムはブロックチェーンの手法にならい、プロジェクトに参加する全員の分散的合意に基づく協業を可能にしている。

前提となるのは、情報はコミュニティ全体に分散させ、特定の個人に偏らないようにするほうが安全であるという考えだ。情報へのアクセスは支配力につながる。協業プラットフォームの目標は公平な環境をつくること、つまり誰もが自らの能力に応じた貢献をし、活躍に応じて報酬を得られるようにすることだ。あらゆるタイプのプロジェクトにおいて、コミュニティが認知的作業を安全・安心に分担できるようにすることが目標だ。このようなプラットフォームのどれかが支持を集めれば、まったく新しいビジネスのあり方が生まれるだろう。産業界で、専門知識を持った人々が次々と新たなメンバーとチームを組みながら働くのが当たり前になれば、会社という概念そのものを再定義しなければならなくなる。それはまったく新しいタイプの経済を生み出す可能性がある。

未来を予測する

クラウドソーシングの有効性や協業プラットフォームの可能性を考えると、超絶知能とは人間より賢い未来の機械として出現するのではないことがわかる。すでに世界を変えつつある超絶知能とは、知識のコミュニティである。テクノロジーの大きな進歩を実現する道は、超人的能力を持った機械を創ることではない。広がりつづける知識のコミュニティを、情報が自由に行き交うようにし、協業を促すことによって実現する。インテリジェントなテクノロジーは人間に成り代わるというより、人間同士を結びつけている。ウェブはコミュニティに存在する真の超絶知能を顕在化させる。

人間機械系のコミュニティは、今後も進化を続けるだろう。テクノロジーは驚異的ペースで高度化し、コミュニティにおいてさらに大きな役割を果たすことになる。しかしテクノロジーを、人間を脅かすような永遠に成長しつづける力を持った脅威と見るのは誤りだ。予見できる未来において、テクノロジーが人間に成功をもたらした決定的要素、すなわち志向性を共有する能力を獲得することはないだろう。それゆえにテクノロジーが知識のコミュニティで人間の対等のパートナーとなることもない。今後も補助的なツールでありつづける。

むしろ今、テクノロジーは新しい重要な役割を獲得しつつある。クラウドソーシングと協業を支え、人間のコミュニティをさらに大きくすることだ。クラウドとは人間の集まりであり、その拡大とは人々の貢献が増えることだ。先史時代から今に至るまで、重大な進化が起こるときには常に人間と技術の相互作用があった。

ただ一段と高度になるテクノロジーは、ユーザーからますます遠い存在になりつつある。トイレの仕組みさえわからない私たちが、今日身の回りにあふれるさまざまな電子機器やインターネットサイトをどれだけ理解しているだろう。今後も私たちは物事の仕組みについて、ますます無知になっていくだろう。皮肉なことに、優れたテクノロジーというのは決まって使いやすい。なじみのあるように思える。だから今後、複雑化しつづけるシステムに対する理解度は一段と低下していくが、それでも私たちは理解しているかのような感覚を抱きつづけるだろう。知識の錯覚はますます強まっていく。

今日、日々の生活や事業経営には、常に機械やインターネットを使う必要がある。テクノロジーが一段と高度になるにつれて、機器の内部で何が起きているのか、私たちにはますますわからなくなる。それを動かしつづけるためには、専門家に頼らざるを得ない。たいていはそれでかまわない。問題が生じるまでは。しかし怠慢、戦争、あるいは自然災害によってひとたびテクノロジーが機能不全になると、知識の錯覚がもたらした思いあがりのツケを払うことになる。私たちは立ち往生し、専門家に頼り切っていたことがはっきりする。

私たちはもはや自らの領土の主ではないのかもしれない。むしろ完全には理解できない、それゆえに完全に掌握できないシステムの中の歯車に近い。だからこそもっと注意深くなり、自分が本当は何が起きているかわかっていないことを自覚する必要がある。一方、良い面もある。新たなテクノロジーにはたくさんの利点がある。一段と安全になり、手間がかからなくなり、効率性は高まる。さらに良いことに、知識のコミュニティを最大限に活かす方法を身につければ、世界中の専門知識を自由に活用できるようになる。

第八章　科学について考える

破壊行為というのは、ふつうは不愉快なものだ。だからある若者が破壊行為によって、国民的英雄になったというのは意外である。この若者は産業革命の黎明期であった一八世紀末、イングランドのレスターにあったニット製造工場の見習い工をしていた。監督に仕事ぶりを非難されたのに腹を立て、ハンマーで編み機をたたき壊した（少なくともそういう話になっている）。若者の名はネッド・ラッドといい、やがてラッダイト運動の創始者にまつりあげられることとなった。

ラッダイト運動は当時イギリスで急速に進んでいた技術変化を、自らの生活や価値観を脅かすものとして敵視していた。抗議活動で頻繁に登場したのは、エノック・テイラーという鍛冶屋がつくった「グレート・エノック」と呼ばれた巨大なハンマーで、イングランド各地で産業機械を破壊するのに使われた。[1] 警察との乱闘も頻発し、死者が出ることも珍しくなかった。運動の指導者は「キング・ラッド」「プリンス・ラッド」「ラッド将軍」などと称する謎の人物とされたが、実在はしなかった。レスターでのネッド・ラッドの反骨精神に敬意を表したものだろう。

政治的あるいは経済的不満に基づく抵抗運動は、たいてい人々の記憶からあっという間に消えていく。ネッド・ラッドがどのように機械を破壊したのか、今日では詳しいことはあまり知られていない。しかしラッダイトの精神は何世紀にもわたり文化の根底に生きつづけている。なぜラッダイトがこれほどの痕跡を残したかといえば、それは時代の先端を行くテクノロジーを破壊する行為は、人間の心に宿る強い警戒感を象徴しているからだ。

科学技術に不信感と懸念を抱く人は常に存在し、過去一〇〇年にわたる驚異的な科学の進歩にもかかわらず、反科学主義は依然として根強い。その最たる例が「ネオ・ラッダイト」と称する人々で、一九九六年に開いた第二回ラッダイト大会では「ますます異様さと恐ろしさを増すコンピュータ時代のテクノロジー」に異を唱えた。[2] しかし主流派の中にも同じような例は簡単に見つかる。このような思想は人類の将来の幸福に対する重大なリスクだ。科学技術に対する合理的な懐疑心はおそらく社会にとって健全なものだが、反科学主義は行き過ぎると危険になりうる。

現代の最も重大な問題は気候変動かもしれない。これについても反科学的主張が跋扈《ばっこ》している。二〇一五年に連邦議会に雪玉を持って登場し、[3]気候変動が現実に起きているという主張に異を唱えたことで有名になったジェームズ・インホフ上院議員は、長年にわたり反科学主義の急先鋒であった。二〇〇三年には、最も影響力のある気候科学者一七人を標的に、刑事訴追すると脅しをかけるとともに嘘つき呼ばわりした。「これだけのヒステリー、恐怖、エセ科学を生んだことを考えれば、人間の作り出した地球温暖化説はアメリカ国民に仕掛けられた最大のペテンと言えるのではないか。まちがいなくそうだ」[4]。インホフの主張が誤りであることは証明されたが、彼のメッセージはいまだに共感を呼んでいる。インホフはオクラホマ州で四期連続で上院議員に選出され、直近の二〇一四年の選挙の得票率は六八％に達した。

遺伝子工学は現代の最も革新的技術の一つだが、これも強烈な抵抗を受けてきた。遺伝子工学は現代科学の驚異であり、まさに最先端技術である。遺伝子を生物のＤＮＡに加え（ときには削除することもある）、新たな種《しゅ》をつくり出すことを目的とする。トマト、大豆、トウモロコシの遺伝子を操作し、病気に強く、生産量が多く、保存可能期間の長い品種が作られている。

ベータカロチンはニンジンやサツマイモなどの食物に自然に存在する化学物質だ（ニン

ジンやサツマイモの特徴的な色はベータカロチンから来ている)。体内で分解されると、視覚など重要な身体機能に欠かせないビタミンであるビタミンAとなる。多くの途上国では子供たちが食生活から十分なベータカロチンを摂取できず、深刻な医学的症状の原因となっている。毎年五〇万人の子供がビタミンA不足で失明しているという推計もある。

二〇〇〇年代初頭にヨーロッパの科学者が、遺伝子組み換えによって自然にベータカロチンを生成するコメの品種を開発した。新たな品種はベータカロチンによって黄色く見えることから「ゴールデンライス」と命名された。コメはビタミンA不足に苦しむ多くの子供の主食であり、ゴールデンライスは大きな恩恵をもたらす可能性がある。しかし遺伝子組み換え作物(GMO)反対派の中には、そういう見方に与《くみ》しない人々もいる。たとえば二〇一三年には、フィリピンで収穫を控えたゴールデンライスの田畑を、反対派が踏み荒らした。それがゴールデンライスの安全性と有効性を検証するための実験農場であったのは、悲しい皮肉である。破壊行為によって穀物だけでなく、反対派の安全性に対する不安に根拠があるのか検証するのに役立つはずだった科学的データも失われた。

ワクチン接種も、反対派によってマイナスの影響が出るおそれのある問題だ。麻疹は二〇〇〇年代初頭にアメリカでの発生件数が年間一〇〇件を下回り、実質的に撲滅された。しかしワクチン接種率が低下した結果、二〇一四年の麻疹患者数は六〇〇人に跳ね上がった。[5] コロラド州ボールダーは教育水準が高く富裕層の集まる都市だ。著者の一人は、そこで子供たちを幼稚園に通わせている。だが数十年にわたる医学研究でワクチンの効果が明確に証明されているにもかかわらず、ボールダーの保護者の一〇％が子供へのワクチン接種を拒否している。[6] ワクチン反対派は主張の裏づけとして、科学的根拠を挙げることが多い。（不正確であることが証明された）科学的研究や統計を引き合いに出すのである。ただ実際には、医療従事者への不信感や科学的研究への拒否感など、反科学主義的な感情で動いているケースが多い。

それを端的に示す例を挙げよう。ワクチン反対派による人気ウェブサイトには「ワクチンに『ノー』と言うべき六つの理由」と題した記事が載っている。その冒頭には最も重要な理由として、医者を信頼すべきではないから、と書かれている。[7]「予防接種は安全だという医者の言葉を鵜呑《うの》みにしてはならない。医者が間違っている可能性もある。彼らだって、結局のところ人間だ。かかりつけ医は単にアメリカ医師会（AMA）のマニュアルに書かれたワクチンの項をそのまま読みあげているだけである。医者が本音を語ると思っている人は、考え直したほうがいい」

科学に対する国民の理解

ドイツ出身の遺伝学者、ウォルター・ボドマーは、イギリスのオックスフォード大学の教授である。一九八五年には世界最古の科学協会であるロンドン王立協会から、イギリス国民の科学技術に対する意識を評価するチームの責任者に任命された。王立協会は国民の反科学主義的ムードを、社会の繁栄に対する重大なリスクと見て懸念していた。チームの評価結果と推奨事項をまとめた独創的な論文は「ボドマー・レポート」として知られる。

それ以前の研究は、国民の意識を直接評価していた。ただ、ボドマーのチームには、もっとシンプルで直観的なアイデアがあった。科学技術への抵抗は、理解不足が原因となっている。だから科学への理解を促進すれば、国民の科学に対する好意的な態度が醸成され、科学技術のもたらす恩恵を積極的に活用するようになるのではないか、と。科学に対する意識が理解度によって決まるという発想は、欠乏モデルと呼ばれる。このモデルによると、反科学主義的思考は知識の不足に起因するものであり、不足が解消されれば消滅する。

ボドマー・レポートは、世界中の科学者が科学に対する国民の理解度を熱心に調べるきっかけとなった。アメリカでは全米科学委員会（ＮＳＢ）がその先頭に立ち、二年ごとに「科学技術指標」レポートとして調査結果を発表するようになった。科学に対する国民の理解度を測るのは、かなり難しい。科学は裾野が広く複雑で、単純なテストではおよそ測りきれない。ＮＳＢが注目する要素の一つが、基本的事実に関する質問群に対する正解率である。

次ページに挙げたのは、NSBが一九七九年にアメリカ国民の科学的知識を測定しはじめて以来、最も頻繁に出題された質問だ。答えは二三七ページの欄外にまとめた。あなたはいくつ正解できるだろうか。

各質問の横に書かれた数字は、二〇一〇年の調査で正解した回答者の割合だ。質問七と一二は、正解を書くことが宗教上の信念に反する場合もあるので、議論の分かれるところだ。両者の冒頭に「天文学者によると」あるいは「進化論によると」と追加すると、正解率はともに約七〇%に上昇する。[8] それでも質問群への正解率を見て、あなたは愕然とするかもしれない。当て推量で答えても、正解率は五〇%にはなるはずだ。アメリカ人の愚かさ加減に笑い出したくなるかもしれないが、少し待ってほしい。中国、ロシア、EU、インド、日本、韓国での調査結果もさほど変わらず、ほとんどの国ではもう少し悪かった。

調査ではこうした知識に関する質問に加えて、科学技術に対する意識を尋ねることが多く、たいてい正解率が高い人のほうが多少科学技術に対して好意的である。われわれが二〇一三年に実施した調査では、科学リテラシーを測る質問に続いて、遺伝子組み換え食品、幹細胞移植、ワクチン接種、ナノテクノロジー、原子力、食品照射などさまざまなテクノロジーに対しての意識を尋ねた。正解率が高い人ほど各テクノロジーは容認できる、リス

質問　※3番以外は正誤を回答	正答率(%)
1．地球の中心はとても熱い。	84
2．各大陸は何百万年もかけて現在の位置まで移動した。今後も移動を続ける。	80
3．地球が太陽の周りを回るのか、太陽が地球の周りを回るのか。	73
4．放射能はすべて人為的につくられた。	67
5．電子は原子より小さい。	51
6．レーザーは音波を集中させてつくる。	47
7．宇宙は巨大な爆発とともに始まった。	38
8．生物のクローン技術は、遺伝子的に同一のコピーをつくる。	80
9．赤ん坊の性別を決めるのは父親の遺伝子である。	61
10．一般のトマトには遺伝子はなく、遺伝子組み換えトマトにはある。	47
11．抗生物質は細菌とウィルスの両方に効果がある。	50
12．今日私たちが知っている人間は、祖先である動物から発達した。	47

クは低い、社会に対して大きな恩恵があると答える割合が高かった。このように知識と意識のあいだには多少の相関はあるようだが、かなり弱い。

しかし、欠乏モデルの本当の問題はここにある。一般大衆を科学に対して啓蒙するという試みは何十年も続いてきたにもかかわらず、科学リテラシーを高めることで社会全体に科学に対する肯定的意識を醸成するというボドマー・レポートの志は依然として遂げられていない。科学に対する大衆の理解を促進するために多大な労力とエネルギーが注ぎ込まれ、何百万ドルという資金が研究、カリキュラム開発、普及、コミュニケーションに投じられてきたにもかかわらず、目標達成に向けて前進しているようには見えない。反科学主義的思考は依然として蔓延《まんえん》し、強固で、教育はその解消に役立っていないようだ。

ワクチン接種反対派の存在は、教育が意識を変えるのに役に立たなかった一例である。ダートマス大学の政治学者、ブレンダン・ニーハンが率いる研究チームは、子供を持つ親を対象に、情報を提供することがMMR（麻疹、おたふくかぜ、風疹）ワクチンの受容を促す効果があるか調査してみた。[9] まず被験者にさまざまなかたちで具体的な情報を与え、それからワクチン接種とその重大な副作用とみられていた自閉症の関係性についての意見を尋ね、さらに子供にワクチン接種を受けさせる意思があるか尋ねた。

ある被験者群が与えられた情報には、ワクチンを受けさせないことによって起こりうるマイナスの影響がいろいろ含まれていた。二番目の被験者群は、風疹、おたふくかぜ、麻疹にかかった子供の写真を見せられた。三番目の被験者群は麻疹にかかった子供についての痛ましい物語を読んだ。そして最後、四番目の被験者群はアメリカ疾病対策センター（CDC）が出した、ワクチンと自閉症の関係を否定する情報を見せられた。

＊答えは1．正　2．正　3．地球が太陽の周りを回る　4．誤　5．正　6．誤　7．正　8．正　9．正　10．誤　11．誤　12．正。

結果は愕然とするものだった。どの情報を見た被験者群でも、ワクチン接種をすると答える人は増えなかったのだ。むしろ情報が逆効果となったケースもあった。病気の子供の写真を見せられた被験者は、ワクチンと自閉症に関係があるという確信を深めていた。また痛ましい物語を読んだ被験者はワクチンには重大な副作用があるという確信をさらに深めていた。

どこに問題があったのか。ここ数年、科学に対する一般市民の理解に関する学術論文では、この問題が活発に議論されてきた。最近主流となっている見解は、どこにも問題などなかった、という説だ。そもそもの前提、つまり欠乏モデルが間違いだったのだ。科学に対する意識は、エビデンスに対する合理的評価に基づくものではない。このため客観的情報を提供しても意識は変わらない。科学に対する意識を決定づけるのは、むしろさまざまな社会的・文化的要因であり、だからこそ変化しにくい。

コミュニティへの忠誠心

この新たな見解を主張する急先鋒が、イェール大学の法学教授であるダン・カハンだ。科学に対する意識は、エビデンスに対する合理的かつ公平な評価に基づくものではない、とカハンは言う。それは信念とは個別に取り出したり捨てたりできるようなバラバラなかけらではなく、他の信念や共有された文化的価値観、アイデンティティなどと深くかかわり合っているからだ。特定の信念を捨てるということは、他のさまざまな信念も一緒に捨てること、コミュニティと決別すること、信頼する者や愛する者に背くこと、要するに自らのアイデンティティを揺るがすことに等しい。こうした視点に立てば、遺伝子組み換え技術やワクチン、進化論、あるいは地球温暖化について少しばかり情報を提供したところで、人々の信念や意識がほとんど変わらなかったのも不思議ではない。文化がわれわれに及ぼす影響力は、啓蒙の努力によって覆《くつがえ》せるものではない。

文化的価値観が認知に及ぼす影響力を示す、説得力のある事例を紹介しよう。マイク・マックハーグは「サイエンス・マイク」というペンネームで、ポッドキャストやブログを発表している。[10] 彼はフロリダ州タラハシにある、キリスト教原理主義派の教会のコミュニティで育った。原理主義派の信仰内容には、科学の常識と矛盾するものも多い。聖書を文字どおり解釈し、地球の起源について「若い地球説〔創造論のうち、神による天と地とすべての生命の創造が短いあいだになされたとする説。地球の年齢を数千〜一万年とする〕」を信奉し、進化論を否定し、祈りが医学的治療の代わりになると信じている。

サイエンス・マイクは人生のほとんどを、こうした教義を信じて生きてきた。しかし三〇代になって科学的文献を読みはじめたところ、教義への信仰が揺らぎはじめた。無作為対照化試験に基づいて祈りの治癒力に疑問を呈した研究、宇宙の本当の年齢を計算した物理学の研究、さらには進化論を裏づけるような生物学や古生物学の研究も読んだ。当初の反応として、キリスト教の教義への信仰を完全に失ったが、科学に対する新たな考えをコミュニティの人々には隠していた。やがてある個人的経験がきっかけで信仰を取り戻し、再びキリスト教徒として生きるようになったが、原理主義派の反科学的信念は拒絶している。

サイエンス・マイクのポッドキャスト『サイエンス・マイクに聞こう』では、科学と宗教が興味深いかたちで融合している。番組の大部分は、相対性理論、ビッグバンの宇宙論、また人は死ぬとどうなるかといったテーマについての詳細な説明だが、ときどき信仰や神の本質に関する思索が混じる。自慰行為やマリファナなどタブーとされるトピックを議論した回では（ちなみにサイエンス・マイクはどちらも問題ないと考えている）、自分も原理主義派教会の主張に疑問を抱きはじめたという視聴者から、アドバイスを求められた。それに対してマイクはこう答えている。

自分の所属するコミュニティと意見が違ってしまったとき、どう生きていくべきかアドバイスが欲しいって？　いいとも。コミュニティと違う意見を抱えながら生きて

> いくのはやめよう。今のあなたは時限爆弾だ。いずれ我慢しきれなくなって本心を語りはじめたら、巻き添え被害が出て、教会は大変なことになる。新たな道を進もう。自分の信念と一致する信仰コミュニティを探すんだ。（中略）その結果、失われる人間関係もあるだろう。自分と異なる見解を持つ人を受け入れられない人もいて、傷つくこともあるだろう。私も大切に思っていたのに、今は話すこともできない人たちがいて、とてもつらい思いをしている。（中略）かつてのような付き合いができなくなって、とても苦しい。嘘をつくつもりはない。たしかに苦しいことだ。[11]

サイエンス・マイクが科学を語るのを聞くと、頭脳明晰で思索的で思慮深い人物であることがよくわかる。また知的謙虚さがあり、自分が何を知らないかを自覚しており、自分が議論しているさまざまなトピックの複雑さを認識している。それでも人生のほとんどを、科学的に見れば完全に間違っている信念を抱いて生きてきた。そうした信念に疑問を抱きはじめると、人生は大変な混乱をきたし、一番大切な人間関係も失った。これが文化の力である。私たちの信念は、私たちだけのものではない。コミュニティと共有されている。だからそれを変えるのは非常に難しい。

サイエンス・マイクの経験からは、知識の錯覚がどこから生じるかがうかがえる。私たちはたいてい新たなテクノロジーや科学的発見に対して、自らの力で十分な知識に基づく精緻な見解を形成することはできない。だから信頼できる人々の意見をそっくり受け入れるしかない。このように私たちの意見と周囲の人々の意見は、互いに補強しあうことになる。そして何かに対してはっきりした意見を持っているという事実によって、私たちは自らの意見には確固たる根拠があると思い込む。だから実際に自分が知っているより多くを知っていると思う。

それをよく示すのが、二三六ページで紹介した科学リテラシークイズと、クイズの後に尋ねた科学技術に対する意識である。そのとき回答者には、テクノロジーに対する自分の知識を評価してもらった。科学リテラシーと自らの知識に対する評価には、なんのかかわりもなかった。クイズで不正解の割合が高かった人も、正解の割合が高かった人と同じくらい、自分には知識があると評価していた。

自信を抱くのも当然だ。なぜなら、検証されたことがないからだ。私たちは同じぐらい知識のない、同じような考えを持つ仲間に囲まれている。知識のコミュニティで生きているが、残念ながらときにはコミュニティの科学的認識が誤っていることもある。科学リテラシーを高めようという試みは、コミュニティ全体の合意を変える、あるいは学習者を別のコミュニティに引き合わせることと組み合わせなければうまくいかない。

どれも聞き覚えのあることに思えるのではないか。私たちは複雑な問題に対して限られた知識しかなく、詳細情報を吸収するのが難しい（事実に関する質問に答えるときなど）。また自分がどれだけ知っているかをよく把握していない傾向があり、知識の土台として知識のコミュニティに強く依存している。その結果、物事に対して強く極端な意見を抱くようになる。それを変えるのは難しい。

これは欠乏モデルを解決するのは諦めたほうがいい、ということを意味するのだろうか。科学技術への理解を深めるために、市民を啓蒙しようとするのは本当に不毛な努力だろうか。

因果モデルと科学への理解

科学リテラシーの研究における大きな制約の一つは、科学的事実を知っているかどうかに基づいて知識量を評価しがちなことだ。科学的事実についての質問からは、人々の科学に対する意識を決定づける情報は得られない。深く理解していない事柄について、事実を記憶するのは難しい。そして科学的トピックについて深く理解している人は少ない。第一章と第二章で触れたように、脳は詳細を記憶するようにはできておらず、物事の仕組みに対する私たちの理解は浅い。

科学的知識に関する質問から、一つ例を挙げよう。「抗生物質は細菌とウィルスの両方に効果があるのか」という質問だ。このような問いを使って科学へのリテラシーを評価すると、不正解だった五〇%のアメリカ人をどう教育すれば残る五〇%のアメリカ人のようにできるかと考えがちだ。あるいはもっと意地の悪い言い方をすれば、いったい彼らの頭はどうなっているんだ？ と思う。メディアの反応は意地の悪いほうに近い。科学技術指標が毎年発表されると、新聞にはこんな見出しの記事があふれる。「バカの極み。アメリカ人の四人に一人は地球が太陽の周りを回っていることを知らない」[12]

しかし、これは重要な点を見落としている。この結果に対する別の視点として、正解した人々は本当にわかっているのかという疑問がある。実際には、抗生物質は細菌にしか効果がないことを知っている人も、たいていはそれを個別の事実として知っているだけであり、それ以上の詳しいことは知らない。細菌とウィルスの具体的な違い、抗生物質の働き、なぜ細菌には効果があるのにウィルスには効果がないかを詳細に説明できる人がどれだけいるだろうか。これは特段意外なことではない。ふつうの市民が何十という科学的トピックについて深い理解を持っていると考えること自体、現実的ではない。だからこそ知識のコミュニティに強く依存するのである。

第三章では、個人の認知システムの働きは、因果関係の推論であることを見てきた。人間は因果モデルを構築し、それに基づいて推論をする。因果モデルは人間が世界の仕組みに対する理解に基づき、自らを取り巻く世界について思考し、推論する手段である。第四章では、個人の持つモデルはたいてい素朴で不正確なものであり、直接的経験によって偏りがあることを見てきた。こうしたモデルは私たちの態度を決定づける要因にもなる。

一般的な因果モデルが誤った考えにつながる例を示そう。消費者調査を専門とするベロニカ・イリューク、ローレン・ブロック、デビッド・ファロは、多くの人が「負担の大きい作業をしていると、医薬品の効果は早く薄れる」と考えていることを明らかにした。たとえば強壮剤を飲んだ後、頑張って働いていると、そうではないときより効果が持続する時間が短くなると思っているのだ。現実には薬の効果が持続する時間は、服用した人がどれだけ活動しているかとは一切かかわりがない。しかし効果が早く薄れるというのは、直観的には正しいように思える。なぜなら医薬品の効果に対する因果モデルは、負荷が高まるほどリソースの減り具合が激しくなる他の分野のモデルに基づいているからだ。たとえば自動車で上り坂を進むときは平地を運転するときよりガソリン消費が増えるし、自転車では上り坂を行くときのほうが下り坂よりカロリー消費量が増える。誤解の影響は、抽象的なものにとどまらない。この誤った因果モデルのために、規定量以上に薬を服用する人もいる。[13]

本章の前半ですでに見てきたテクノロジー批判の事例に戻ろう。遺伝子組み換え食品は大きな議論を呼んできたテーマだが、米国科学振興協会によると、科学的にははっきりとした結論が出ている。「現代のバイオテクノロジーの分子技術による品種改良は安全である」[14]と。ＥＵでは遺伝子組み換え作物に対する反対はさらに強固だ。しかし欧州委員会ははっきりこう言っている。「過去二五年にわたる、五〇〇以上の独立した団体の調査結果を含む一三〇件以上の調査から導き出される主な結論は、遺伝子組み換え作物を中心とするバイオテクノロジーそのものは、従来の植物交配技術などと比べて危険性は高くないというものだ[15]」。それなのになぜ根強い反対意見があるのか。

実態として、遺伝子組み換え作物への抵抗にはさまざまな理由があるが、組み換え技術の仕組みに対する誤った因果モデルがその一因であるのは明らかだ。あなた自身が遺伝子組み換え技術についてどれだけ理解しているか、しばし考えてみてほしい。たいていの人はあまりよく知らない。しかしこと遺伝子組み換え作物については、多くの人がかなりはっきりとした不安を抱いている。よくある不安の一つが汚染だ。われわれが行った研究では、回答者の二五％が「食物に組み込まれた遺伝子は、その食物を摂取した人間の遺伝子コードに入り込む可能性がある」という文章を正しいと答えた。また確信は持てないが、正しい可能性があると回答した人も二五％いた。実際には正しくないが、正しいと思っている人には恐ろしい話だろう。研究でこの文章が正しいと回答した人が、遺伝子組み換え作物に最も強い拒否反応を示した理由もここにある。

遺伝子組み換え作物が人間のＤＮＡに入り込むという説を信じない人でさえ、汚染に関する不安を抱いているようだった。別の調査では、登場する可能性のある遺伝子組み換え製品の例をいくつか示し、回答者の意見を尋ねた。それぞれの製品はどの程度容認できるか、また二〇%割高な遺伝子組み換えではない同等製品が買える場合、どちらを選ぶ可能性が高いかを尋ねた。回答者と製品との接触の度合いには差があった。ヨーグルトや野菜スープの素など口にするもの、ローションなど肌に塗るもの、そして香水など空中に噴霧するもの、さらには電池や断熱材などほとんど接触のないものもあった。回答者は口に入れるものについては遺伝子組み換え製品を容認しなかった。肌に塗るものについてはもう少し寛容で、空中に噴霧するものについてはさらに寛容だった。そしてほとんど接触しないものについては購入意欲がかなり高かった。どうやら遺伝子組み換え製品については、バイ菌と同じような感覚があるようだ。

遺伝子組み換え作物に対する意識を決定づける要因としてもう一つ重要なのは、遺伝子を組み換えられる生物と、組み換えに使われる遺伝子を提供する生物との類似性だ。フロリダ産のオレンジの収穫量に影響を与えるカンキツグリーニング病の解決を目指す取り組みを見てみよう。[16] カンキツグリーニング病は細菌が原因となって柑橘類の木が枯れる病気で、きわめて感染力が高い。感染速度は高く、撲滅するのは難しい。フロリダのオレンジ産業の将来を懸念した生産者らは、遺伝子組み換え技術を使って病気への抵抗力を高める実験をしてきた。うまくいった方法の一つは、抵抗力を高めるタンパク質を生成するブタの遺伝子をオレンジに移植することだった。しかし生産者はこの解決策を採用しなかった。ブタの遺伝子を含む果物など、消費者は絶対に買わないと考えたためだ。消費者はきっと、遺伝子組み換え作物は移植された遺伝子が生成するタンパク質の影響を受けるだけでなく、ドナー（提供側）生物の特徴を他にも引き継ぐと思うだろう。つまりこのケースでは、オレンジが少し豚肉っぽい味になると想像するのではないか。

オレンジ生産者の懸念は、おそらく正当なものだったのだろう。実験室での研究では、まさにそうした影響が確認された。被験者はレシピエント（受容側）とドナーの類似性が高いときのほうが、類似性の低い組み合わせより遺伝子組み換え作物を受け入れる傾向が高かった。別の研究では回答者のほぼ半数が、ホウレン草の遺伝子を挿入したオレンジはホウレン草のような味がすると答えた（そんな味はしない）。

遺伝子組み換え技術がどのようなものか、少しでも知識があれば、こんな懸念は抱かないはずだ。しかしどれも確かに直観的には正しそうだ。たいていの人は遺伝子組み換え技術がどのようなものかよく知らないので、知識の空白を他の分野で学習した因果モデルによって埋めようとする。遺伝子組み換え作物に抵抗する理由は他にもある。環境への影響を懸念する人もいれば、巨大企業が強力なテクノロジーを手に入れることを不安視する人もいる。漠然とした不安を抱く人もいる（「こんなに新しいテクノロジーはどんな影響が出てくるかわからない」など）。しかし誤った因果モデルはこの問題において重要な役割を果たしている。

物議を醸しているテクノロジーは他にもあり、やはり仕組みに対して誤った因果モデルを当てはめていることが反発の原因となっている可能性がある。たとえば食物に高エネルギー放射線を照射して殺菌する食品照射だ。何十年にもわたる研究によって、食品照射が安全で、食物由来の病気を減らすのに有効であり、保存可能期間を伸ばすのに役立つことが証明されている。しかしこのテクノロジーの普及は進まない。放射と放射能の混同が、抵抗感を強める原因となっている。放射とはエネルギーの放出を意味し、可視光線やマイクロ波などの照射も含まれる。一方、放射能とは不安定な原子が崩壊し、生物に対して危険な高エネルギー放射線を発生させる能力を指す。食品照射に反対する理由を聞かれると、放射線が食品に「残留」し、汚染するという不安を口にする人が多い。この不安にはなんの科学的根拠もない。

研究者のヤンメイ・チェン、ジョー・アルバ、リサ・ボルトンは、この不安を和らげる方法を模索した。比較的効果があった方法は、このテクノロジーの名前を放射能を想起しないものに変えることだ。たとえば「低温殺菌」という呼び方をすると、受容度は大幅に高まった。もう一つの方法は、人々の因果モデルを修正するような比喩を使うことだ。たとえば食品照射を、太陽光が窓ガラスを透過するようなものだと説明すると、テクノロジーへの評価は改善した。おそらく太陽光が窓ガラスに残留しないことは明白だからだろう。[17]

仕組みに対する誤った理解が抵抗につながっている可能性があるもう一つの事例がワクチンだ。ワクチン接種に反対する理由として最もよく挙がるのが、ワクチン接種と自閉症に関連があるという説だ。この説が誤っていることは証明されているが、懸念は依然として残っている。反対派が槍玉に挙げるのは、一部のワクチンの材料として使われている水銀を含む化合物「チメロサール」だ。この懸念には一抹の真実はある。水銀がきわめて有害であり、摂取すると恐ろしい影響があることは子供でも知っている。ワクチンに使われる水銀の量は、有害な影響を引き起こすようなものではないが、やはり体内に入れるのは怖い気がする。

ワクチン反対派からよく聞かれるもう一つの主張は、健康的な生活を送ることがワクチンの代わりになる、というものだ。ここにも一抹の真実はある。生活習慣によって免疫力を高められるというエビデンスは存在する。ただその効果がどのような性質のもので、どれだけ強力なのかはわかっていない。生活習慣がワクチン接種の代わりになるという考えは、免疫システムの仕組みをあまりに単純化しすぎている。[18] 免疫システムは、汎用的な防護メカニズムと、特定の感染体を標的とするさまざまな抗体の両方によって成り立っている。[19] ワクチンは特定の感染体に対する免疫を付与するものであり、特定の生活習慣を選ぶことでそうした効果が得られるというエビデンスはない。[20]

知識の欠乏を埋める

人の信念を変えるのは難しい。なぜならそれは価値観やアイデンティティと絡みあっており、コミュニティと共有されているからだ。しかも私たちの頭の中にある因果モデルは限定的で、誤っていることも多い。誤った信念を覆すのがこれほど難しい理由はここにある。コミュニティの科学に対する認識が誤っていることもあり、その背景に誤った認識を裏づけるような因果モデルが存在することもある。そして知識の錯覚は、私たちが自分の理解を頻繁に、あるいはじっくりと検証しないことを示している。こうして反科学的思考が生まれる。

解決の道はあるのだろうか。

カリフォルニア大学バークレー校の心理学者、マイケル・ラニーはここ数年、地球温暖化について一般の人々を啓蒙し、また科学的知見を積極的に受け入れるようにする方法を模索してきた。本書の読者はもはや意外に思わないだろうが、ラニーが最初に発見したことの一つは、一般の人々は地球温暖化の仕組みを驚くほどわかっていないということだった。ある研究では、カリフォルニア州サンディエゴの公園で二〇〇人ほどに声をかけ、いくつかの質問を通じて気候変動のメカニズムの理解度を探った。大気中の温室効果ガスによって熱がこもるなど、部分的に事実を語れた人はわずか一二%にとどまった。メカニズムを、包括的かつ正確に説明できた人は一人もいなかった。

続いてラニーは、情報を伝える方法を模索した。一連の実験では、被験者に温暖化の仕組みについての、四〇〇ワードという短い初歩的な説明文を読んでもらった。それによって人間が引き起こす気候変動についての被験者の理解度と受容度は大幅に高まった。こうした結果に基づき、ラニーは短い動画を使って地球温暖化を説明するウェブサイトをつくっている。[21] ビデオの長さは、視聴者が自由に選べる。「詳細版」を選んでも五分以内で終わり、さらに短いものはわずか五二秒でこの現象をざっと説明する。初期のテストでは、こうした動画は意図された効果を達成していることが明らかになった。

ラニーの研究結果は将来への期待を抱かせる。しかし簡単な働きかけによって、社会がウォルター・ボドマーの思い描いたような科学を愛するユートピアに突如変貌を遂げると信じるほど、われわれもおめでたくはない。それでも欠乏モデルを諦めるのも早計だろう。本章の教訓は、科学への理解や意識を大きく変えたいのであれば、その欠乏の背後要因を理解する必要がある、ということだ。人々にとって、頭の中にある因果モデルと矛盾するような新たな情報は受け入れがたく、否定されやすい。信頼する人の意見と矛盾するような情報であれば、なおさらだ。しかしメカニズムすら理解していない新たな知見については、否定するのは難しい。ラニーの取り組みが大きな成功を収めたのは、気候変動のメカニズムを説明することに注力したためかもしれない。人々の誤った信念を正す第一歩は、自分やコミュニティの科学に対する認識が間違っている可能性に気づかせることだ。自分が間違っていることを良しとする人はいないのだから。

第九章　政治について考える

二〇一〇年に成立した医療費負担適正化法（通称「オバマケア」）ほど、アメリカ国民（と政治家）を熱くさせたテーマは近年まれである。この法律をめぐっては幾度となく議論が繰り返され、共和党はバラク・オバマ政権の失策の一つとして槍玉に挙げた。連邦議会の共和党勢力は法律を廃止あるいは変更しようと、何度も投票にかけた。ただこれほどの盛り上がりと対立を生んだにもかかわらず、法律を理解していた人はほとんどいなかった。二〇一三年四月にカイザーファミリー財団が行った調査によると、アメリカ国民の四〇％以上が医療費負担適正化法が法律であることすら認識していなかった（国民の一二％は議会で廃止されたと思っていた。そんな事実はない）[1]。

だからといって一般国民が同法に対してはっきりとした立場を表明できないわけではな

い。二〇一二年、最高裁判所が同法の主要な条項を支持する判断を下した直後、ピュー・リサーチ・センターは判決への賛否を問うアンケートを実施した。当然ながら賛否は真っ二つに分かれた。三六％が賛成、四〇％が反対、二四％が意見を表明しなかった。アンケートではさらに最高裁の判決がどのようなものであったかを尋ねた。すると正解したのは、回答者の五五％にすぎなかった。一五％は最高裁は法律を違法と判断したと回答し、三〇％がわからないと答えた。つまり回答者の七六％が最高裁判決に賛成か反対か明確に答えたにもかかわらず、そもそもの判決の内容をわかっていたのは全体の五五％にすぎないということだ。

医療費負担適正化法は、もっと根本的な問題が表面化した一例にすぎない。世論は、問題に対する国民の理解度からは説明できないほど極端になる、というのがそれだ。アメリカ国民のうち、二〇一四年のウクライナに対する軍事介入を最も強く支持したのは、世界地図上でウクライナの位置すら示せない人々であった。[2]

もう一つ例を挙げよう。オクラホマ州立大学農業経済学部は消費者を対象に、遺伝子組み換え技術を使った製品は表示を義務づけるべきか尋ねた。[3] 八〇％近い回答者が義務化すべきと答えた。この結果は一見、法制化を進めるべきという有力な根拠のように思える。消費者は希望する情報を与えられるべきだし、その権利もある。

しかし同調査の回答者の八〇％は、ＤＮＡを含む食品についても法律によって表示を義務化すべきだと答えた。購入する食品にＤＮＡが含まれているか、消費者には知る権利がある、と。首をひねっている人のために改めて言っておくと、あらゆる生物にＤＮＡが含まれているのと同じように、ほとんどの食品にはＤＮＡが含まれている。調査の回答者の意見を踏まえれば、すべての精肉、野菜、穀物に「注意　ＤＮＡが含まれています」と表示しなければならなくなる。しかしＤＮＡが含まれている食品をすべて避けていたら生きていけない。

遺伝子組み換え食品に表示を付けるべきだと主張しているのが、ＤＮＡを含むあらゆる食品に表示を付けるべきだと言うような人々だとしたら、その意見はどれほど傾聴に値するのか。主張の信頼性は薄れるような気がする。大多数の人が特定の意見を支持しているからといって、そうした意見がきちんとした理解に基づいているとは限らないようだ。概して、問題に対する強い意見は、深い理解から生じるわけではない。むしろ理解の欠如から生じていることが多い。偉大な哲学者で政治活動家でもあったバートランド・ラッセルはそれを「情熱的に支持される意見には、きまってまともな根拠は存在しないものである」と表現している。クリントン・イーストウッドはもっと直截的だ。「過激主義とは簡単なものだ。自分の意見を決めたら、それで終わり。あまり考える必要がない[4]」

なぜ人はよく知らない問題について、それほど熱くなるのか。ソクラテスはそれについて、「政治専門家」に対する回答のかたちでこう答えている。

しかし私自身はそこを立去りながら独りこう考えた。とにかく俺の方があの男よりは賢明である、なぜといえば、私達は二人とも、善についても美についても何も知っていまいと思われるが、しかし、彼は何も知らないのに、何かを知っていると信じており、これに反して私は、何も知りもしないが、知っているとも思っていないからである。されば私は、少くとも自ら知らぬことを知っているとは思っていないかぎりにおいて、あの男よりも智慧の上で少しばかり優っているらしく思われる。（プラトン『ソクラテスの弁明・クリトン』久保勉訳、岩波文庫より）

この男は自らが何も知らないことをわかっていない、とソクラテスは批判している。私たちの多くがそうであるように、この人物も自分が思っているほどは知らなかった。

一般的に私たちは、自分がどれほどモノを知らないかをわかっていない。ほんのちっぽけな知識のかけらを持っているだけで、専門家のような気になっている。専門家のような気になると、専門家のような口をきく。しかも話す相手も、あまり知識がない。このため相手と比べれば、私たちのほうが専門家ということになり、ますます自らの専門知識への自信を深める。

これが知識のコミュニティの危険性だ。あなたが話す相手はあなたに影響され、そして実はあなたも相手から影響を受ける。コミュニティのメンバーはそれぞれあまり知識はないのに特定の立場をとり、互いにわかっているという感覚を助長する。その結果、実際には強固な支持を表明するような専門知識がないにもかかわらず、誰もが自分の立場は正当で、進むべき道は明確だと考える。誰もが他のみんなも自分の意見が正しいことを証明していると考える。こうして蜃気楼《しんきろう》のような意見ができあがる。コミュニティのメンバーは互いに心理的に支え合うが、コミュニティ自体を支えるものは何もない。

社会心理学者のアービング・ジャニスはこの現象を「グループシンク（集団浅慮）」と名づけた。[5] グループシンクについての研究では、同じような考えを持つ人々が議論をすると、一段と極端化することが明らかになっている。[6] つまり議論をする前に持っていた見解を、議論の後には一段と強固に支持するようになる。ある意味では群れの心理と言えるだろう。

夕食会に集まった人々が、それぞれ医療制度、犯罪率、銃規制、移民あるいは道端に犬の糞が多いことなどについて多少の懸念を抱いている。夕食の席で誰もが同じような懸念を持っていることがわかる。全員に共通する意見が煽られ、食事が終わるころには誰もが対策を要求する権利があるような気がしている。この問題は今日、特に顕著になっている。インターネットによって自分の意見に賛同してくれる同じような考えを持つ人を見つけやすくなったこと、別の世界観を持つ人々の愚かさや邪悪さについて語り合う場ができたことが原因だ。しかも異なる意見を持つ連中とは、互いに交流する気もない。

さらに状況を悪化させているのは、誰もが鏡の迷宮に生きている事実に気づいていないことであり、この孤立状態が無知を一段と深めている。異なる立場を理解することができない。まれに異なる意見を聞くことがあっても、相手もこちらの意見をわかっていないので無知に見える。相手がこちらの立場を単純化し、意見の細かな特徴や深い部分に理解を示さないと、「きちんと理解してくれればいいのに」と思う。こちらがどれだけこの問題を気にかけ、どれほど率直な議論を望んでいるか、そしてこちらの意見がどれほど問題の解決に役立つかを理解してもらえたら、相手も私たちと同じ意見を持つようになるだろう、と。しかしここには問題がある。相手が問題の細部や複雑さを十分理解していないのと同じように、私たちも相手を理解していないのである。

誰も自らの無知を理解できない、しかしコミュニティがメンバーに正しいという感覚を与えつづけるという状況が行き着くところまで行ってしまうと、きわめて危険な社会的メカニズムが動き出すリスクがある。歴史にさほど詳しくない人でも、社会がときとして画一的なイデオロギーを追求し、プロパガンダや恐怖政治によって独自の意見や政治的立場を封じようとする危険な熱にうかされることは知っているだろう。

ソクラテスが死んだのは、古代アテネの市民が〝汚染された〟思想を駆逐しようとしたからだ。イエス・キリストもローマ人の手によって同じ憂き目にあった。エルサレムを異教徒から解放するために第一次十字軍が組織されたのも、一四九二年から一五〇一年にかけてのスペインで、ユダヤ教徒やイスラム教徒に対してキリスト教に改宗するかスペインを去るかを迫る異端審問が開かれたのも、同じ理由からだ。二〇世紀を特徴づけるのは、思想的純潔という名の巨悪である。スターリンの粛清、処刑、虐殺。毛沢東による大躍進政策では数百万人が農業共同体や工業組織へと送られ、大勢の餓死者が出た。もちろんナチス・ドイツの強制収容所も忘れてはならない。

こうした出来事の背後要因は多面的かつ複雑である。二〇世紀前半の世界を覆った巨悪に対して、われわれに特別な洞察があるというつもりはない。しかし一つ指摘したいのは、当時の指導者は例外なく、自らの野蛮な行為をきわめて意識的に正当化するうえで共通の理由を挙げていたことだ。社会を未来に導く真実の道は一つしかなく、それを実現するには思想的純潔が必要である、と。いまから振り返ると、確固たる正当性を主張していた当時の指導者の一人として正しい者はいなかった。誰もが理解しているという錯覚に陥っていた。それは彼らの支持者も同じである。その錯覚が恐ろしい結果を引き起こした。

錯覚を打ち砕く

説明深度の錯覚は、裏づけもないのに強固な意見を持つことを可能にする。われわれはこれを証明するために、第一章で紹介したロゼンブリットとカイルが説明深度の錯覚を示すのに使った優れた手法を用いて、実験を行った。ただ今回はロゼンブリットらとは異なり、身の回り品ではなく、さまざまな政治問題について人々に説明を求めた。[7] 被験者には実験当時（二〇一二年）に注目を集めていたさまざまな政策について、賛成か反対かを尋ねた。たとえば以下のような質問をした。

・アメリカ全土で一律課税を導入する
・二酸化炭素排出についてキャップ・アンド・トレード制度〔政府が企業に排出枠を割り当て、その一部を他の企業と取引できる仕組み〕を導入する
・イランに対して一方的に制裁を科す
・社会保障制度上の退職年齢を引き上げる

・国民皆保険制度を導入する
・教師に対して能力給を導入する

標準的な手順として、まずは被験者にその問題に対する自らの理解度を七段階で評価してもらった。続いてその政策を実施した場合のさまざまな影響を説明してもらった。たとえばキャップ・アンド・トレード制度についての設問は次のような文面だった。「二酸化炭素の排出に対してキャップ・アンド・トレード制度を導入した場合の影響について、最初の段階から最後の段階まで順を追ってできるだけ詳しく説明してください。またそれぞれの段階の因果関係についても説明してください」。そして最後にもう一度、問題に対する理解度を評価してもらった。

この手の実験がたいていそうであるように、被験者の説明する能力はかなりお粗末だった。ごくわずかな例外はあったものの、政策の仕組みについて説明を求めても語れることはほとんどなかった。説明できるほどには理解していなかったのだ。そして説明できなかったことを反映して、二回目に自らの理解度を尋ねたときには一回目よりも評価を下げていた。それは説明深度の錯覚があったことを示している。問題を説明しようとしたことで、思っていたほど自分がそのテーマを理解していなかったことに気づいた。こうして、私たちはトイレや缶切りに対する自らの理解度を過大評価するのと同じように、政策についての理解も過大評価するという結論が得られた。

この実験で本当に確かめたかったのは、被験者が錯覚に悩まされているか（あるいは楽しんでいるか）ではない。説明してみることで、その問題に対する意見が多少なりとも軟化するかを調べたかったのだ。被験者は説明することで、自分が思っていたほど問題を理解していなかったと気づくことはすでにわかっていた。そうした認識が意見に反映され、変化するだろうか。言葉を換えれば、説明に失敗することで謙虚になり、自分の意見は正しいという自信が弱まるのだろうか。

これを調べるため、実験では問題に対する自らの理解度だけでなく、政策に対する意見を「強く賛成する」から「強く反対する」まで七段階で評価してもらった。そして理解度と同じように、意見の強さも政策の影響を説明してもらう前と後で評価してもらった。被験者の意見の強さは、「どちらでもない」ことを意味する中間点（「四」）からの距離で測った。つまり「一」（政策を強く支持する）と「七」（強く反対する）はともに最も強い意見ということになり、結果を算定するうえでは合算した。

この結果、政策の影響を説明してみることで、自らの理解度に対する評価が下がるだけでなく、意見も軟化することがわかった。説明後の平均値が中間点に寄ったということは、被験者全体で考えると両極端な意見が減ったことを意味する。問題を説明してみることで、人々の意見が収斂したのだ。

この結果には、直観に反する部分もある。人々に問題について考えてもらうことで、どれほど理解していないかがわかり、結果的に意見が軟化するというのが一つの解釈だ。しかし他の研究では、被験者に自らの意見について考えてもらったところ、さらに立場が強固になった例もある。[8] おそらく集団で議論させると、意見が極端化するのと同じ理由からだろう。通常ある問題についての自らの立場を考えろと言われると、なぜそう思うのかを振り返る。そうするとすでに持っている意見を支持するような論拠が浮かんでくるものだ。その政策がどのような良い結果や悪い結果に結びつくかといった因果関係を考えることはない。

この二つはまったく異なる思考法だ。通常、政策について考えたり議論したりするとき、私たちは因果関係を説明しようとはしない。政策論議の内容は、なぜ自分が特定の考えを支持するのか、自分と同じ意見なのは誰か、政策のどの部分が自分の価値観と一致するのか、それについて今日ニュースでどんな話を聞いたかといったことに終始する。私たちの実験では、被験者に政策の影響を因果的に説明するという、あまりなじみのない難しい作業を求めた。それには政策の細かな部分に目を向け、それが複雑な世界とどうかかわりあうかを見きわめることが必要になる。

因果的説明は手間のかかる作業だが、その恩恵は、単に新たな知識を学べることにとどまらない。因果的説明のすばらしさは、私たちを自らの思考システムの外へ誘《いざな》ってくれることにある。新たな法律が施行され、明日からあなたの住む地域では一人一日あたり四〇リットルしか水を使ってはいけないことになるとしよう。短期的にはどのような影響が出るだろうか。長期的にはどうか。それによって不動産価格にどんな影響が出るのか。近隣の不動産価格には？　衛生レベルに変化は生じるのか。いずれも難しい問いだ。それに答える唯一の方法は、別の世界を想像し（水の使用量がこれまでより大幅に少ない世界）、それはどんなものかを推論することだ。自分の優先順位はどんなものかを考えなければならないが（まず身体を洗うか、衣服を洗うか、それとも皿を洗うか？）、自分のことだけを考えていても問いの答えは出てこない。他の人々はどんな反応を示し、何が変わるかを考える必要がある。

政策の影響は、それに対する自分の気持ちを考えているだけではわからない。政策そのもの、すなわち具体的に誰がどのように実施するのか、その世界では次に何が起こるかを考えなければならない。このように自分以外に思考の対象を広げることが、人々の政治的立場をより柔軟にするのに不可欠なのかもしれない。自らの関心や経験の枠から踏み出て思考することが、人々の思いあがりを戒め、意見の極端化を抑えるのに必要なのかもしれない。因果的説明は、説明深度の錯覚を打ち砕き、人々の立場を変えられる唯一の思考法なのだろうか。

これを確かめるために、われわれはもう一つ実験を行った。実験の内容はほぼ同じだったが、被験者に因果的説明の代わりに、今の意見を支持する理由を述べてもらった。政策に対してなぜそのような意見を持つのか、具体的に説明するよう求めた。つまり自分の関心から一歩踏み出て政策そのものを考えるのではなく、自分の目線で政策について考えることを明確に求めたのだ。人々が通常、政策について考えるときと同じことをしてもらったわけだ。被験者は最初の実験と同じ質問に答えた。今の意見を支持する理由を説明する前と後に、その問題に対する理解度と自らの立場を評価してもらった。

理由の説明は、因果的説明とはまったく異なる反応につながった。被験者の自らの理解度に対する評価はまったく低下しなかった。また政策に対する立場も一切、軟化しなかった。因果的説明をした場合と異なり、理由の説明は被験者の知識の錯覚に影響を及ぼさず、政策に対する信念の強さは説明前と変わらなかった。理由を見つけるのはとても簡単だ。キャップ・アンド・トレード制度は環境保護に役立つという考えを思い出すだけで、今の立場を正当化できる。キャップ・アンド・トレードに対する自らの理解がどれほど浅いものかを改めて考えなくても、賛成の立場をとることはできる。対照的に、因果的説明を求められると、自分の知識不足と向き合わざるを得なくなる。

これは因果的説明に特別な効果があることを示唆する。問題について考えさせることで、人々の意見を穏やかにすることはできる。しかしその場合、いつも政治問題について考えるときと同じような考え方をさせてはいけない。自分が自分の意見を支持する理由を考えるだけでは、すでに抱いている信念が強化されるだけだ。必要なのは、政策そのものを考えること、具体的にどのような政策を実施したいのか、その政策の直接的影響はどのようなものか、その影響の影響はどのようなものかを考えることである。つまり、ふだん行っている以上に物事の仕組みについて深く考える必要がある。

われわれの実験の結果、被験者の評価結果が変わり、政策に対する立場の変化が示されたと言っても、疑問を持つ読者もいるかもしれない。評価結果は被験者の本当の立場の変化を反映しておらず、申告する数字が変わっただけではないか、と。そこでわれわれはさらに踏み込んだ実験をすることにした。まず二つのグループに分け、それまでの実験と同じように一方には因果的説明を、他方には理由の説明を求めた。それから両者に意思決定を求めた。自分の立場を評価する代わりに、少額のお金を渡し、次の四つの選択肢を提示した。

1　自分の立場を支持するロビー団体にお金を寄付する
2　自分と反対の立場を支持するロビー団体にお金を寄付する
3　お金を自分のものにする
4　お金を返す（研究者に戻す）

当然ながら、選択肢の二と四を選んだ人はほとんどいなかった（自分の立場に反する団体に寄付したり、返金したりはしなかった）。理由の説明をしたグループの行動は、みなさんも想像がつくだろう。政策に対して当初極端な意見を持っていた人のほうが、穏やかな意見を持っていた人よりロビー団体に寄付する割合が高かった。しかし因果的説明をしたグループでは、両者の差がなくなった。当初極端な意見を持っていた人の寄付を選択する割合は、穏やかな意見を持っていた人と変わらなくなった。これは因果的説明をすることで、極端な意見を持っていた人の自らの立場に対する自信が揺らぎ、それゆえに行動が変わったことを示唆する。自分の理解が限られていることを自覚した結果、自らの立場を強く推進するような行動を採ろうとする気が抑えられた。

人はほんのわずかな知識、特に言葉にできるような知識はわずかしかないのに、物事に対して強い意見を表明することが少なくない。しかしそれを防げないわけではない。われわれの研究では、詳細な因果的説明を求めることで、知識の錯覚を打ち砕けば、立場が穏やかになることが示されている。政治的な膠着状態、テロリズム、戦争など、意見の極端化のもたらす弊害を考えれば、これは好ましいことに思える。

価値観と結果

具体的に何が、人々の政策に対する態度を形成するのだろう。政策の影響をじっくり考えることはそれほど重要ではなく、むしろ自分の属しているコミュニティが重要であることはすでに見たとおりだ。ただし、人々の立場を決定づける要因はもう一つあることを理解しておくことが重要だ。私たちの抱く価値観のなかには絶対に譲れないものがあり、それはどれだけ議論をしても変わらない。

心理学者のジョナサン・ハイトは、道徳的判断が合理的考察に基づいて下されることはめったになく、たいてい直観や感情から生じていると指摘する。[9] その最も強力な証拠としてハイトが挙げるのが「道徳的思考停止」だ。それを証明するため、ハイトは次のようなシナリオを提示する（注意：シナリオは意図的に不快感を喚起する内容になっている）。

> ジュリーとマークは姉弟である。大学の夏休みに一緒にフランスを旅行していたある晩、海辺のコテージで二人だけだったとき、セックスをしてみたらおもしろいかもしれないと考えた。少なくとも、どちらにとってもそれまでにない経験になるはずだ。ジュリーはもともと避妊用ピルを飲んでいたが、マークも安全のためコンドームを使った。どちらもセックスを楽しんだが、もう二度としないことにした。その晩のことは特別な秘密にする。そうすることで二人の絆はさらに深まった。[10]

これを読んだ人は、たいてい二つの反応を示す。まず嫌悪感。続いてジュリーとマークの行動は道徳的に許されないことだと非難する。ここまでは特段驚くような話ではないだろう。近親相姦をタブー視する社会は多い。興味深いのは、たいていの人は自分の反応を正当化する理由を言えないことだ。言を左右にして、近親相姦が誤りであること、あるいはそれがタブーであるという事実を指摘したりする。しかしそれは自分の道徳的反応を、言い換えているだけだ。「この行為は誤っている」という以上は何も言っていないに等しい。

ハイトはジュリーとマークの行為が引き起こしうるネガティブな結果をシナリオから周到に排除することで、道徳的非難の根拠をなくしている。近親相姦によって先天的障害を持つ子供が生まれる可能性が高くなるので、姉弟は性交をすべきではないと思うかもしれないが、ふたりは二種類の避妊具を使っているので、そうした批判は当たらない。そんなことをすれば姉弟関係が壊れるという批判も、実際にはそうならなかった。姉弟を取り巻く人々との関係が崩れるという批判も、誰にも教えなければ関係ない。それにもかかわらず、たいていの人は強い拒否反応を示し、何を言われても態度を変えない。理由などどうでもいいのだ。

　どうやら強い道徳的反応には、理由は必要ないようだ。強い政治的反応も同じだ。政策の結果を理解しているか否かは関係ないこともある。そうした態度は因果的分析に基づいたものではない。政策が良い結果、あるいは悪い結果を生むかはどうでもいい。重要なのは、政策に表れた価値観である。[11]

　あなた自身も、一部の政策についてはこんな反応を示すかもしれない。妊娠中絶を容易にする政策に賛成、あるいは反対意見を持っているとしよう。中絶賛成あるいは反対と強く主張する人々には共通点がある。中絶に関する政策にどれだけのコストがかかるのか、女性の健康にどんな影響を与えるのか、あるいは経済的影響がどのようなものであるか一切気にかけないことだ。中絶に関する政策は、予想される結果の費用便益分析によって決めるべきではない。善悪に基づいて決めるべきだ、と彼らは口をそろえる。中絶支持派は、女性には選択する基本的権利があると主張する。自分の身体についてどうすべきか、他人からとやかく言われる筋合いはない、と。一方、中絶反対派は、罪のない胎児の命を奪う権利は誰にもないと主張する。中絶は殺人であり、殺人は誤りである、と。どちらの意見も、政策の因果分析の結果を考慮してはいない。結果とは無関係に、人間はどのように行動すべきかという神聖な価値観に基づいている。

自殺幇助《ほうじょ》に対する意見も、結果ではなく価値観で決まることが多い。一方では、人は大変な苦しみと絶望に直面したとき、みな医師に尊厳ある死を求める権利を有している、と信じる人がいる。反対に、相手が死にたいと思っているか、またその理由がどんなものであるかにかかわらず、他人の命を奪うことは殺人だと考える人もいる。死ぬ権利にかかわる政策の効果（政策に伴う費用や支出削減効果、政策が引き起こす、あるいは防ぐ苦しみや罪の意識）は、神聖な価値観に基づいて態度を決めている人々にはまるで興味がない。彼らにとって、これは正しいか、正しくないかの問題なのだ。

ここまでは政策の結果についての因果的説明に注目してきた。説明深度の錯覚を打ち破ることは、人々が極端に走るのを防ぐ効果がある。自分が思っていたほど政策の結果を理解していなかったことに気づき、極端な立場をとるのに慎重になるからだ。しかし人々の立場が政策の結果ではなく、神聖な価値観で決まるのであれば、錯覚を打ち破っても効果がないだろう。

事実、実験でも効果がないことが確認されている。われわれは先に挙げた、人々が価値観に基づいてきわめて強い立場を表明する傾向のある、二つの問題について尋ねた。一つは中絶に関する質問（妊娠初期の三ヵ月以内であれば中絶を認めるべきか）、もう一つは自殺幇助に関する質問（医師は極度の苦しみを経験している患者に対して、自殺の支援および許可を与えられるべきか）だ。どちらについても、説明深度の錯覚は見られなかった。因果的説明の前と後で、被験者の自らの理解度に対する評価は変わらなかったのである。また立場が軟化することも一切なかった。因果的説明の後でも、被験者の立場は説明前と同じように極端なものであった。

つまり因果的説明は人々の意見を穏やかにするのに役立つ簡単かつ効果的な方法である、というわれわれの主張は、特定の問題にしか当てはまらないということだ。具体的には、価値観に基づいて意見が決まる問題ではなく、結果に基づいて意見が決まる問題にしか当てはまらない。それでも対象となる問題は多い。ほとんどの意見は、結果を踏まえて決まる。社会が原子力発電に取り組むことの是非から教育、医療に至るまで、さまざまな問題について、たいていの人は最も効果の大きい方法を支持する。

しかし問題提起のあり方が、必ずしもそうなってはいない。特定の政治的立場を推進する人々が、たいていの人が結果に基づいて判断する問題を、価値観の問題であるかのように見せようとすることがよくある。そうすることで自分たちの無知を隠したり、人々が中庸な立場をとることや妥協点を見いだすことを妨げようとする。最たる例が医療制度だ。国民の多くは、最高の医療をできるだけ多くの人にできるだけ手頃な価格で届けることしか望んでいない。社会として議論すべきは、それをいかにして実現するかだ。しかしそのような議論は専門的で退屈だ。このため政治家や利益団体は、これを神聖な価値観の問題にすり替えようとする。一方は、政府に私たちの医療についての意思決定を委ねるべきかと問いかけ、聴衆に小さな政府の重要性を思い起こさせる。もう一方は、国民にあまねくまっとうな医療を受けさせるべきではないかと問いかけ、寛大さや他の人々を守るべきだという価値観に訴える。

だが、どちらの立場も重要な点を見逃している。医療をめぐる私たちの基本的価値観はだいたい同じようなものだ。誰もが健康でありたいと思い、他の人々の健康を願い、医者や医療従事者にきちんとした対価を払いたいが、自らの負担が大きすぎるのは困ると考えている。医療に関する主要な争点は、基本的な価値観ではないはずだ。なぜならほとんどの人にとって重要なのは基本的価値観ではなく、最良の結果を達成する一番良い方法は何か、だからだ。

　ではなぜ政治家や利益団体は、さまざまな政策の因果的結果を検討するのではなく、神聖な価値観について議論しようとするのか。わかりやすい答えは、話をぼかすためだ。政策の結果を分析しても、必ずしも政策への支持につながらず、自らの票や資金を増やすことにはならない。だから結果の分析を避けようとする。もう一つの答えは、政策の結果を深く考えるのは、やはり難しいためだ。神聖な価値観を前面に打ち出すことで、自らの無知を隠すほうがはるかに簡単だ。これは政治家の常套手段だ。意見が神聖な価値観で決まれば、結果がどうであろうと関係なくなるというのは、他者を説得することを生業《なりわい》とする人々が数千年のあいだに身につけてきた知恵だ。

　この皮肉な見解を裏づける事例として、モルテザ・デーガニらの研究グループが行った、イラン国民の核開発計画に対する意識調査がある。[12] 二一世紀初頭、イランは頑なに核開発に取り組み、国際社会の反発を招いた。そんななかイランの指導部は、核開発を国民にとって神聖な価値観の問題に仕立てるため積極的な宣伝活動を行った。核能力の開発は、イランの数百年の歴史や宗教に根差した国民固有の権利である、と訴えたのだ。当時の状況を諸外国に国家の主権を脅かされた過去の経験になぞらえ、核開発を愛国主義と自己決定権の問題に仕立てあげた。

　残念ながら、デーガニの研究はこのような宣伝活動がきわめて有効であることを証明しな問題をこのようにとらえているわけではない。核開発を神聖な価値観とみなすようになった人は、核開発計画を放棄するような国際的な和解案には、たとえそれが自国にとってどれほど有利な内容であっても反対するようになった。幸い、すべてのイラン国民が問題をこのようにとらえているわけではない。

同じような事例は西洋諸国でも簡単に見つかる。同性婚に対するアメリカ人の姿勢は、近年劇的な変化を遂げた。[13] ピュー・リサーチ・センターによると、二〇〇四年には国民の六〇%が同性婚に反対、賛成はわずか三一%にすぎなかった。それが二〇一五年になると、五五%が賛成、反対はわずか三九%に減った。この間に同性婚をめぐる議論は、価値観をめぐるもの（「同性婚は誤っている」対「誰もが結婚する権利がある」）から、結婚という制度のメリットとデメリットという結果をめぐる議論に大きく変化した。議論の枠組みが変わったことは、必ずしも人々の姿勢の変化の原因ではない。むしろ結果かもしれない。まず人々の姿勢が変わり、それが基本的価値観ではなく、制度の結果を議論しようという風潮につながったのかもしれない。おそらくどちらの面もあるのだろう。議論の枠組みが変わったことで、人々の問題のとらえ方が変わり、考えが変わった面もある一方、新たな考えを持つ人が増えたことで議論の枠組みが変化した面もある。

問題を結果の枠組みでとらえるか、それとも価値観の枠組みでとらえるかは、交渉で落としどころを見つけられる可能性にも影響する。イスラエルとパレスチナの対立を考えてみよう。あなたがどちらの側に付くにせよ、状況が双方にとって悲惨なものであることは認めざるを得ないだろう。きっと双方がもっと満足できるような別の世界があるはずだ。しかし残念ながら、紛争は解決不能になってしまった。互いの不信感や敵意によって、当面解決の可能性はなくなったように思える。わずかばかりの進展があったかと思うと、すぐに非難の応酬となり、再び関係が破綻するといったことの繰り返しだ。

進展が見られない一つの理由は、お互いに対する不信がすでに神聖な価値観となってしまい、一切の妥協が不可能になってしまったことだ。ニューヨークシティのニュースクールの心理学者、ジェレミー・ジンジスらは、パレスチナとイスラエルの人々に、さまざまな解決策に対する意見を聞いた。どちらの側でも、対立を価値観の枠組みでとらえている人は、苦しみに対して何らかの物質的補償をするという提案に激しく反発した。[14] イスラエルとパレスチナの状況を改善するうえでは、多少なりとも結果主義の考え方を取り入れることが大きな変化をもたらす可能性がある。しかし相手に不当な扱いを受けたという意識が双方ともに強いために、結果の枠組みは見当はずれのアプローチに思える。

神聖な価値観という枠組みが魅力的なのは、それによって問題が単純化されるからだ。厄介な細々《こまごま》とした因果分析をする手間が省ける。しかも神聖な価値観は正しいことも多い。黄金律に異を唱えられる人などいるだろうか？　どうしても必要な場合以外は他者を傷つけるべきではないというのは、誰にとっても不可侵の価値観だ。他にもある。たとえば生命、自由、幸福の追求の権利は侵すことのできない権利だというのは、誰もが認めるところだ。神聖な価値観は当然尊重すべきものだ。しかし、それは社会政策の結果についての因果分析を妨げるものではない。

ガバナンスとリーダーシップ

こうした議論からは、今日の政治文化についてさまざまな教訓が得られる。まず明らかな事実を再確認するようだが、今日の政治的議論はきわめて皮相的だ。市民もコメンテーターも政治家も、提案された法律のプラス面とマイナス面を真剣に分析することなく、さっさと意見を固めることが多い。テレビ番組はニュース番組を装いつつ、実際は出演者が怒鳴り合うだけだったりする。

もっとまともなやり方もあるはずだ。私たち個人は無知なことが多い。しかし放送はそれを正し、思慮深い専門家の視点を提供する重要な媒体であるべきだ。テレビ番組に不偏不党は期待できない。あらゆる報道には多少の偏りがつきものだ。しかし視聴者には分析を見せるべきだ。メディアに登場する人々は、提案された政策の具体的な結果を議論すべきであり、視聴者にひたすらスローガンや偏った解釈を吹き込むべきではない。市民が詳細な分析に触れる機会が増えれば、その意思決定のあり方も変わるかもしれない。

　誰もがあらゆるトピックに精通すべきだと言っているわけではない。そんなことは不可能だ。たった一つのトピックに精通するだけでも大変だ。世界はあまりにも複雑で、個人の理解を超えるものであることはすでに見たとおりだ。私たちは知識のコミュニティに生きており、コミュニティを機能させるには認知的分業が必要だ。コミュニティに共有の知識を確保するには、個々の問題について信憑性のある有識者が専門家の役割を果たす必要がある。誰もがすべてを知っている必要はない。

　コミュニティが医療のあり方について意思決定をするときには、医療を最も効率的かつ効果的に実践する方法を最もよくわかっている人々が指南役を務めるべきだ。新たな道路を建設すべきかを決めるときには、土木技師の意見を仰ぐべきで、コミュニティはその意見を信頼する必要がある。専門家は自らの願望をコミュニティに押しつけてはならない。それはコミュニティ自体が決めるべきものだ。専門家はどのような選択肢があるのか、それぞれを選んだ場合の結果について、コミュニティが理解するのを助けることができる。

　これはエリート主義だろうか。専門家が必要だというわれわれの訴えは、独自の利益を持つ知識階層の必要性をうたっているにすぎないのだろうか。たしかに専門家に頼ることも、新たな厄介ごとを引き起こす。専門家が、精通しているトピックについて個人的な利害を抱えていることも多い。医療について最も詳しい人々は、医療産業にかかわっていて、医療のあり方に金銭的利害を持つケースも多い。技師が道路を建設したがるのは、それを生業としているからかもしれない。道路建設が増えれば、自分たちの実入りが増える。

もっと表面化しにくい利害もある。学者が提供するアドバイスは、状況に対する客観的で冷静な分析に基づくものではないかもしれない。学者が、自らの理論的立場に固執するのは周知の事実だ。経済学の教授が自由貿易協定に署名するべきだとアドバイスするのは、自由市場の重要性を説く記事を発表しているためかもしれない。心理学者は実際の子育て経験がないのに、最新の学習理論に基づいて育児に関するアドバイスをするかもしれない。二人の認知科学者が、誰もが知識の錯覚のなかで生きていると主張する本を書くのは、自分たちが無知であるという苦痛をやわらげるためかもしれない。

専門知識を持っているのは誰か、またその専門知識に偏りがないかを判断するのは難しい。しかし解決不可能な問題ではない。社会には、それに役立つさまざまな仕組みが備わっている。専門家には、その知識や信頼性を示す他者からの推薦の言葉がある。経歴や評判を確認し、評価することもできる。インターネット上の情報に正しいという保証はないが、専門家に対してその顧客が評価を寄せるためのウェブサイトがいくつも存在し、かなりの有効性を発揮している。十分な数の顧客が存在し、また専門家に関する評価を集め、報告するサイト自体の信頼性が確認されれば、この仕組みはうまく機能するかもしれない。専門家の信頼性を確保するほうが、あらゆる人に専門家になることを求めるよりまちがいなく実現性が高く、実際それはこの社会的問題を解決する唯一の方法だ。

　判断は専門家に任せるべきである、政府は専門家の意見に耳を傾けるべきであるといった考え方は、アメリカ政界に根強い考え方に逆行する。二〇世紀初頭のアメリカが直面していた最も重大な問題の一つは、国家の富と権力が少数の企業や利益団体に集中していたことだった。多くの州議会が、こうした強力な利益集団に支配されていた。そうしたなか直接民主主義の手法を使って、州議会に対する企業の政治的影響を排除しようとする動きが沸き起こった。こうして州や自治体の市民が議会の頭越しに直接投票し、政治家の手から権力を奪うような投票方式が生み出された。直接投票方式には「イニシアティブ（住民発案）」「プロポジション（住民提案）」「レファレンダム（住民投票）」などさまざまな形態があり、それは多くの州で今日も積極的に活用されている。

　こうした民主的な投票方式は高邁《こうまい》な精神から出発したものだが、皮肉なことにその多くにも問題はある。なぜならそうした直接提案をまとめ、推進するプロセスは、特定の利益団体に支配されることがあるからだ。悪名高い例の一つが、二〇一五年の住民発案「カリフォルニア州男色禁止法案」だ。そこには同性の相手と性的関係を持った人物は「頭部への銃弾によって抹殺する」という規定もあった。幸い、この法案自体が裁判所によって抹殺された。しかしこうした例は、直接民主主義もほかの統治形態と同じように恣意的な意見操作の対象となりうることを示している。

市民の直接投票という仕組みに対して批判的になるべき理由は多い。われわれが最も懸念しているのは、こうした手法は知識の錯覚を考慮していないからだ。個々の市民が、複雑な社会政策に対してしっかりとした情報に基づく判断を下すだけの知識を持っていることはめったにない（たとえ本人たちがそう思っていたとしても）。すべての市民に投票権を与えることで、群衆の英知のよりどころである、優れた判断に役立つ専門家の知識がかき消されてしまう可能性がある。

減税は一般論としては良いことに思えるかもしれない。だがカリフォルニア州の「プロポジション13」を考えてみよう。この提案は、一九七八年にカリフォルニア州民の直接投票によって可決された。住宅用・商業用・農業用不動産の売却額に対する課税を、それまでの平均三％から最大一％に抑えるという内容だった。さらに固定資産税を年率二％以上引き上げることも禁じた。プロポジション13の成立は、さまざまな影響をもたらした。たとえばこの地域の不動産価格は高騰していたが、居住者が固定資産税の激増によって自宅を手放さざるを得ないような事態はなくなった。

しかし、このようなプラスの影響ばかりではなかった。多くの自治体は固定資産税に歳入を頼っている。プロポジション13によって固定資産税に対して上限が課されたことで、多くの自治体が財政的に大打撃を被った。そのうえこの提案は、不動産市場に多くの歪みをもたらした。たとえば住宅所有者に売却を思いとどまらせる効果があった。というのもカリフォルニア州の大部分では不動産価格が上昇していたため、売却すると評価額が上がり、それに付随する固定資産税も膨らむため、住宅の価値が目減りしてしまうためだ。また、新たに住宅を購入して多額の固定資産税を払わなければならない人と、昔から住宅を所有していて税負担に上限がある人とのあいだに大きな不公平が生じた。

プロポジション13のもたらした不公平は、明らかな計算違いであった。一九七八年の時点で、新たな制度がこのような結果につながることを予測することは、一般人には難しかっただろう。しかし固定資産税率を変更する影響を研究したことのある専門家であれば、予測できたはずだ。州内の自治体の歳入源に変更を加えれば、複雑な結果が生じるのは当然で、十分な情報に基づいてそうした影響を予測できる人はごくわずかだ。代議士は市民の代わりに情報を集め、専門家のアドバイスを集めて判断を下すために選挙で選ばれている。一般市民にはそのようなことをする時間も関心もまずない。最終的判断を下すのに適任なのは、必ずしも個々の市民ではない。

「民主主義を否定する根拠を得たいなら、平均的な有権者と五分話してみればいい」というウィンストン・チャーチルの発言はもちろん行き過ぎだ。チャーチルの真意は「民主主義は最悪の統治形態である。ただし、他のすべての形態を除けば」という別の発言に表れている。われわれも民主主義を信奉している。

しかし人間の無知に関するさまざまな事実を踏まえると、直接民主主義より代議制民主主義を推進すべきだと考える。市民は代議士を選出する。選ばれた代議士は、優れた判断を下すために専門知識を獲得する時間と能力を備えているはずだ。資金集めに忙しく、そんな時間はないというケースも多いが、それはまた別の問題だ。

人々が極端な意見を持つのを防ぎ、知的謙虚さを高めるには、政策がどのように作用するかを説明させるのが有効であるのはすでに見たとおりだ。残念ながら、この手法もコストを伴う。自らの錯覚を突き付けられて、腹を立てる人もいる。本人がよくわかっていない政策を説明させることで、相手との関係にヒビが入ることを、われわれは身をもって学んだ。説明を求めた相手が、その問題についてそれ以上議論したがらなくなることも多かった（われわれと話すこと自体を嫌がることも多かった）。

知識の錯覚を打ち砕くことは人々の好奇心を刺激し、そのトピックについて新たな情報を知りたいと思わせるのではないか、と期待していた。だが実際にはそうではなかった。

むしろ自分が間違っていたことがわかると、新たな情報を求めることに消極的になった。[15]因果的説明は錯覚を打ち砕く効果的な方法だが、人は自分の錯覚が打ち砕かれるのを好まない。たしかにヴォルテールもこう言っている。「錯覚にまさる喜びはない」と。錯覚を打ち砕くことは無関心につながりかねない。誰もが自分は有能だと思っていたい。無能だと感じさせられるのはまっぴらだ。

　優れたリーダーは、人々に自分は愚かだと感じさせずに、無知を自覚する手助けをする必要がある。容易なことではない。目の前の相手だけでなく、誰もが無知であることを示す、というのが一つのやり方だ。無知というのは純粋に自分がどれだけ知っているかという話である。一方、愚かさというのは他者との比較である。誰もが無知なのであれば、誰も愚かではない。

　リーダーのもう一つの任務は、自らの無知を自覚し、他の人々の知識や能力を効果的に活用することだ。優れたリーダーは個別の問題について深い知識を有している人々を周囲に配置し、知識のコミュニティを形成する。それ以上に重要なのは、優れたリーダーはこうした専門家の意見に耳を傾けることだ。意思決定をする前に、時間をかけて情報を集め、他の人々と相談するリーダーは、優柔不断で頼りなく、ビジョンがないと思われることもある。世界は複雑で容易に理解できないものであることを認識しているリーダーを、きちんと見きわめようとするのが、成熟した有権者である。

第一〇章　賢さの定義が変わる

マーチン・ルーサー・キング・ジュニアを知らずして、北アメリカの知識のコミュニティにおいてまっとうなメンバーにはなれない。[1] 一九五〇年代から六〇年代にかけて公民権運動があったこと、そしてキングがそのリーダーの一人であり代表的な弁士であったこと、夢をテーマに心を揺さぶる名演説をしたこと、そして一九六八年にテネシー州メンフィスで非業の死を遂げるまで何百万人という人々を勇気づけたことは常識である。キング牧師がアメリカにおいて平等と人種的正義の象徴となったのには正当な理由があり、一月の第三月曜日はキング牧師を称える国民の祝日となっている。

残念ながら、マーチン・ルーサー・キングについて、たいていの人が知っているのはこの程度である。キング牧師が偉大な人物で、演説をしたことは知っている。だがどんな人物であったのか、演説の内容がどのようなものであったか、その演説をしたときに具体的に何を勝ち得ようとしていたかをよく理解している人は少ない。

それ以上に欠落しているのは、キング牧師に名声をもたらした公民権運動全体に対する知識だろう。もちろんキング牧師は傑出した人物だったが、六〇年代に公民権法が制定されるまでの困難な闘いにたった一人で挑んだわけではない。唯一の指導者でもなかった。他にも同時代の指導者として、人種差別に終止符を打つことを目的に、キング牧師とともに一九五七年に南部キリスト教指導者会議を設立した活動家がいる。たとえばバイヤード・ラスティン、エラ・ベイカー、C・K・スティール牧師、フレッド・シャトルズワース牧師、ジョセフ・ローリー牧師、ラルフ・アバナシー牧師は、みなすばらしい勇気と決意を示した。そしてキング牧師以前にも、公民権運動を推進した偉大な人々はいた。奴隷制廃止論者のフレデリック・ダグラス、婦人参政権運動のリーダーだったスーザン・B・アンソニーなどはほんの一例にすぎない。さらにはコレッタ・スコット・キング、ローザ・パークスのような公民権運動の最前線に立った人々、そして座り込み抗議運動によってこの運動に火をつけた四人のアフリカ系アメリカ人の学生もいた。四人は勇敢にも、ノースカロライナ州グリーンズボロのウールワースで白人専用のランチカウンターに座った。そしてサービスを拒否されても、また威嚇や脅しを受けても辛抱強くそこにとどまった。こうした人々が、六〇年代のアメリカにおいてマイノリティの法的立場を劇的に向上させたのだ。キング牧師の活動には豊かな歴史的背景があり、そのうえジョン・ケネディ、リンドン・ジョンソン両大統領からの支援や関与もあった。

公民権運動は真空のなかで起きたわけではない。六〇年代はさまざまな面における文化的激動期であった。最もわかりやすいところでは、戦争、ドラッグ、セックスに対するアメリカ国民の姿勢は一変した。なんといっても一九六七年は「サマー・オブ・ラブ」〔ヒッピー・ムーブメントが最高潮に達したこの年、多くのヒッピーがサンフランシスコに集結した出来事〕であった。公民権運動は、六〇年代に起きた社会革命のほんの一要素にすぎない。

マーチン・ルーサー・キング・ジュニアは公民権運動を代表する活動家であり、偉大なリーダーであった。ただ文化的に特別な地位を占めるとはいえ、キング牧師一人の力で公民権法が成立したわけではない。それでもキング牧師は永遠に公民権運動の顔である。マハトマ・ガンジーがインド独立運動、そしてスーザン・B・アンソニーがアメリカの女性参政権運動の顔であるのと同じように。三人とも偉大なリーダーではあるが、彼らを支えるコミュニティがなければ、何も成し遂げられなかっただろう。一人で活動していたわけではない。

個人を英雄にまつりあげること、それと引き換えに彼らが代表するコミュニティの果たした役割を正当に評価しないことは、複雑な歴史を単純化する手段となっているだけではない。こうした人物に対するイメージは、彼らが参画した出来事に対する私たちの認識も形づくる。どのリーダーも、一般大衆のイメージの中ではそれぞれが参画した運動のシンボルとなり、運動そのものになった。「マーチン・ルーサー・キングは議会を説得し、公民権法を通過させたことで、アメリカのあり方を変えた」とか、「ガンジーがいなければ、イギリス女王がいまだにインドを統治していただろう」といったことが言われる。これは単なる言葉のあやではない。たいていの人は公民権運動やインド独立運動についてほとんど知識がなく、ここに名前の挙がった個人が大きな貢献をしたという以上は何も理解していない。人々の意識においては、個人が運動そのものとなり、何百万もの人々がかかわった複雑な歴史的事象の功績がその人物のものとなる。

意識のなかで、複雑な集合体を個人に置き換えるという現象は、公的機関についての議論でも見られる。アメリカ国民がよく使うアイゼンハワー政権、ケネディ政権といった表現は、アメリカ大統領がたった一人で行政機関のすべての機能を担っているかのような印象を与える。医療費負担適正化法は全体で二万ページを超える法律文書だ。一般的に「オバマケア」と称されるが、このうちバラク・オバマ自身が書いたのはどれだけだろう？ われわれはゼロだと思う。大統領のなかには優れたリーダーもそうでない者もいるが、いずれにせよ人間であることに変わりはない。もちろん自らの政権のとった行動に対して責任を負うべきだが、それは大統領自身がそうした行動をとったためではない。意思決定の大部分については、大統領は政権の顔という象徴にすぎない。

英雄にまつりあげられるのは政治家に限らない。英雄信仰は娯楽産業にも蔓延している。個人が美化され、すべての手柄を独り占めすることもある一方、何かが失敗するとすべてが個人のせいになる。ハリウッドの大作映画に出てくるジェームズ・ボンド的キャラクターは、大惨事をたった一人で防ぐだけではない。たいていはワイン通で、武道の達人で、ポーカーの名手で、もちろん最後には美女をモノにする。もちろん知能もずば抜けている。世界中の観客はそんなハリウッド映画が大好きだ。

しかし現実ははるかに地味である。イギリスの工作員も睡眠は必要で、不安にさいなまれることもあり、そして（たぶん）ファッション雑誌の「世界で最も美しいx人」特集に名前が挙がるような人ばかりではないだろう。われわれはもちろん、イギリスの諜報機関に強い敬意を抱いている。ただその任務を遂行するのは、怖いもの知らずの超人たちではないと見ているのだ。実態はわからないが、おそらくイギリス秘密情報部は、専門性の高い仕事を与えられたふつうの人々の集団だろう。

同じ偏向は、科学や哲学の理解においてもみられる。学問分野そのものを、偉大な人物と結びつける傾向がある（それもたいてい男性だ）。その人物だけが、自らが生きていた時代の偏狭なモノの考え方や倫理観に縛られなかったと評価される。自らのコミュニティの考え方の限界に気づき、その驚異的知性によって、社会を変えるような新たなパラダイムを生み出した、と。通常、この偉大な人物の成功は、既得権益層や権力者との闘いの末にもたらされる。言い伝えによれば、ソクラテスは自らの信念を自由に語る権利を守るために毒薬をあおった。[2] コペルニクスは教会に論文を発禁処分にされ、地動説を一時棚上げした。[3] ガリレオはアルチェトリの質素な農家に軟禁され、ほどなく死亡した。

いずれも非常に聡明な人物だったのかもしれないが、その偉業とされるものをすべて彼らの功績とみなすのは間違いだ。誰もが先人の研究に依拠していた。太陽系の中心に太陽があるとするコペルニクスのモデルは、古代ギリシャ人の発見に負うところが大きい。古代ギリシャ人は、太陽系が地球の周りを回るという決定的な事実誤認をしていたが、コペルニクスの理論はプトレマイオス以来の観察手法や技術的枠組みを大いに参考にしている。コペルニクスは天体システムを構成する惑星の新たな軌道を提唱したが、天体システムそのものは古代ギリシャ人がほぼ完成させたものだ。偉大な科学者のなかにも、先人たちが科学という畑を耕し、肥沃な土壌をつくってくれたおかげで、自らが理論的種をまくことができたと語っている例がある。たとえばアインシュタインは、自分以前の偉大な科学者の知見なしには、相対性理論を考案することは不可能だったと語っている。[4]

ここに挙げた偉大な科学者が特別視されるのは、世界を変えたと思われているからだ。彼らがいなければ、世界はその発見の恩恵を享受することもなく、私たちはいまだに暗黒時代に生き、鉛を黄金に変えようと必死になっていただろう、と。しかし、彼ら個人が欠かせない存在であったかは定かではない。彼らが生まれていなければ、他の誰かが同じ発見をしたかもしれない。科学史を振り返ると、それぞれ独自に研究をしていた複数の人々が、だいたい同じ時期に非常に似通った発見や理論をした例が繰り返し報告されている。[5]

元素の周期表は誰もが知っている。化学の授業で暗記させられて、愛憎入り混じった感情を抱く人もいるかもしれない。周期表は現代化学の中心にある。そこには自然の構成要素であるすべての元素が、互いの関係性やそれぞれの特性がわかるような形で提示されている。周期表を作成したのはドミトリ・メンデレーエフだと教えられた人は多いが、メンデレーエフが必要な作業をひとりでやり遂げたわけではないことは周知の事実だ。フランスの化学者、アントワーヌ・ラヴォアジエら、先人の仕事に依拠している。しかし周期表を発見した功績のほとんどはメンデレーエフのものとされる。他の科学者からの高い評価の証として、彼の名にちなんで「メンデレビウム」と命名された元素もあるほどだ。

しかしエリック・シェリーの最近の論文は、メンデレーエフ重視の見解に異を唱える。[6]

メンデレーエフのものに非常に似通った周期表を、一八六九年にメンデレーエフの論文が発表される以前に世に送り出した、五人以上の科学者の例を挙げている。そのうちの一つ（フランスの地質学者、アレクサンドル・エミーユ・ベギエ・ド・シャンクルトアのもの）は、メンデレーエフの七年前に発表されている。

われわれが言わんとしているのは、メンデレーエフは真空のなかで周期表を生み出したのではない、ということだ。ヨーロッパ全体、もしかするともっと広範なコミュニティのなかで活動していたのだ。このコミュニティでは手紙、論文、教科書が書かれ、科学者の会合も開かれていた。もちろんメンデレーエフ自身もこのコミュニティに多大な貢献をしたが、コミュニティの存在なくしてメンデレーエフも何もなしえなかったはずだ。周期表のルーツは知識のコミュニティにある。

こうしたケースは決して例外ではない。科学において複数の研究者の同時発見というのは、いまでも驚くほど多い。本書執筆の時点では、ゲノム編集に使われる「ＣＲＩＳＰＲ／Ｃａｓ９（クリスパー／キャス９）」という技術の特許が誰に帰属するかをめぐり、熾烈な闘いが起きている。[7] 厄介なのは、二つの科学者のチームが、ほぼ同時期に基本となる概念を生み出したことだ。

科学の進歩は天才の登場だけでなく、特定の発見の条件が整ったときに起こるようだ。

進歩に必要な背景理論がそろい、適切なデータが収集されること。そして何より重要なのは、進歩に必要な議論がすでに起きていることだ。科学者のコミュニティが英知を結集し、正しい問い、まさに答えが生み出されようとしている問いに意識を集中している状況である。

人間の記憶は有限であり、推論能力には限界がある。歴史の学徒が理解できる内容には限りがある。その結果、私たちは物事を単純化しようとする。その一つの手段が英雄信仰、すなわち重要な個人とそれを支える知識のコミュニティとを混同することだ。大勢の人々がさまざまな目的を同時に追求するという、途方もなく複雑な状況を理解し、すべてを記憶するのは不可能だ。だから代わりに事象を小さな塊にまとめ、たった一人の個人に帰属させるのである。それによって実際に起きたさまざまな凄惨な事実を見ないで済むだけでなく、魅力的な物語を語ることができる。コミュニティを構成する複雑に入り組んだ人間関係や事象を説明する代わりに、偉大な個人のライフストーリーを語ればいい。政治、娯楽、科学の世界で同じ手法が使われる。真実を個人の物語で代用するのだ。

知能

誰かと出会ったとき、第一印象は個人的属性によって決まる。たとえば個人の才能、能力、美しさや知性などだ。相手の背景情報を得られることもある。どんな生い立ちなのか、他者からどのような支援を得てきたのか、家庭や職場環境はどのようなものか、といったことだ。しかし最初に注目するのは個人的属性、すなわち目の前の相手が持っている特性である。相手のコミュニティや環境に関心を向けるとしても、それは追加的な情報だ。私たちの関心をとらえ、第一印象を形成するのは個人的属性であり、背景情報はすでに形成された印象を修正する材料として使われる。

あなたが採用面接をするとしよう。応募者は首席で大学を卒業したという。それを聞いて、厳格で教育熱心な両親がいて、ひたすら勉強させたと思うだろうか。すばらしい友人たちに恵まれ、成功を後押しされたり刺激を受けたりしたと推測するだろうか。そうした部分にも目を向けようとするかもしれないが、たいていの人は応募者自身が聡明なのだと考える。首席になったのは、応募者自身が有能だからだ、つまり知能が高いのだという結論に飛びつく。別にとんでもない発想ではない。結論は自明に思える。それほどの成績を残したのなら、ある程度は賢いはずだ、と。しかし本章では、それほど単純な話ではないことを明らかにしていく。大きな成功を収めるには、個人の知能以上の要素が必要になる。

そもそも知能とは、何だろう。賢い人の例を示すのは簡単だ。アインシュタインは（とびきり）知能が高かった。反対に頭のネジが緩んでいて、知的階段の一番下にいるのは誰かという議論が盛り上がることもある（大嫌いな政治家の名前を入れればいい）。しかし知能を議論するとき、実際に何を議論しているか本当にわかっているのだろうか。それとも、ここにも説明深度の錯覚があるのだろうか。知能を具体的に説明しようとすると、語れることがあまりないのではないか。

知能に関する理論は、それをいくつかの構成要素に分けようとする傾向がある。残念ながら、具体的な構成要素について研究者の意見は分かれている。比較的歴史が長く、よく知られているのは流動性知性と結晶性知性を区別するものだ。[8] 流動性知性とは、誰かが「賢い」というときに私たちが念頭に置いているものだ。その人物はどんな話題についても迅速に結論を導き出し、新しいこともすぐに理解する能力がある。一方、結晶性知性は、記憶の中に蓄積され、すぐに使える知識がどれだけあるかを指す。そこには語彙の豊富さや、一般知識の豊かさが含まれる。

知能を、それを構成する能力によって分類するアプローチもある。たとえばある理論では、知能を三つの能力に分類する。[9] 言語能力、世界を正確かつ迅速に認識する能力、そして頭の中で空間的イメージを操作する能力である。別の理論はさらに分類が細かく、知能を支えるのは言語、論理・数学、空間、音楽、自然、運動感覚、個人間、個人内という八つの明確に異なる側面だとする。[10] また知能とは目標を立て、達成する能力の表れであるという現実的見方をする研究者もいる。この理論でいう基本的能力には、斬新で独創的なアイデアを生み出す能力、分析能力、実務能力、そして肯定的な道徳観を発揮して公益を実現するのに役立つ知恵に関連する能力が含まれる。[11]

このように研究者によって、知能を構成する能力はどのようなものかという見解は分かれており、議論は続いている。心理学者は一〇〇年以上にわたって知能を研究しつづけているが、その性質を定義するには至っていない。どうやら人間の思考と切り離せないものという知能の概念に無理があるようだ。個人の基本的な認知能力を明らかにしようとする試みは、知能を理解するための最も生産的な方法ではないようだ。

知能テストの歴史

心理学者は心理学の概念を、現実世界での人々の行動を通じて測定できるように定義する。つまり具体的な人間の行動に依拠した、客観的定義を持たせようとする。[12] フロイト派の「イド」や「超自我」といった概念が、あまり好まれないのはこのためだ。どちらも現実世界でどのように測定できるか、まるでわからない。一方、知能は異なる。測定可能だ。現代の心理学において個人の知能とは、知能テストの成績にほかならない。個人にテストを受けさせ、採点し、その点数を個人の知能とする。

ただ、どの知能テストを使うのか。テストはたくさんあり、それによって知能が決まるのであれば、どのテストを選ぶかはきわめて重要だ。初の現代的知能テストは一九〇四年、アルフレド・ビネーとその弟子のテオドール・シモンが考案したものだ。[13] 子供を対象としたもので設問は三〇個。単純な指示に従うものから、七ケタの数字を言われた順番に思い出すものまで、徐々に難易度が上がっていくように設定されていた。

このようなテストの作り方は恣意的に思える。指針となる知能の定義がなければ、単にテストを作り、結果によって人々を評価することになる。それこそまさに今行われていることだ。心理学における知能の研究とは、何らかの知的能力に応じて個人をランク付けする方法の議論である。ビネーの目的は学業のふるわない学生を見つけ、補習授業の対象者を決めることだった。

しかし予測精度の高い知能テストを選べば、必ずしも恣意的にはならない。心理学者は現実主義者だ。成功しそうな者、しそうにない者を予測する方法を模索している。ヘッドハンター、企業の人事部門、大学院、名門大学の入試担当事務局などはみな、知能の分布図の頂点にいるひとにぎりの人材を獲得しようとする。最高のテストとは、成功者をできるだけ正確に予測し、選別プロセスの有効性を高めるものだ。

できるだけ有効性の高いテストを開発しようとする過程で、心理学者は驚くべき発見をした。測定する知的能力に十分な多様性があれば、どのテストを選んでもあまり差が出ないということだ。測定する能力の組み合わせがどのようなものであっても、同じ（少なくともほとんど同じ）結果が出る。すべての認知力テストには、正の相関が見られる。これはチャールズ・スピアマンの画期的研究によって、一九〇四年の時点ですでに認識されていた事実だ。[14] テストするのが、難しい数学問題を解く能力か、ウェルギリウスの叙事詩『アエネーイス』を解釈する能力か、あるいは光が点灯したらボタンを押す速さ（反応時間）であるかにかかわらず、その作業が注意力と思考という要素を含むものであれば、パフォーマンスにはわずかだが正の相関が見られる。

つまりどれかの作業で良い成績を出す人は、他の作業でも他の被験者より良い成績を出す可能性が高い。反対に一つの作業で成績が悪い人は、他の作業でも成績が悪い傾向がある。すべての認知力テストに相関性があるという事実は、すべてのテストに何か共通の要素があるということだ。すべてのテストが、できる人とできない人とを分ける何らかの要素を拾っているということになる。スピアマンはこの共通項を、一般的知能と呼んだ。

スピアマンの評価を不動のものとしたのは、因子分析と呼ばれる手法を使い、個人のテスト結果を使って知能スコアを導き出すための高度な数学的手法を考案したことだ。因子分析は、一人ひとりのすべてのテストスコアを基に、すべてのテストに共通する基本的特性を探し出す。この特性におけるスコアが、知能スコアとなる。

因子分析が明らかにする基本的特性は、「一般的（general）」の頭文字から「g因子」と呼ばれる。心理学者がこの手法を好むのは、数字的指標への欲求が満たされるからだ。被験者にさまざまなテストを受けさせ、因子分析を使えば、知能スコアが簡単に手に入る。このようにg因子は統計的概念である。一つの知能テストでの成績そのものではないが、それに近い。他の人と比べていくつもの知能テストで全体的にどれだけの成績を残したかを示している。

因子分析が優れているのは、そこに含まれるテストの内容がそれぞれ明確に異なっており、しかも多様なタイプの思考（空間的、言語的、数学的、類推的、単純あるいは複雑な思考など）が含まれていれば、どんなテストの組み合わせでも使えることだ。心理学者がg因子を好むのは、それが個人の成績をベースにしているためであり、また実生活におけるさまざまな重要な結果を予測するのにある程度有効なためだ。g因子が高い人は、学業でも仕事でも優れた成果を出す。g因子が職業上の成功を予測するうえで最も有効な変数であることを示す研究もある。[15] 合計二万人以上を対象とする一二七件の研究のデータを集めた報告書では、単純なg因子の数値と、職業上の成功を測る複数の数値とのあいだに正の相関が見られた。[16]

それよりずっと規模の小さい研究で、知能が実生活における優れた認知的パフォーマンスと関係があるか検証した例がある。一九八〇年代のある研究では、競馬で二〇年以上の経験を持つギャンブラーと素人をテストした[17]。そこではg因子の最も一般的な指標である、ＩＱを使った。フタを開けてみると、ＩＱスコアはその人物が複数のレースで勝ち馬を当てる能力を予測するうえではまったく役に立たないことがわかった。被験者が勝ち馬予想を立てる手順の複雑性とＩＱにも相関はなかった。

このような例外的な研究結果は、g因子が実生活でどれほど成功するかを予測するのに役立つという結論を揺るがすようなものではなかったが、g因子の扱いには慎重になる必要がある。個人の知能指数に重きを置きすぎるのは禁物だ。複数のテストに関するスコアは、さまざまな要因に影響されることを頭に入れておく必要がある。そこには質問の理解度や自信、その日飲んだコーヒーの量、恋人と別れたばかりである、といった偶発的な無数の要素が影響を及ぼす。しかも他人を思いやる能力（あるいは会社のソフトボールチームにどれだけ貢献するか）など、個人の価値にはいくつかの知能テストの成績だけでは測れない部分も多い。

それにもかかわらず、優劣をつけたがる人にとってg因子は究極の判断基準だ。知力を必要とする分野で成功しそうな人を見きわめるのに、現在入手できる最高の指標だ。

知識のコミュニティからのインスピレーション

社会はg因子を重視する。たしかにg因子が、知的能力の測定可能な差異を示すという強力なエビデンスは存在する。ただその能力がどのようなものかははっきりしない。g因子はたしかに学校や職場での成功を予測するのに役立つが、知能について、またg因子が何を測定するかについてはさまざまな疑問が残っている。もしかすると、それは知能に対するわれわれの考え方が誤っていたためかもしれない。標準的な考え方は、知能は知的な馬力を示すものであり、知能測定とはエンジンの出力に応じて人々をランク付けする手段である、というものだ。

知識はコミュニティのなかにあるという気づきは、知能に対するまったく別のとらえ方をもたらす。知能を個人的属性と見るのではなく、個人がどれだけコミュニティに貢献するかだと考えるのだ。思考が集団の中で起こる、チームとして取り組む社会的行為であれば、知能は個人だけでなく集団に宿ることになる。ここからは、知能を評価する最も良い方法は、個人が集団の成功にどれだけ貢献するかを評価することである、というわれわれの主張を説明していく。個人はチームに貢献する。そして物事を成し遂げるのはチームなので、重要なのはチームだ。個人の知能は、その個人がチームにとってどれだけ重要な存在であるかを表す。

　このように考えると、知能はもはや個人の推論能力、問題解決能力ではなくなる。個人が集団の推論や問題解決プロセスにどれだけ貢献するかだ。単に記憶容量の大きさや中央処理装置（CPU）の速度といった、個人の情報処理能力に関する話ではない。他者の立場を理解する能力、効果的に役割を分担する能力、感情的反応を理解する能力、傾聴能力なども含まれる。知識のコミュニティという視点で考えると、知能ははるかに広範なものとなる。コミュニティに貢献する方法はいろいろある。独創的発想を出すのも、長期間にわたって退屈な作業に粛々と取り組むのも貢献だ。すばらしい弁舌家であることも、舵取り役であることも、みなそうである。

　結論として、有能な集団にはg因子が高い人が大勢いる必要はない。必要なのは、異なる能力を持った人がバランスよくいることだ。狩り、家の建築、船の操縦などどんな作業も、異なる能力を必要とする異なる構成要素でできている。その作業をするのに必要な能力がチームにすべてそろっていれば、最高の成果が出せる。集団で作業すれば、こうした能力はそろいやすい。補完的な能力がそろっているチームほど、認知的分業によってあらゆるニーズを満たすことができる。このためチームのメンバーを選ぶときには、個人のg因子より、チームに貢献する能力のほうが重要になる。一人ひとりを別室に入れて知能テストを受けさせるのではなく、集団で作業している状況でチームとしてテストする必要がある。

アナロジーで考えてみよう。本書を通じて、認知的分業という視点で知能を考えるべきだという話をしてきた。知能は個人ではなくコミュニティに属するものであり、コミュニティ全体の生産性を高めるために異なる人が異なる役割を果たすのだ、と。これは自動車のさまざまな部品が、輸送のための分業に寄与しているのに通じる。それぞれの部品には独自の役割があり、それが組み合わさることによって自動車は動く。

このように考えると、個人の知能を測定するのは、個々の自動車部品の品質を調べるようなものだ。それぞれの部品を、さまざまな高度な検査手法でチェックする。重量、強度、新しさ、輝きを測り、価格を確認する。そうすると個々の要素のあいだに比較的高い相関性があることがわかる。つまり良い部品は悪い部品と比べて良い材料でできており、また軽く、強度が高く、新しく、輝きがあり、価格も高い。どのテストの結果も、他のテストのそれと相関性がある。知能テストと同じだ。そして測定値には何らかの意味がある。具体的には、自動車部品の品質の優劣だ。

しかし、それが私たちの最も知りたいことだろうか。おそらく自動車について一番知りたいのは、速度、燃費、信頼性といった車としての特性である。部品の特性そのものにはさほど関心はない。質の高い部品そのものが欲しいのではなく、部品が優れていれば最終製品である車の質が高くなるため、それを求めるのだ。

ときには部品を複数のテストにかけたところ、期待はずれの結果が出ることもある。一番良いタイヤは、必ずしも一番輝いているものではないかもしれない。最高のホイールキャップは、一番高価なものではないかもしれない（もちろんそれはホイールキャップに何を求めているかにもよる）。一番良いヒューズは強度が一番ではなく、一番良いラジオは一番軽いものではないかもしれない。つまりテストは、好ましい属性とは何かというヒントにはなる。個々の部品に対して、これが望ましい姿だという目安になる。しかしあくまでも目安にすぎない。最高の部品が、ときにはまったく逆の性質を示すこともある。それはテストが、最も重要な特性を直接測っていないためだ。私たちが最も重視するのは、車がどれだけの性能を発揮するかだ。必要なのは、すべての部品が同じ機能を果たすことではなく、個々の部品が車全体の性能に寄与することだ。

人が集団で活動するときにも、まったく同じ原理が当てはまる。たいていの作業では、さまざまな人が異なる貢献をする必要がある。会社経営には慎重な人とリスクをとる人、数字に強い人と対人能力に秀でた人がみな必要だ。人と接する仕事では、数字にとびきり強いことがマイナスに作用することもある。顧客が安心できるのは、小難しい計算結果を次々と示し、相手を圧倒しようとしない営業担当者だ。

私たちはたいてい集団で仕事をするので、最も重要なのは集団として仕事を遂行する能力だ。医者、整備士、研究者、あるいはデザイナーなど職種を問わず、最終製品を生み出すのは個人ではなく集団だ。そして重要なのは最終製品である。つまり本当に必要なのは、個人の知能ではなく、集団のパフォーマンスを測る方法である。

カーネギーメロン大学テッパー・ビジネススクールのアニタ・ウーリー教授の研究チームが、そんな方法を示している。[18] 個人をテストするのではなく、三人ずつのチームを四〇個つくり、さまざまなテストを実施した。たとえばレンガの新たな用途に関するブレーンストーミング、簡易版の知能テストとして使われることの多い「レーブン漸進的マトリックス」と呼ばれる空間的推論、道徳的推論、買い物の計画立案、そしてグループとしてのタイピング作業である。各チームはすべての作業を一緒に行った。

個人の知能テストに関する研究からは、あらゆる認知力テストの成績は、他の認知力テストのそれと正の相関があることがわかっている。集団知能仮説とは、集団においても同じような相関が存在するという考えだ。あらゆる集団作業の成績には相関性があり、集団の成績を分析することでg因子と同じような因子（「集団（collective）」にちなんでc因子と名づけられた）が抽出できるはずである、と。事実、そのとおりの結果が出た。相関性のなかにはかなり弱いものもあったが、ある作業で好成績だった集団はそうではない集団と比べて、別の作業でも成績が高い傾向が見られるという意味での正の相関が見られた。結果として、c因子が発見されたのである。

さらに研究チームは、個人の知能スコアよりc因子のほうが、その後の集団作業の成績を予測するうえで有効だろうと考えた。つまり集団の知能の合計のほうが、その部品の合計よりも有効であるという仮説を検証したのだ。この仮説を検証するため、各グループに関連性のない作業（コンピュータ・チェッカー）をさせて、コンピュータとの対戦成績を占ううえで、c因子のほうが個人の知能指数より有効かどうかを調べた。すると予想どおりの結果が出た。c因子は、各グループのチェッカーの成績の予測変数として有効であったのに対し、個人の知能指数はまったく予測の役に立たなかったのだ。グループの成績を予測するには、グループを見る必要がある。個人の知能スコアはそれほど役に立たない。たとえて言えば、キッチンを改装するときには、自分の仕事を完璧にすることしか念頭になく、戸棚とカウンターのバランスを見ることすらできない一流の職人ばかりを集めるより、チームワークのできる半人前の職人を集めたほうが満足のいく仕上がりになる。

こうして個人の知能指数であるg因子より、集団知能であるc因子を重視するべきだという結論が出たところで、話はまた振り出しに戻った。c因子は信頼できる測定方法のある現実的指標だというエビデンスはあるが、ここで知能に関するそもそもの質問に再び直面することになる。集団知能とは具体的に何を測定しているのか、と。[19] 有能なチームとそうではないチームとを分ける特徴とは何か、また集団作業で他のチームより優れた成績を出すチームを予測するのに役立つ特徴とはどのようなものか。

ウーリーの研究チームは、この問いに答える糸口を示している。各グループに対してさらなる調査をした結果、集団のまとまり、意欲、満足度に関する指標は、チームの成績を予測するのに役立たないことがわかった。一方、予測に役立つ指標もあった。社会的感受性、メンバー同士が頻繁に役割を交代すること、女性の割合などだ。研究データは、女性の割合を増やすと、社会的感受性が高まり、集団にとってプラスであることを示唆している（男性更衣室に足を踏み入れたことのある人には意外な話ではないだろう）。

集団知能を測るという発想は新しく、解決すべき問題はまだ少なからず残っている。社会的感受性といった概念が集団の有効性にきわめて重要であるのは間違いないが、それだけではわからないことがたくさんある。社会的感受性は集団内でどのような力学が働くときに伸びるのか。ともにチェッカーゲームをするうえで、それがなぜ重要なのか。チェッカーで勝つには、グループの他のメンバーの意見に耳を傾けるだけでなく、良いアイデアが必要で、またグループ全体で誰のアイデアがベストかを判断しなければならない。

集団が良い成績を残せる理由については、さまざまなアイデアが提唱されており、c因子が本当は何を測定しているのか、最終的結論はまだ出ていない。とはいえ、グループが成功するか否かは主に個人の知能で決まるのではないことを示すデータは集まりつつある。それはメンバーがどれほどうまく協力できるかで決まる。

集団知能とその重要性

知能のとらえ方には、大きな混乱がある。私たちは知的行動について、それが実際にはコミュニティによるものであっても、個人のものと考える。成功している企業についても、同じ混乱が見られる。インターネット・ベンチャーの起業家にもその他大勢と同じ誤解を抱いている者が多い。重要なのはアイデアである、と。ベンチャー企業を成功させるカギは、市場を生み出し、何百万ドルもの利益を生み出すような優れたアイデアである、というのは広く受け入れられている考えだ。フェイスブックのマーク・ザッカーバーグやアップルのスティーブ・ジョブズが成功したのは、そのおかげと見られている。知能は個人のものと思われているため、アイデアを生み出した手柄はすべてたった一人の個人のものとされる。しかし新しいベンチャー企業を支援するベンチャー・キャピタリストのなかには、現実は違うと言う者もいる。その一人、エイビン・ラブヘルは「ベンチャー・キャピタリストはアイデアではなく、チームに出資する」と指摘する。[20]

創業初期《アーリーステージ》のハイテクベンチャーを支援する主要なインキュベーターの一つである、Yコンビネーターの例を見てみよう。Yコンビネーターの戦略は、ベンチャー企業が当初のアイデアを頼りに成功をつかむことはめったにない、という発想に基づいている。アイデアは変化する。だから一番重要なのは、アイデアではない。アイデアの質よりはるかに重要なのは、チームの質である。優れたチームは、市場の実態を調べて優れたアイデアを見つけ、その実現に必要な作業を遂行することによって、ベンチャー企業を成功に導く。優れたチームは、個人の能力を活かすようなかたちで役割を分担する。Yコンビネーターがたった一人の創業者しかいないベンチャーへの投資を避けるのは、役割を分担するチームが存在しないためだけではない。その理由は、あまり知られていないが、チームワークの根幹にかかわるものだ。一人ぼっちの創業者には、仲間をがっかりさせまいとする「チームスピリット」を発揮する機会がない。[21] チームは物事がうまくいっていないときほど頑張ろうとする。それはお互いが励まし合うからだ。チームのために頑張るのである。

知識のコミュニティに生きているという事実を受け入れると、知能を定義しようとする従来の試みが見当違いなものであったことがはっきりする。知能というのは、個人の性質ではない。チームの性質である。難しい数学問題を解ける人はもちろんチームに貢献できるが、グループ内の人間関係を円滑にできる人、あるいは重要な出来事を詳細に記憶できる人も同じように貢献できる。個人を部屋に座らせてテストをしても、知能を測ることはできない。その個人が所属する集団の成果物を評価することでしか、知能は測れない。

それにはどうすればいいのか。集団のパフォーマンスにおける個人の貢献を測る適切な方法とはどのようなものか。これはあまり関心を集めてこなかった問いである。その答えを考えるために、まずは話を単純化するため、個人はどのような集団に所属していても、多かれ少なかれ常に貢献すると想定しよう。一つの方法は、さまざまな集団における一人ひとりの個人的貢献を測ることだ。ちょうどアイスホッケーチームがプラスマイナススコアを使って各プレーヤーの貢献を測るように。アイスホッケーの考え方とは、優れたプレーヤーが氷上に出ているときチームは多く得点し、相手チームの得点は少なくなるというものだ。つまりプレーヤーの質はプラスマイナススコア、すなわちそのプレーヤーが氷上にいたあいだのチームの得点から、相手チームの得点を引いた数で表される。

集団が問題を解決するうえで、あるメンバーがどれだけ貢献したかを測るのにも同じような方法が使える。その人物が居合わせたとき、集団が問題解決に成功した頻度、あるいは失敗した頻度はどの程度か。集団のパフォーマンスに毎回確実に貢献し、高いプラスマイナススコアを得る人物は、重要な意味において「知能が高い」と言える。これは知識のコミュニティを念頭に置きつつ、集団知能を個人の貢献に変換する方法となりうる。

　このような測定方法を、現実に使いこなすのは難しいかもしれない。一つ問題なのは、成功と失敗がアイスホッケーの試合のように明白ではないケースも多いことだ。賞を獲得するほど高い評価を受けても、実際には売れ行きがふるわない製品というのは成功だろうか、あるいは失敗だろうか。もう一つ問題なのは、二人の個人が一緒に活動することが多い場合、どちらかの成功はもう一方の貢献の表れかもしれないということだ（社交的とされる男性が、実は配偶者の顔が広いだけだったりするのと同じことだ）。

　しかし基本となる原則は有効だ。ある企業役員が優秀で活動的で、話がうまく、周囲を鼓舞する才能があるように見えても、この人物が参画するプロジェクトが失敗しがちであれば、高額なボーナスを支払うのは考え直したほうがいいかもしれない。また管理職が部下を評価するときには、頭の回転が速く魅力的な人物であることと、社業への貢献度を混同しないことが重要だ。上司が考慮すべきは、特定の従業員が関与しているプロジェクトは、他の従業員のものと比べて成功する確率が高いかどうかである。

　農業を営む者であれば、難しいのが土壌を整える段階であることはみなわかっている。種をまき、その成長を見守るのは比較的たやすい。科学と産業の場合、土壌を整えるのはコミュニティだが、社会はたまたま良いタイミングで種をまいた人物に手柄をすべて与えがちだ。種をまくこと自体には、必ずしも圧倒的知能は必要ではない。むしろそれが必要なのは、種がよく育つ環境を整える作業だ。私たちは科学、政治、産業、そして日々の生活において、コミュニティにもっと正当な評価を与える必要がある。

マーチン・ルーサー・キング・ジュニアは偉大な人物だった。おそらくその最大の強みは、さまざまな困難に負けずに人種に対する社会の認識を変え、法の下での平等を勝ち取るために、人々を鼓舞し、力を結集させる能力にあったのだろう。しかしキング牧師だけを見ていては、彼の本当の功績は理解できない。私たちはキング牧師を人間の偉大さの象徴として扱うだけではなく、アメリカが偉大な国となりうることを示すうえで牧師の果たした役割を評価する必要がある。

第一一章　賢い人を育てる

一九八〇年代にブラジルの都市部で暮らすのは容易なことではなかった。ハイパーインフレによって、貨幣はあっという間に無価値になった。インフレ率は年率八〇%から二〇〇〇%に達した。[1] コーヒー一杯の価格がブラジルの通貨で一ドル相当から二〇〇〇ドル近くまで上昇した年もあった。貧しいブラジル人は、生き延びるためになんでもやった。都市部の貧困層の子供たちは、学校に行かずに路上で物売りをした。幼い子供たちが菓子、ミカン、パフ小麦などを売り歩いていた。

子供たちにどれぐらいの知識があったのだろう？　学校に行っていなかったので、ブラジル文学や世界地理や代数に習熟していたはずはない。だがモノの売買には携わっていた。売り歩くための品物を仕入れ、利益を得るために適正な価格を決め、釣銭《つりせん》を計算していた。

どれも算数の知識が必要な活動だ。しかもインフレのために、桁数の多い数字を扱わなければならなかった。路上でモノを売り歩く子供たちは、いったいどうやって基本的な算数を身につけたのだろうか。もしかしたら学校に行かなかったにもかかわらず、彼らの算数能力は学校に通った子供たちより優れているのではないか？

優秀な教育研究者の一群がこれを検証しようと、一〇～一二歳の物売りの子供たちと、彼らが本来通うはずであった学校に通っていた同年代の子供たちを対象に、計算や数字に関する一連のテストを実施した。[2]

最初に明らかになった事実は、子供に算数を教えた経験のある者にとっては特段意外ではないかもしれない。どちらのグループの子供たちも、桁数の多い数字を読みあげるといった基本的な能力はあまり高くなかった。桁数の多い数字を構成するさまざまな数が何を意味するのか、よくわかっていなかった。ただ数を比較することはできた。どちらも二つの数字のうち、どちらが大きいかを言い当てることができた。明らかな違いが見られたのは、足し算と引き算の能力だ。物売りの子供たちはすばらしい成績を示したのに対し、学校に通っている子供たちは苦戦した。大きい数字の比率についても、物売りの子供たちのほうが学校に通う子供たちよりはるかによく理解していた。生活に必須の能力については、正式な学校教育（少なくとも当時ブラジルの貧困地域で提供されていた学校教育）よりも経験のほうが役に立ったわけだ。

人は基本的に行動するようにできている。講義を聴いたり、記号を操作したり、事実を記憶したりするようにはできていない。これは教育者のあいだでは、少なくとも教育哲学者のジョン・デューイが一九三八年に次のように発言して以来、周知の事実となっている。

幼い子供でも、静かに内省するための小休止を挟むべきである。ただしこれはあきらかな行動の後のみに与える純粋な内省の時間であり、手など脳以外の身体部分を使う活動をした後に、得られた知識を整理するために使うべきものである。[3]

経験豊富な教師や学習者は、単に講義を聴いたり、ぼんやりと記号を操作したり、事実を記憶したりというのが最も効果的な学習方法ではないことをわかっている。必要なのは、活動だ。私たちは目標達成に必要な行動をとるために、知っておくべき知識を学習する。路上で物を売って釣銭を払ったり、利益を得ることが目標なら、そのために必要な算術を学ぶ。学校教育が不要だということではない。学校での代数の授業は当然ながら、大型金融機関でキャリアを積みたい者、数学の定理を証明したい者、あるいは月にロケットを打ち上げる方法を研究したい者には大きな価値がある。

しかし学校での学びは、学生にとって大切な目標とは乖離している。[4] 学校で習う読み書き、計算を未来の人生でどのように応用していけるのか、学生にはわからないことが多い。行動のための学習ではなく、学習のための学習を余儀なくされているのだ。教育関係者が、学生たちが読んだものを理解しないと嘆くことが多い一因も、ここにあるのだろう。真剣に読んだつもりの資料を理解していない事実を突きつけられ、衝撃を受けるのは学生も同じだ。理解度を確認するテストの出来の悪さに、本人たちも驚く。資料にじっくり目を通し、自分ではよく理解したつもりでいるのに、内容に関する基本的な質問にすら答えられない。この現象はきわめて一般的で、「説明深度の錯覚」を彷彿させる「理解の錯覚」という呼称もあるほどだ。[5]

理解の錯覚が起こるのは、人は「見たことがある」あるいは「知っている」ことを、「理解している」ことと混同するためだ。ある文章をざっと読むと、次にそれを見たときには「見たことがある」と感じる。最後に見たときから、かなり時間が経っていてもそう感じる。極端な例では、心理学者のポール・コラーズが被験者に文字がすべて上下逆さまになっている文章を読ませたところ、一年以上経ってもその文章を見たことのない文章より速く読めたというケースもある。[6] その文章をどのように読むべきかという記憶が、一年以上経っても残っていたのだ。

学生たちにとって（というより、私たち全員にとって）困ったことに、この「見たことがある」という感覚は、実際に資料を理解していることと混同しやすい。ある文章を見たことがある、あるいは空で記憶しているというのと、その意味を本当に理解しているのとはまったく別だ。アメリカ人の学生の多くは、合衆国への忠誠心の宣誓である「忠誠の誓い」を暗唱できるが、その意味をまったく理解していないこともある。だからおかしなバージョンを耳にすることも多い。「神の下に分割すべからざる（indivisible）一国家」というところを、「神の下に見えざる（invisible）国家」と言う学生もいる。まるで魔法の力で国家が消えてしまうと思っているかのように。あるいは「それが象徴する共和国（the republic for which it stands）」と言うべきところを「魔女たちのいる共和国（the republic, for witches stand）」と、まるで超自然的力に支配された国家であるかのような口ぶりの学生もいる。

　ロックミュージックの熱烈なファンにとっては、ジミ・ヘンドリックスの名曲『パープル・ヘイズ』の意味をよく考えずに歌う人がいるのが不思議でならない。「空にキスをする（kiss the sky）から待っててくれ」を「彼にキスをする（kiss this guy）から待っててくれ」と歌う人があまりに多い[7]。暗記している文章であっても、理解しているとは限らない。

文章を理解するには、意識的に丁寧に読み込む必要がある。筆者の意図を理解しなければならない。どうやらそれは誰にとっても当たり前のことではないらしい。多くの学生が精読となな め読みを混同している。

このように前章までの結論（私たちは自分が考えている以上に皮相的な知識しか持っておらず、知識の錯覚を抱いている）は、教育にも当てはまる。何かを学習するためには、ふだんの習性を断ち切り、情報をより深く分析する必要がある。

何を知らないかを知る

私たちが知識の錯覚に陥るのは、専門家の知識を自分自身の知識と混同するからでもある。他の誰かの知識にアクセスできるという事実が、自分がその話題について知っているかのような気分にさせる。同じ現象が教室でも起きている。子供たちは必要な知識にアクセスできるため、理解の錯覚に陥る。必要な知識は教科書や教師の頭の中、そして自分より優秀な仲間の頭の中にある。人間はすべての科目に秀でるようにはできていない。コミュニティに参加するようにできている（これも偉大なるジョン・デューイが何十年も前に指摘していることだ[8]）。

認知的分業のなかで自分にできる貢献をし、知識のコミュニティに参画することが私たちの役割ならば、教育の目的は子供たちに一人でモノを考えるための知識と能力を付与することであるという誤った認識は排除すべきだ。[9]

学校に通うのは、他者に頼っていた知識や行動を、自分で身につけるためだという考えもあるかもしれない。教育の目的は知的独立である、と。たとえば自動車の整備士になりたい人は、車の修理方法を学ぶ講座を取らなければならないと思うだろう。修了すれば、車を修理できるようになるはずだ。道具、部品、ガレージなど用意すべきものはあるかもしれないが、それ以外の面では独り立ちする準備は整っているだろう。歴史家になりたい人は、学校に通って歴史の授業をたっぷり受けようと思うだろう。事実、時代の流れ、年表などをしっかり学ぶのだ。そうすれば少なくとも歴史に関する質問には答えられるようになるはずだ。科学者になりたければ、大学で専門分野の理論やデータを勉強する。卒業する時点では、新たなものを発見したり、これまでより優れた新理論を打ち立てたり、学んだ内容を教えたり、あるいは知識を応用して気の利いた新製品を開発できるようになっているはずだ。

だが、教育は知的独立性を高めるためにあるという発想は、完全には正しくない。というのも、それ自体が問題のあるいくつかの前提に基づいているからだ。教育の目的は個人の知識や能力を伸ばすことである、新たな知識が身につき、教育が終わった時点でその分野の知識は向上している、教育を終える時点では開始時点よりも多くの正確な知識が頭に入っている、できることが増えている、といったことだ。

こうした考えは、誤っているというより不完全だ。教育は知的独立性を高めるためという発想は、学習に対する非常に視野の狭い考え方だ。知識は他者に頼る部分もあるという事実を無視している。整備士が車を修理する場合、部品はどこで製造しているか、誰が届けてくれるのか、リコール対象の車種はどうすれば確認できるのか、あるいは設計に関する最新のイノベーションについての情報の入手方法を知っておく必要がある。今日の車は、世界中から集まった技術でできている。まともな自動車整備士であれば、自動車産業の知識のコミュニティ全体に分散されている知識にアクセスできる。つまり学習とは単に新たな知識や能力を身につけることではない。そこには他者と協力する方法を学ぶこと、そして自分に提供できる知識、他者から埋めてもらわなければならない知識は何かを知ることも含まれている。

スペインの歴史を勉強するとしよう。その場合、スペインの国境の内側で起きたことを学ぶだけでは不十分だ。ローマ帝国、十字軍、ムーア人などについても学ぶ必要がある。スペインの歴史を知ることのなかには、その歴史を取り巻く背景を理解することも含まれている。詳細に知る必要はない。知るべきことが多すぎて、そもそも不可能だ。しかし少なくともスペインの歴史を取り巻く背景について、概要ぐらいは理解しておかなければならない。概要を理解していれば、他に入手できる情報としてどのようなものがあるか、それは誰から入手できるかがわかる。知識のコミュニティを活用できるようになる。

本物の教育には、自分には知らないことが（たくさん）あると知ることも含まれている。持っている知識だけでなく、持っていない知識に目を向ける方法を身につけるのだ。そのためには思いあがりを捨てなければならない。知らないことは知らないと、認める必要がある。何を知らないかを知るというのは、自分の知識の限界を知り、その先に何があるかを考えてみることにほかならない。それは「なぜ？」と自問することだ。スペインで何が起きたのかと考えるだけでなく、他の国々では何が起きていたのか、そしてそれがスペインでの出来事にどのような影響を与えたのかと考える姿勢を身につけること。あるいは単に割り算の筆算の方法を覚えるだけでなく、筆算の仕組みがどのようになっているかなど、自分が知らないことを探求する姿勢を身につけることだ。

私たちが個人として知っていることは少ない。それはしかたのないことだ。世の中には知るべきことがあまりに多すぎる。多少の事実や理論を学んだり、能力を身につけることはもちろんできる。だがそれに加えて、他の人々の知識や能力を活用する方法も身につけなければならない。実は、それが成功のカギなのだ。なぜなら私たちが使える知識や能力の大部分は、他の人々のなかにあるからだ。

知識のコミュニティにおいて、個人はジグソーパズルの一片のようなものだ。自分がどこにはまるかを理解するには、自分が何を知っているかだけでなく、自分は知らなくて他の人々が知っていることは何かを理解する必要がある。知識のコミュニティにおける自らの位置を知るには、自分の外にある知識について、また自分の知っていることと関連のある知らないことに自覚的になる必要がある。

知識のコミュニティと科学の授業

自分が何を知らないかを知ることの重要性を指摘するのは、われわれが初めてではない。科学教育に携わる人のあいだでは、すでに関心を集めている発想だ。コロンビア大学では二〇〇六年から、「無知」と題した講座が開かれている。[10] 科学者がゲストに招かれ、自分が何を知らないかについて講演する。さまざまな分野の科学者が「知りたいこと、知るべきこと、どうすればそれを知ることができるか、それを解明すれば何が起きるか、解明しなければどうなるか」を語るのだ。

講座の主眼は、教科書に書かれていないことを幅広く議論することであり、それを通じて学生たちにわかっていないこと、知りうることについて考えさせるのが目的だ。目指したのは、学生たち自身が知らないことではなく、科学界全体でわかっていないことに注目することで、学生たちに科学の最先端について自ら問いを立てるよう促すことだ。単に科学理論や関連するデータについて考えさせるのではなく、コミュニティ全体が解明したこと、解明していないことについて理解を促そうとしている。

自分が何を知らないかを理解する良い方法は、対象となる分野に関連する仕事をすることを通じてそれを学ぶことだ。科学者は自らの分野の最先端で研究をする。わかっていないことを、わかっていることに変えるのが彼らの仕事だ。このため科学者の行動様式を身につければ、わかっていないことが何かわかるようになる。さまざまな分野の学会が、科学教育にこのアプローチを導入するよう提唱している。米国社会科会議は、歴史家が研究するように、歴史を学習させることを提唱している。[11] 米国学術研究会議（ＮＲＣ）は「科学の本質」教授法と呼ばれる科学教育の理念を推進している。[12] 科学教育は実際の科学を再現するものであるべきだ、学生には現実の科学研究の手法と一致する方法で科学を学ばせるべきである、という考え方だ。[13,14] しかし、言うは易く行うは難しで、ＮＲＣの提言はほとんど無視されている。

主要な科学誌（その名も《サイエンス》という）の編集長によると、大学レベルの初歩的な科学の授業も、科学研究の手法ではなく事実を覚えることに偏重しているという。小学校や高校のレベルでは、問題はさらに深刻だ。教育理論家のデビッド・パーキンスは「科学の教科書は表層的でまとまりのない情報が詰め込まれ、分厚くなっている」と指摘。その一因として、多くの人が自らの思惑を通そうとすることを挙げている。[15] 異なる利害を持つ団体や学者が、それぞれ自分の関心分野を教科書に含めるべきだと主張する。何が重要かをめぐり、あらゆる人の意向を満足させようとする結果、教科書は魂（奥深い統合的な原理）を欠いた事実や概念のごった煮になり、最終的には誰も満足しない代物になる。

著者らに多少土地勘のある科学というテーマについて、もう少し詳しく見ていこう。科学の研究は、実際にどのように進められるのだろうか。実は科学者というものは、実験室にこもって自然界の謎を解き明かそうとしているわけではない。科学研究はコミュニティで行われる。認知的分業があり、さまざまな科学者がそれぞれの専門分野のエキスパートとして貢献する。科学的知識は科学者のコミュニティ全体に分散している。この分業とは、個々の科学者には多少の知識があり、知識は全員の貢献の総和であるという事実を指すだけではない。認知的分業は常に進行中だ。科学者のなすことすべてに、コミュニティはかかわっている。科学者が使うあらゆる手法、あらゆる理論、そして科学者が生み出すあらゆる発想は、コミュニティがもたらしている。

あなたが植物の繁殖方法を研究する分子生物学者だとしよう。母と父となる植物のDN

Aはどのように組み合わさり、複製された赤ちゃん植物を生み出すのか。細胞のなかで情報を伝達するRNAと呼ばれる分子の役割について、新たな研究成果を読んだとする。それを信じる前に、まずは自分で研究成果を再現してみるだろうか。そんなことはめったにない。それを始めたら、他人の研究成果を複製することに時間や資源を使い果たしてしまう。だから読んだ内容を信じる（ただし、それが間違っている可能性があることは頭の片隅に置いておく）。同じように、新しい気の利いたデータの分析方法を教わったら、あらゆる証明や見積もりを検証して有効性を確かめようとはしないだろう。それを始めたら、これまでに出版されたすべての書物を書き直す以上の手間がかかる。コミュニティがそれを有効な手法だというなら、ふつうはそのまま使ってみる。

科学においては、立証がすべてである。立証できる結論を導き出すことが科学である。立証にはさまざまなやり方がある。一つは直接観察することだ（顕微鏡を使えば、受精のときに父親と母親の染色体が実際に組み合わさっているのが見える）。もう一つは推論である（遺伝学の祖であるグレゴール・メンデルは、親から子へと形質が受け継がれていく様子の観察を通じて、染色体の存在を推測した）。

しかし科学における結論の大部分は、観察にも推論にも基づいていない。権威、すなわち教科書や学術誌の記事に書かれていること、知り合いの専門家の言葉などに基づいている。[16] 直接立証するのに時間やコストがかかりすぎる、あるいはそれが難しすぎる場合に、事実を提供することも知識のコミュニティの役割の一つだ。私たちの知識の詳細な部分は、ほとんどが知識のコミュニティによってまかなわれている。科学者もそうでない人も含めて、あらゆる人の理解は他の人々の知識に依拠している。だから学生にとっては事実や立証を自分で覚えておくこと以上に、わかっていることは何か、立証できることは何かを理解するほうが重要なのだ。

分子生物学の研究室で、研究者らが自分では完全に理解できなくても、分子生物学者のコミュニティで受け入れられている道具や手法を進んで受け入れようとしなければ、およそ研究は進まない。知識の大部分は自分の頭の中にないため、科学者も一般人と同じように、信頼に基づいて活動する。私たちは車を動かす驚異的な技術をほとんど理解していなくても、車を運転する。またスイッチの仕組みを完全に理解していなくても、電気をつける（現代のスイッチはたいていの人が思うよりはるかに高度だ）。

科学者が真実と考えることの大部分は、信じる気持ちに支えられている。神への信仰ではなく、他の人々が真実を語っているという信頼である。ただ宗教と違うのは、科学では「真実」とされるものに疑問が生じたときに、よりどころとすべきものがあることだ。それは立証の力である。科学的主張の真偽は確認することができる。科学者が研究結果を偽ったとき、あるいは間違いを犯したとき、最終的にはそれは露見する。なぜならそれが重要な問題であれば、誰かがその結果を再現しようとし、それが不可能であることに気づくからだ。

科学者は真実を求めるが、その日々の行動を支配するのは真実の探求より、知識のコミュニティに付随する社会生活だ。ある研究者が成功できるか否かは、研究室でどれだけ重要な発見をするかだけで決まるわけではない。そうした結果を重要な学術誌に発表できなければ、ハーバード大学で終身在職権を得て、そこで研究を続けることはできない。つまり重要な発見をすることと同じぐらい、その発見の重要性を他者に納得させることが欠かせない。有名雑誌に論文を載せてもらうには、査読者や編集者にその価値を認めてもらわなければならない。このように科学者は絶えず互いの貢献の質を評価しあっている。そして好むと好まざるとにかかわらず、評価は社会的プロセスだ。

科学者は研究を続けるため、学生や助手に報酬を支払うため、そして学会や研究会に参加するための出張費をまかなうため、資金その他のリソースを入手しなければならない。リソースを提供するのは他者、すなわち政府機関、財団などの組織である。リソースの配分を決める人のなかには、他の科学者も含まれている（それに加えて政治家や業界団体なども関与する）。科学者に資金を提供することは、社会全体の（あるいは資金提供者固有の）利益にかなう行為であると、こうした人々を説得する必要がある。このような意味でも、科学者はコミュニティに頼っている。

科学教育は現実の科学研究のあり方を反映すべきだと考えるのであれば、まず学生に他者の知識に頼ることを教えなければならない。それは周囲との協調性のある、思慮深い人材を育成することにつながるだろう。法的見地からも重要である。科学の素人であっても、科学的知識がなければ被害を予見できないような行為に対して、過失責任を問われることがある。著者の一人は子供のころ、家庭用洗剤の白い粉をコカインと偽って売った人物の話を聞いたことがある。幼くても、その行為が違法であるだけでなく、きわめて邪悪であることは理解できた。生化学の知識がなくても、多少の理性があれば洗剤を鼻から吸い込めば命にかかわる（あるいはさらにひどい結果になる）ことは推測できるだろうと思ったからだ。同じように、自動車のエンジンオイルを下水に流すと環境にどのような悪影響が及ぶのか、素人には正確なところはわからない。だが環境に悪いのは事実であり、知らなかったというのは弁明にならない。

自らの行為の影響を理解するのに、科学的知識が必要な場合もある。しかし科学者ではなくても、そうした影響に対して責任を負わなければならない。こうした意味では、私たちの日々の行動が法にかなっているかは、科学界の知識によって決まる。生活のあらゆる面における知識には、相互依存的な性質がある。法的に私が持っているとみなされる知識は、必ずしも私の頭のなかにはない。

知識の相互依存性は今日、かつてないほど強まっている。科学のさまざまな分野で学際化が進み、あまりにも広範な知識が含まれるようになったために、科学的研究を進めるのに必要な知識をすべて修めるのは不可能になった。科学者はかつてないほど互いの研究に依存するようになった。著者らが専門とする認知科学が最たる例だ。この分野における最近のイノベーションの多くは、さまざまな分野からもたらされている。すでに述べたような理由から、コンピュータ科学は認知科学の発展に常に一定の役割を果たしてきた。神経科学で生み出された手法を使う認知科学者も多い。物理学は、脳の機能を測定するのに使われる機材を開発するうえで重要な役割を果たしたほか、学習や情報のフローに関する高度な数学的モデルも提供した。本書は認知科学者が人類学、文化心理学、社会心理学の知見を取り入れた例と言える。ぜひ逆の流れも生まれてほしい。本書で議論したアイデアが、他のさまざまな分野の研究者の目に触れ、取り入れてもらうことを期待したい。

コミュニティの大規模化と多様化というトレンドの一つの表れは、出版される学術論文に書かれる共同筆者の数が、驚くべきペースで増えていることだ。医用生体科学の分野で発表された数百万本の論文のデータベース「MEDLINE（メドライン）」では、論文一本あたりの筆者の数が、一九五〇年には平均一・五人であったのが、二〇一四年には約五・五人と、ほぼ四倍に増えた。[17] これは今日発表される文献は、平均六人近い科学者の努力と専門知識の産物であることを意味している。ほかの多くの分野と同じように、科学のコミュニティもチームワークで動いている。

科学教育に必要なのは、科学理論や事実を教えることだけではない。自らの知識に限りがあること、その不足をコミュニティの一員として活動することで埋める方法に学生の目を向けさせることも必要だ。そこには誰を信頼すべきか、また本物の専門知識はどこにあるかを学ぶことも含まれる。誰かが科学的主張を述べたとき、それを信頼すべきだろうか。これは科学者であるか否かにかかわらず、誰にとってもきわめて重要な問いだ。なぜならたいていは自分自身を信頼するより、専門家の見解に従うほうが理性的行動になるからだ。[18]

キノコを拾い、それを食べるべきかどうか決めなければいけないとき、「傘のような形をしたキノコは食べない」といったキノコ通の友人が教えてくれた経験則に従うという選択肢もあれば、専門家に聞くという選択肢もある。そんなときはなんとしても専門家に聞くべきだ。もし子供に食べさせるのであれば、専門家に聞くのは義務でもある。

人生には、専門家の助言を求めることが唯一のまっとうな選択肢である場面も多い。たとえば皮膚に原因不明のしみができた、車のブレーキから煙が出ている、虎の子の貯金を胸の躍るようなベンチャー企業の株（あるいはブルックリンに橋を架けるといった話）に投じるべきか、スプーンやフォークの錆《さび》取りにダイエットコーラと塩酸を混ぜてみるのはどうか検討しているときなどだ。

手にしたアドバイスが本当に専門家によるものなのか、どうすれば確かめられるだろう。アドバイスの科学的根拠が理解できれば、完璧だ。アドバイスを直接評価できる。しかしたいていは評価できるほどの知識はない。その場合、アドバイスが再現可能なエビデンスに基づくものか、あるいは友達の友達の経験則に基づくものか、考えてみるといい。それはピアレビューを必須とする科学誌に掲載された論文に載っていたのか、《ニューヨーク・タイムズ》に取り上げられていたのか、あるいはスーパーマーケットに置いてあるチラシに書いてあったのか。科学の本質について学ぶこと、すなわち科学的プロセス、科学的不正行為の実例、ピアレビューの特徴、科学的変化や不確実性などを学習することは、科学的事実を評価する能力を身につけるうえできわめて重要だ。

科学の経済原理について理解することも、同じように重要だ。誤った科学を実践することで、利益を手にするのは誰か。それは怪しげな研究に基づいて、自社製品の有効性を主張する栄養サプリメント会社だけではない。科学から利益を得る方法はたくさんある。営利メディアは科学的主張をセンセーショナルに伝え（脳の「愛の中枢」なるものは見つかっていない)、たいていは事実を過度に単純化する。

まじめに研究に取り組む科学者が、自分の研究を取り上げたメディア記事を見てがっかりすることも多い。メディアが科学的研究を正確に理解することはまれで、たいていはとんでもなく奇妙で説明のつかない誤解をする。このためプロの科学者は科学に関するメディアの報道を割り引いて見る傾向がある。教育の一つの目標は、科学者ではない人々にもメディアで目にすることを批判的に見る習慣をつけさせることだ。批判精神のある視聴者が十分な数に達すれば、報道機関も事実を正しく伝えるために真剣に努力するようになるかもしれない。

ある主張が信頼できそうか、知識を持っているのは誰か、その人物は真実を語る可能性が高いかを判断するすべを身につけさせるのも、教育の重要な機能の一つだ。このような判断を下す簡単な方法はないが、きちんと教育を受けた人は、教育を受けていない人よりうまくやれるだろう。これは科学教育に限った話ではなく、法律、歴史、地理、文学、哲学など教育の対象となるあらゆる分野に当てはまる。

学習のコミュニティ

こうした事実は、学校教育にどのような意味を持つのか。それはジョン・デューイのアドバイスを真摯に受け止め、「独立した個体[19]」に教育を施すのではなく、世界や他者の力を借りながら学習し、互いに知識を交換しながら物事を解明し[20]、情報を保管する、ヒトという生き物を教育する必要があることを意味する。

教育研究者のアン・ブラウンは、短くも充実したキャリアのなかでさまざまな教育機関に勤めた経験から、一つの方法を見いだした。「学習者のコミュニティ形成」と名づけたプログラムでは、学習におけるチームワークの重要性に焦点を当てている。このプログラムを採用する小学校では、たとえば動物はどんなふうに暮らしているか、といったテーマを与える。それからクラスをいくつかの調査グループに分け、それぞれテーマに関する異なる要素を調べる。あるグループは動物の防御システムについて、別のグループは捕食者と被食者の関係、あるいは生息環境による防御の仕組み、生殖戦略などについて調べる。各グループは教師、ゲストとして招かれた専門家、コンピュータ、文献資料などさまざまなリソースを活用するが、最終的な調査の責任は自分たちで負う。教師からの指導は限定的だ。担当する分野を理解し、与えられたテーマについてできるだけ多くを学ぶのは子供たちの役目だ。

それから認知的分業が始まる。クラスは各調査グループから一人ずつ子供を集めた教育グループに再編される。子供たちがパズルのピースのような役割を果たすので、これはジグソーメソッドと呼ばれる。それから各グループは課題を与えられる。たとえば「未来の動物をデザインしよう」といったものだ。どの子供も、第一段階の調査グループで受け持ったトピックの専門家だ。こうして第二段階の教育グループは、課題を解決するのに必要な、それぞれ異なる知識を持った専門家集団になる。

このグループを再編するという方法はそうとうたってはいないものの、知識のコミュニティをつくるための仕掛けである。アン・ブラウンはこう述べている。

専門知識は意図的に分散されている。ただそれは生徒たちが異なる分野の知識を学んだ自然な結果でもある。学習や教育の成果は、調査活動のコミュニティをつくり、維持し、拡大できるかどうかにかかっている。コミュニティのメンバーは互いにきわめて強く依存している。誰も孤島ではない。すべてを知っている者は一人もいない。このような環境では、協力的な学習が不可欠だ。このような相互依存は、責任を共有し、互いを尊重する意識や、個人および集団のアイデンティティを醸成する。[21]

この手法はすばらしい成果を生み出しただけでなく（子供たちは興味深い動物を考案した）、動物の暮らしについて教えるという目的においても高い有効性を発揮した。

ジグソーメソッドで学んだ子供たちは、同じ教材を読んだだけで調査活動をしなかった子供たちと比べて、学習した概念をよく理解した。調査グループに参加することで、子供たちはアイデアを分かち合い、互いに新たなアイデアを生み出すヒントを与える。集団思考が豊かな知的環境を生み出し、個人はそのなかで思考を深めることができる。

これは見事な研究結果であり、アン・ブラウンが一九九九年に五六歳で早すぎる死を迎えていなければ、もっと多くの成果を生み出していただろう。こうした研究結果の帰結としてブラウンが特に重視したのは、教室における多様性の大切さである。[22] クラスに幅広い専門知識が集まるほど、学習効果は高まる。集団に経歴、階級、性別、人種の異なる人が集まるほうが、知識の幅は広がる。

このような共同学習を小学校以外に応用できないと考える理由は特にない。年長の学生や大人に合わせて、やり方を変えることも必要だろう。少なくとも課題の内容は変えたほうがいい。だが第一段階で専門知識を身につけさせ、第二段階では他の専門知識を持った人々とグループになって自らの専門知識を活かす、という基本的考え方は広く応用可能に思える。たとえば大学生に異なる基礎科学の講座を受講してもらい、それから異なる講座を取った学生同士でグループをつくらせる。それぞれのグループには、たとえば水の使用量を減らす、優れたコンピュータ・インターフェースを設計するといった、異なる課題を与える。そのようなグループは、同じ興味を持つ仲間や友人同士といった、自然発生的に生まれるグループよりも生産性や独創性が高くなるかもしれない。

ジグソーメソッド以外にもさまざまな共同学習の手法が試され、ある程度の成功を収めている。通常は「ピア教育[23]」と総称され、ピア指導、協力的学習、ピア・コラボレーションなどが含まれる。こうした手法が最大の効果を発揮するのは、集団のメンバーが同じ場所で同じリソースを使って学習するときだ。これは関心の共有[24]と協業を促す。学習に関する他の理論と組み合わせることも可能だ。たとえば学習者に説明を求めると、学習効果が高まることはわかっているので、それも検討に含めていいだろう[25]。

全員に何もかも教え込もうとするのは不毛だ。そうではなく個人の強みを考慮し、それぞれが最も得意とする役割において才能を開花させられるようにすべきだ。また他者とうまく協力するための能力、たとえば共感や傾聴の能力に重きを置く必要がある。コミュニケーションやアイデアの交換を促すためには、事実を見るだけではなく批判的に思考する能力を身につけさせることも欠かせない。就職に有利な知識ではなく、一般教養を教える価値はここにある[26]。

このような教育方法を採用する目的は、科学的知識の受け手として能力を高めることだけではない。情報全般の受け手として、もっと賢くなるためだ。誰もがメディアをもっと批判的に見る必要がある。昔ながらのセンセーショナルで無知な報道に加えて、最近はもっと邪悪な意図を持って偽情報を伝える者の存在が報告されている。《ニューヨーク・タイムズ・マガジン》のエイドリアン・チェンは、ロシアの「トロールファーム」について報じた。[27]トロールファームとは人を雇ってブログやソーシャルメディアサイトでたくさんの偽アカウントを作らせ、ロシア寄りの意見や憶測を投稿させたり、ニュースサイトのコメント欄で荒らし行為をさせる企業だ。

残念ながら、このような行為は政治の世界でも商業の世界でも常に存在する。マーケティング会社は顧客企業の製品を褒めそやすフィードバックを投稿する。チェンの記事のどこが目新しかったかといえば、インターネット・リサーチ・エージェンシーという企業とここ数年の複数のでっちあげ事件の関連性を指摘したことだ。たとえば二〇一四年九月一一日にルイジアナ州のセントメアリー郡の化学工場で爆発が起きたという虚偽の情報だ。爆発があったというニュースは、さまざまな媒体を通じてまたたくまに拡散した。たとえばテキストメッセージで、国土安全保障省の地区担当ディレクターにも送られた。ジャーナリストや政治家に向けてツイートも発信された。最も驚くべきは、この事件を全国的に伝えるCNNのウェブサイトのスクリーンショット、過激派組織IS（自称イスラム国）が犯行声明を出したというテレビニュースを観る男性が映ったユーチューブ動画、地元のテレビ局の精巧な偽サイト、この事件に関するウィキペディアのページなどがすべて捏造《ねつぞう》されていたことである。幸い、私たちが日々接する情報がこれほど悪意ある送り手から発信されたものであることはめったにない。しかし信頼できないものは多く、警戒を怠ってはならない。

知識を他者に頼ると、それを利用して偽りの情報を流布させようとする者たちの攻撃に対して弱くなる。学生の科学リテラシーを高め、正確な情報をゴミや雑音と区別する能力を身につけさせることには、単に論文がうまく書けるようになる以上の意味がある。

第一二章　賢い判断をする

スーザン・ウッドワードは金融経済学者だ。アメリカ証券取引委員会（ＳＥＣ）や住宅・都市開発省ではチーフエコノミストを務めた。キャリアの大部分を通じて、市民がお金に関してより良い意思決定ができるように支援する方法を模索してきた。

振り出しは学術界で、スタンフォード大学、カリフォルニア大学ロサンゼルス校、ロチェスター大学で金融を教えた。金融や経済を学んだ者として、消費者には知識があり、自らにとって最も有利な選択する傾向があると漠然と考えていた。しかし住宅・都市開発省に移り、公務員としてふつうの消費者とかかわるようになって、そうした考えも揺らぎはじめた。どうもおかしいと最初に感じたのは「連邦住宅局ローン」と呼ばれる、政府支援による住宅ローンの金利を目にしたときだ。どのローンも条件はあまり変わらないので、借り手が支払う金利に大差はないはずだった。しかし、現実には大きな差があった。ウッドワードはその原因が、借り手の多くは住宅ローンを理解しておらず、貸し手がそれに付け込むことにあると考えた。貸し手は借り手にどれだけ知識があるかを見定め、知識の乏しい借り手には悪い条件で融資をしていた。

公共と民間セクターでさまざまな職務を経験するなかで、ウッドワードは投資信託など他の金融商品も調べた。その結果、お金に関するさまざまな意思決定をする際、消費者の理解はきわめて乏しいことを示すエビデンスが続々と集まった。その結論を、われわれにこう語ってくれた。「SECでは（金融を）理解しているのは誰かを調べるため、フォーカスグループを使った調査やアンケート調査も実施した。そこでわかったのは『理解している者はほとんどいない』という事実だった」

ウッドワードの見解は、実験でも裏づけられている。お金に関する意思決定で最も重要な要素の一つは、貯蓄や負債の金額が時間の経過とともにどのように変化するかを評価することだ。今日の私たちの意思決定は、未来への期待に基づいているはずだ。いま貯蓄を始めるのは、将来お金が必要になったときに役立つと思うからだ。住宅ローンや自動車ローンを借りることに抵抗がないのは、妥当な時間をかければ完済できると思うからだ。変化が単純なとき、消費者は金額がどのように変化するかをかなりよく理解できる傾向がある。何かが一定のペースで変化する場合、グラフ上で直線で表すことができるため、直線的変化と呼ぶ。毎月二〇ドル札を一枚、ベッドの下に貯めていけば、一年後には二四〇ドルが貯まることは簡単に予測できる（一二カ月にわたって貯蓄額は二〇ドルずつ、直線的に増えていく）。しかし金融の変化は直線的ではないことが多く、消費者には理解が難しくなる。それがおそろしく不利な判断につながることもある。

貯蓄行動が良い例だ。たいていの人は十分お金を貯めず、貯蓄を始めるのも遅すぎる。貯蓄をしない理由はいろいろあるが、重要な理由の一つは複利の威力を理解していないことだ。貯金に利子がつくと、それが元本に加わって総額が増える。そこにさらに利子が付くと、増分はさらに膨らむ。このように貯金の増加は直線的ではない。数年経つと、複利効果はかなり大きくなるが、消費者はこれを理解していないことが多い。そして貯蓄の増加を直線的変化としてとらえる。カリフォルニア大学サンディエゴ校の心理学者クレイグ・マッケンジーと、メリルリンチ・ウェルスマネジメントの行動ファイナンス責任者であるマイケル・リーシュの共同研究では、対象者に次の質問をしている。[1]

あなたが退職金貯蓄口座に、毎月四〇〇ドルずつ預けるとする。この口座には年率一〇％の利子が付く（途中で貯蓄は引き出さないものとする）。（利子を含めた）口座残高は一〇年後、二〇年後、三〇年後、四〇年後、それぞれいくらになるか。

答えはいくらだろうか。四〇年後の残高について、回答の中央値は二二万三〇〇〇ドルだった。だが正解は約二五〇万ドルだ。これが複利の威力であり、貯蓄を早く始めること、小刻みに積み重ねていくことの意義はここにある。

金融において、直線的思考が誤解につながる例はもう一つある。あなたはクレジットカード・カードローンを借りているだろうか。その場合、毎月明細が送られてきて、いくら支払うか決めなければならない。明細には、最低支払金額が書かれている。最低これだけ支払えば、クレジットカード会社との良好な関係が保てるという金額だ。この金額を選ぶ借り手は多い。だが少し時間をかけて、最低支払金額を選んだ場合、債務返済にどれだけの時間がかかるか考えてみよう。

デューク大学の経営学教授ジャック・ソルらの研究によると、カードローンの借り手は債務の非直線的性質を理解していないために、返済に要する時間をとんでもなく見誤っている可能性が高い[2]。あなたがカード会社から一万ドルを年利一二%で借りており、毎月一一〇ドルずつ返済しようと決めたとする。完済までにどれくらい時間がかかるだろうか。答えを聞いて衝撃を受けるかもしれない。二四一カ月、つまり二〇年強である。なぜそれほど時間がかかるか説明しよう。返済一カ月目、あなたが支払う一一〇ドルは、ローンの利子一〇〇ドル（年間の利子一二〇〇ドルの一二分の一）と元本一〇ドルの返済に充てられる。二カ月目もほとんど変わらないが、元本がわずかに減ったので、それにかかる利子もわずかに減る。返済額が利子をわずかに上回るだけの水準であるために、返済期間は驚くほど長期化する。元本の返済にまわる金額がゼロに近づくほど、支払い期間は無限に長くなる。一方、返済額を増やせば、返済期間は劇的に短くなる。毎月の返済額を一〇ドル増やして一二〇ドルにすれば、返済期間は五年短くなる。

二四一カ月というのは長くはあるが、永遠よりは短い。二〇〇三年まで、クレジットカード会社は最低支払金額を好きなだけ抑えることができた。その結果、何が起きただろうか。多くの人が選んだ最低支払金額は、利子を支払うのにすら足りないこともあった。つまり永遠に債務を抱えることになる。ときには返済しているのに債務額が増えるケースもあった。善良な市民は債務の非直線的性質を理解できないばかりに、返済しているのに毎月の明細に示される債務残高がまったく変わらないという状況に悩まされることになった。

二〇〇三年に法律が変わり、クレジットカード会社に「合理的な期間内に」債務返済が終了するように最低支払金額を設定することが義務づけられた。銀行は最低支払金額を設定するルールを変更した。たとえばチェース銀行は、利子に加えて、元本の少なくとも一%をカバーする水準に最低支払金額を設定する規則を定めた。[3]

住宅ローンも理解が難しい非直線的変化の例だ。住宅ローンは通常、月々の支払額が一五年、三〇年といった融資期間を通じて一定になるように設計されている。毎月返済額の一部が利子に、一部が元本の返済にまわる。長期ローンほど毎月の返済額は抑えられる。毎月の元本の返済額が小さければ翌月の元本の残高が多くなり、利子が増える。二五万ドルのローンを年利五%で借りたとしよう。一五年で返済する場合、銀行への支払総額は三五万五〇〇〇ドルになる。このうち二五万ドルは元本の返済、一〇万五〇〇〇ドルは利子だ。一方借入期間を三〇年にすれば、銀行への支払い総額は四八万三〇〇〇ドルとなる。このうち利子は二三万三〇〇〇ドルで、一五年ローンのときの二倍になる。

現実には、支払額の差はおそらくもっと大きいだろう。というのも借入期間が短いローンのほうが通常は金利が低くなるためだ。これだけの違いがあるということに驚く人は多い。それもローンの非直線的性質に原因がある。住宅ローンを借りている人の多くは、その仕組みをよく理解していない。だから月々の支払額をできるだけ少なくするといった、単純な判断基準に基づいて選択をする傾向がある。

説明嫌いと説明マニア

理解が浅いのは、お金絡みの判断をするときに限った話ではない。どんな製品を買うときでも、消費者は細部に関心を払おうとしない。バンドエイドを買いに行ったところ、店頭の商品がすばらしい新機能をうたっていたとしよう。

パッドの気泡が傷を早く治す

このバンドエイドを割高でも買おうと思うだろうか。思う人もいるかもしれないが、こんな疑問を抱くのではないか。「どんな仕組みなのか」と。もう少し説明を追加すれば、新機能の価値を信じて余分なお金を支払うかもしれない。フタを開けてみると、誰もが多少の説明を歓迎することがわかった。[4] 当初の宣伝文に次の説明を加えると、バンドエイドを買いたいと思う人が増えた。

気泡によって傷周辺の空気の循環が良くなり、細菌が死滅するため、傷が早く治る。

なぜ気泡があるかを説明してもらうことで、消費者は因果を理解した気になる。だがこの説明は、かなり皮相的だ。気泡によってなぜ空気の循環が良くなるのか、なぜ空気循環によって細菌が死ぬかはわからない。しかしこうした詳細な質問の回答は求めない人がほとんどだ。われわれはさらに詳細な説明を追加してみた。

気泡でパッドが押し上げられて傷とのあいだに隙間ができ、空気が循環する。空気中の酸素が多くの細菌の代謝プロセスを妨げ、細菌が死ぬため、傷は早く治る。

すると、製品に対するほとんどの人の評価はむしろ悪化した。因果的説明が多すぎると、消費者はそっぽを向くのだ。

たいていの人は、意思決定をするときには「説明嫌い」になる。まるで童話『三匹の熊』のヒロイン、ゴルディロックス〔熱すぎず冷たすぎない、ちょうど良い温かさのスープを選んだ〕のようだ。説明は簡単すぎても、くどすぎてもいけない。ちょうどぴったりがいい。もちろん、あなたの周りにも例外的な人は何人かいるだろう。選択をする前には、詳細な部分まですべて知っておこうとする。入手できる資料はすべて何日もかけて読み込み、新たなテクノロジーのプラス面とマイナス面を調べる。こうした人々を「説明マニア」と呼ぼう。

説明嫌いと説明マニアとの違いは、どこにあるのだろう。その答えは、第四章で触れた認知反射である。認知反射テストで高得点を取る人は、自分がどれだけ理解しているかをじっくり考える習慣があるので、引っかけ問題に引っかからない。同じようにモノをしっかり考える人は、満足できる説明についても高い基準を持っている。バンドエイドについての一つ目、あるいは二つ目のような皮相的な説明では満足しない。もっと知りたいと思う。

しかし大多数の人は説明嫌いだ。三つ目の説明を聞くまでもなく満足してしまう。説明が詳しすぎると、製品が複雑なモノに思えるだけだ。バンドエイドの性能を評価するのに、細菌の代謝プロセスが関係あるということを、誰が知っていただろうか。そもそもそんなことに誰が興味があるというのか。

説明嫌いと説明マニアでは、どちらのほうが好ましいのか。この問いに正解はない。どちらにも強みと弱点がある。世界は複雑なので、すべてを知ることは不可能だ。あまり重要ではない細部を理解するのに膨大な時間をかけることは（説明マニアがよくやることだ）、時間の無駄になりかねない。しかも自分の専門分野（家庭用品、クラシックカー、オーディオ設備など）については説明マニアでも、興味のない分野については説明嫌いになる人も多い。

商業市場は、説明嫌いの人々は詳細な情報を嫌うという性質を巧みに利用している。たいていの広告は、できるだけ曖昧な宣伝文句を使う。消費者が共感しそうな人物（どこにでもいそうな建設作業員）や、マネしたいと思うような人物（セクシーな目つきの色男）を広告の目玉にして、虚偽の説明を避けつつ製品の利点を曖昧な言葉で表現する。

　ある抗うつ薬のテレビコマーシャルは、治療上のメリットを五秒で説明した後、五五秒かけて副作用のリスクを説明し、その間どこにでもいそうな少女が光を見て、小さなことに喜びを見いだす映像を流していた。別の抗うつ薬は「効果があるかもしれない」とだけ言った後、四五秒かけて副作用のリスクを説明した。そこでも映像には人生を取り戻す女性の姿が描かれたが、このときはモデルとして中年の女性が使われた。こうしたコマーシャルも、単にセクシーな若者たちが楽しい時間を過ごす映像を流すだけのビールのコマーシャルよりは情報量が多いかもしれない。

　スキンケアも説明嫌いの希望に沿うことで成り立っている業界の顕著な例だ。[5] 美容会社はほとんど医学的根拠がないにもかかわらず「ＤＮＡを修復する」「二〇歳若く見せる」などとうたったちっぽけなクリームの瓶にとんでもない値段をつけ、大儲けしている。なぜそんなことができるのか。エセ科学的な専門用語を使い、エビデンスらしきものを示すというのがその手口だ。産業そのものがエセ科学に立脚している。「肌科学クリニック」などともっともらしい名称をつけて、高度な画像装置や「肌質分析ソフトウエア」のような一見すばらしいテクノロジーを採用しているが、そこには医学的価値のあるエビデンスは一つもない。すべてスキンクリームを売るための仕掛けである。

誤解を招くような主張や質の低い説明を私たちが簡単に受け入れてしまうのは、避けられない部分もある。意思決定の多くは、世界の仕組みについての推論を必要とする。どのダイエットが一番効果的なのか、どのタイヤが雪道に一番強いのか、退職後に備えるにはどの投資商品が最適なのか、推測しなければならない。世界はあまりにも複雑なので、誰もがあまりにも多様な意思決定と向き合わなければならず、およそ一人でその細部をすべて理解することはできない。バンドエイドを買いに行くたびに細菌の代謝プロセスについて調べなければならないとしたら、痛む傷をそのままにしておこうとする人も多いだろう。だからたいていは良さそうな選択肢をさっさと選ぶ。そしてたいていはそれでうまくいく。

情報量を増やすことは解決策にならない

消費者が浅薄であることへの標準的な対応は、教育を通じて無知を解消しようとすることだ。そこには知るべきことを教えれば、消費者は賢明な判断を下すようになるという期待がある。

消費者が金融についてより良い意思決定をできるようにするという試みは、幾度も繰り返されてきた。家を買う、退職後のために貯蓄をする、大学の学費を支払うといったお金に絡む判断は、人生における意思決定のなかでも特に重要な部類に入るからだ。これほど豊かな社会において、これほど多くの人が破産すれすれの生活を送っているというのは衝撃的である。アメリカの家計の資金的な危うさを示す、恐ろしい統計がある。三〇日以内に二〇〇〇ドルを用立てられる自信がある、と答えたのは全世帯の二五％にすぎなかった。[6] 突然の事故、病気になったら、あるいは世帯主が解雇されたらどうするのか。ぞっとするような統計はもう一つある。まもなく退職期を迎えるアメリカの世帯は平均して、三年分の生活費しか貯蓄していない。[7] 明らかに十分とは言えないだろう。

こうした問題を解決するため、世界中の政府や団体が金融教育プログラムに数十億ドルを注ぎ込んできた。しかし成果はあがっていない。二〇一四年の時点で、金融教育が好ましい金融行動を助長するのにどれだけの効果があるかを調べた研究は少なくとも二〇一件あった。好ましい金融行動とは、たとえば退職後に備えて貯蓄する、万一に備えた資金を貯めておく、個人の信用度を高めるために小切手の不渡りを出さない、クレジットカードの支払い遅延をしないといったことだ。こうした教育プログラムの効果はほぼゼロだった。多少効果が見られた場合でも、教育を受けて数カ月以内に消えてしまった。[8] 第八章で取り上げた、欠乏モデルに基づく科学リテラシーを向上させる試みが失敗した事例に通じるものがある。

われわれが思うに、こうした試みが失敗した原因は、意思決定を個人の問題ととらえたことにある。意思決定をするのは個人だ、だから賢い決定を下すには個人を教育する必要がある。誤った判断をした場合、その責任は個人にある、と。

しかし本書を通して見てきたように、この考え方は誤っている。個人は独力で意思決定をするのではない。選択肢を考え、提示し、アドバイスを与えるのは他者である。しかも私たちは他人の意思決定をマネすることもある（たとえば株式投資のカリスマ、ウォーレン・バフェットが特定の銘柄を買うと、多くの投資家が追随する）。意思決定は、共同体という視点でとらえるべきだ。意思決定に必要な知識は、個人の頭のなかだけでなく、知識のコミュニティに存在している部分が大きい。

誤解を招くような主張や質の低い説明は、知識のコミュニティのおかげで成り立っているところもある。それが通用するのは、私たちが他者に思考を任せる傾向があるからだ。コミュニティの存在を意識するだけで、自分は理解している、少なくとも意思決定をするだけの知識はあるという気になる。その結果、一見まともそうな、しかし製品がどのように効果を発揮するかという具体的な説明のない広告を素直に受け入れる。「自然派」「有機」といった言葉は、類似製品と比べて特に自然でも有機でもない製品に使われると、消費者に誤解を与える。同じように「グルテンフリー」の食品をもてはやす風潮が広まるなか、もともとグルテンを含んでいなかった食品にも「グルテンフリー」というラベルが付けられるようになった。ダイエット用サプリが「プロバイオティック」であるとなぜ良いのか、知っている人はどれだけいるだろう。

知識のコミュニティが果たす役割に対する理解不足が、問題を引き起こす場合もある。たとえば市場に膨大な選択肢があり、そのひとつひとつに細かい字で専門用語を使った説明がくどくど書かれていると、たいていの人は圧倒され、諦めてしまう。

具体例として「年金のパラドックス」と呼ばれる、経済学の問題を考えてみよう。金融機関が販売する年金商品の一つに、保険のようなものがある。一定額を振り込むと、決まった金額を毎月一生涯受け取ることができる。毎月いくらもらえるかは、主に最初に振り込む金額と受給開始年齢で決まる。経済学者の多くは、年金商品は非常に優れた投資対象だと考えているが、購入する消費者は少ない。なぜ消費者は年金商品に魅力を感じないのか、多くの研究が行われてきた。理由の一つは、消費者に商品が理解できないことだ。

われわれはコロラド大学の研究者との共同研究で、退職間近の被験者を研究室に呼び、コンピュータ画面で年金商品のパンフレットを見てもらった。視線追跡装置を使い、被験者がパンフレットのどこを見ているか、把握できるようにした。気が散る要素の多い現実の環境に近づけるため、コンピュータ画面の片側にはさまざまなコンテンツが順番に表示されるようにした。被験者の注意がどれくらいの頻度でパンフレットから逸れるかに興味があったのだ。被験者のうち一つのグループには、大手金融サービス会社が作成した本物の商品パンフレットを見せた。もう一つのグループは詳細な説明を減らし、全体の長さを抑えるなど、簡略化したバージョンを見せた。

年金商品の標準的なパンフレットを見たことがある人なら、おそらく実験の結果は想像がつくだろう。パンフレットは長く（全体で二一ページ）、専門用語がちりばめられ、難解そうな数字がたくさん並べられていた。視線追跡のデータからは、残念なパターンが浮かびあがった。被験者が最初は一生懸命集中しようとしていたのは明らかだった。最初の数ページはたっぷり時間をかけて読み、まわりのウェブサイトにはほとんど目をやらなかった。しかし時間が経つにつれて集中力は弱まり、ついには完全に切れてしまった。パンフレットの最終ページに到達するころには、各ページにはほとんど目を向けず、周囲のウェブサイトをしょっちゅう見ていた。簡略版を見たグループのほうが結果は良かったが、それでも苦労していた。

こうした被験者を怠惰あるいは無知だと責めるのは難しい。関心を払い、情報を吸収したいと心から思っていたが、集中力が続かなかったのだ。

これは年金商品だけの問題ではない。著者の一人は最近、かつての職場から手紙を受け取った。その文面は次のようなものであった。

あなたには受給対象となる業務期間が五年あり、あなたのために××社が支払った退職金拠出の一〇〇%の受給権があります。これは失権対象となる拠出額が〇%であることを意味します。失効対象となる資金は、あなたが一切業務をしなくなってから少なくとも一年が経過したのち、あなたの口座から抹消されます。抹消は近い将来発生する見込みです。受給対象となる業務には、学生に対する業務、そして通常雇用期間のみならず限定雇用期間も含まれること、ならびに業務期間の計算は実際に××社に勤務した暦年数とは一致しない場合があることをご了解ください。

こんな文面があと数段落続く。書かれている内容が理解できただろうか。われわれにはさっぱりわからない。理解しようと努力することもできたが、大多数の人と同じ行動をとった。手紙をゴミ箱に放り込み、もっと優先度の高い事柄に注意を向けたのだ。手紙を無視したことが大きな過ちでなければよいのだが。

私たちがよく目にするこのような法律用語の羅列は、意思決定において知識のコミュニティが果たす役割に対する理解の欠如の表れだ。このような文書を書くのは、専門家である。専門家は自分に理解できるのだから、ふつうの人々も自分が書いた文書を理解できるはずだと思う。これは知識の弊害だ。自分の頭の中にあることを他の人々の頭の中にあるものと区別できないのは、知識のコミュニティへの参画がもたらす結果である。

それに加えて、たいていの人は物事の細部を理解しようとしない。大多数が説明嫌いだ。人生では、よく理解できないことに向き合わなければならない場面がたくさんある。ときには自分の理解が足りないことにすら気づかない。そしてたとえ気づいたとしても、興味がない、あるいは恥ずかしいからといった理由で助けを求めないことが多い。

集団意識が経済を動かす

金融に関する意思決定は、知識のコミュニティのかかわりを指摘するにはうってつけの分野だ。というのも金融資産の価値は、つまるところはコミュニティで決まるからである。経済はおそろしく複雑だ（経済学が「陰気な科学」と呼ばれる理由もここにある）。ほとんどの個人は、経済をきわめて皮相的にしか理解していない。それでも経済が問題なく動くのは、個人の理解に依拠していないためだ。経済がうまく機能するのは、私たち一人ひとりがそれぞれに与えられたちっぽけな役割を果たすからだ。

経済は集団意識のすばらしい例である。多数の個の意識が協力することによって出現する、驚くほど複雑なシステムだ。ペルーの経済学者、エルナンド・デ・ソトは経済の基礎について、次のように語っている。「覚えておきたまえ。あなたに特定の資産の独占的所有権を付与しているのは、あなた自身の意識ではなく、あなたの権利についてあなたと同じ認識を持つ他者の意識である。互いの資産を守り、支配するうえで、人々の意識は互いにとって不可欠のものである」[9]

第八章では、コミュニティの信念が非常に強力なものであること、あまりに強力であるため、ときには知的な人ですらとんでもない信念を抱くことがあるのを見てきた。しかし信念の力にも限界はある。たとえコミュニティが信じたからといって、とんでもない信念が現実になるわけではない。たとえば世界中の誰もが地球は平らだと信じたところで、地球が平らになるわけではない。しかし経済は違う。

ミクロネシアのヤップ島という小さな島に住むヤップ人は、「ライ」と呼ばれる巨大なドーナツ型の石灰石を通貨として使う。ライのなかには幅四メートル弱、重さが数トンといった、本当に巨大なものもある。あまりにも大きいため、ライの所有者が代わっても、ライ自体は動かさないこともある。ずっと同じ場所にあるが、誰もがそれが新たな所有者のものである事実を受け入れている。言い伝えによると、巨大なライがカヌーから落ち、海底に沈んでしまったことがある。石が再び見つかることはなかったが、その価値は保たれ、いまでも取引の対象となっている。ヤップ島の人々はその石自体を見ることはできないが、今でもそこにあるはずだと推論しているのだ。

西欧人にとっては、奇妙な話に思える。海底にある石の塊になぜ価値があるのか。しかし奇妙なのはヤップ島の経済ではない。経済そのものが一般的に持つ性質である。一九三〇年代まで、アメリカの経済は目に見えない石の塊に基づいていた。私たちの石は石灰石ではなく金《きん》でできていて、海底ではなくケンタッキー州フォートノックスの連邦金塊貯蔵庫に隠されていた。それでも両者に類似性があるのは明らかだ。

今日、金本位制はすでに廃止されたが、あなたのポケットに入っている一ドル札に何らかの価値があるのは、他の人々がそれに価値があると考えているからである、というのは変わらない。突然誰もが一ドル札の持つ意味を忘れてしまったら、その一ドル札には燃やして暖を取る以上の用途はなくなる（どちらにしてもたいして暖まりはしないだろう）。

お金の価値は、共同体がそれに価値があると信じるところから生じている。その価値は社会契約に基づいている。誰かがあなたの一ドルを実体があるもの、たとえばチョコレートバーと交換することに同意するかもしれない。ただその人物がそうしようと思うのは、他の誰かがその一ドルを何か実体のあるものと交換してくれるだろうと考えているからだ。

その第三者がそうしようと思うのは、別の誰かが交換に応じてくれると思うからにほかならない。お金に価値があるのは、コミュニティがそれを取引に使おうという意思を通じて、その価値を認めるからだ。お金ほど本質的に個人主義的に見えるものも、知識のコミュニティに依拠しているのだ。

これは観念的な話にとどまらない。経済状態は人々の考えに左右される。一七世紀のオランダでは、チューリップの球根で大儲けできると思われていたので、たった一個の球根が、堅実な中流階級の家庭の年収の数倍の値段で売られていた。その信念が崩れたとき、市場も崩壊した。経済バブルのほとんどに同様の特徴が見られる。二〇〇八年の市場暴落まで、住宅価格は急激に上昇していた。それは誰もが住宅の価値は上昇しつづけるだろうと考え、そこに一枚嚙みたいと思ったからだ。さらに事態を悪化させたのは、住宅所有者は分不相応な物件を購入するために、変動金利住宅ローンなど複雑な仕組みを使ったことだ。住宅ローンの契約は、多くの人にとって最も重大な金融判断であることが多いが、特殊なローンはもちろん、単純なものですら理解していないケースが大半であることはすでに見たとおりだ。

私たちは知識のコミュニティが助けてくれるので、詳細を理解する必要はない、という考えに基づいて生きている。詳細な情報が必要になることがあれば、頼れるアドバイザーがいる。他の参加者がきちんと調べるはずだから、市場では一番良い金融商品が一番支持を集めるだろう。そして金融のプロではなく、一般人を守るために書かれた法律もあるはずだ。知識のコミュニティの存在によって、私たちは実体よりも物事を深く理解していると錯覚し、複雑な判断を下すのに必要な自信を抱く。

経済が認知的分業に依拠しているのと同じように、家計も金融に関する認知的作業を分担する。たいていの人が金融に関する情報を可能なかぎり無視しながら生きていく。テキサス大学のエイドリアン・ワードらが行った、カップルが金融に関する意思決定の責任をどう分担するかという調査からは、興味深い結果が出ている。ワードはカップルにお互いとの交際期間と、金融に関する意思決定をどちらがどれだけ分担しているかを尋ねた。続いて金融の一般常識に関する質問群を与え、カップルの金融リテラシーを評価した。当然ながら、カップルのうち金融に関する意思決定を担っているほうは、交際期間が長くなるにつれて金融リテラシーが高くなる傾向があった。学習することによって、知識が磨かれていくのである。意外なのは、金融に関する意思決定を担わないほうは、次第に金融リテラシーが低下していくことだ。どうやら金融リテラシーには「使わなければ失われる」という性質があるらしい。

この研究による最大の発見は、認知的分業は人が学習する内容に大きな影響を及ぼすこと、そして分業によって個人は自らの役割にますます特化するようになるということだ、とワードは語っている。「私が思うに、ここで重要なのは、他者に頼ることは私たちの関心に影響を与えるということだ。それは学習や知識に影響を与え、さらに意思決定やそれに伴う結果にも影響を及ぼす。（中略）あなたが金融に詳しくないのに、家計で金融の責任を任されたら、身の回りの金融に関する出来事に関心を持つようになり、それによって知識は高まっていく。一方、金融に関する責任を他者に委ねてしまうと、金融に関する情報に気づかなくなる」

人々が物事を深く理解しないまま、意思決定することを防ぐ手立てはなさそうだ。たとえきわめて重大な結果をもたらすような決定でも、それは変わらない。ではどうすれば、より賢明な選択ができるようになるだろうか。

より良い判断を「ナッジ」する

シカゴ大学の経済学者リチャード・セイラーと、ハーバード大学の法学者キャス・サンスティーンは「リバタリアン・パターナリズム（緩やかな介入主義）」という思想を提唱している。長ったらしい名前だが、その内容はシンプルで説得力がある。その基本的主張は、人は常に最高の判断を下すわけではないということだ。自らの目標を達成するのに最も有効な選択肢を必ずしも選ぶわけではない。

それを示す例はふんだんにある。サラダではなくラージサイズのピザを注文し、レストランを出るころにはそれを後悔する。外見は魅力的でもまるでユーモアのセンスがない相手とデートの約束をする。その場合はレストランで食事をしているあいだから後悔することになる。一〇年前ならはけたはずのズボンを買ってしまう。そのあいだに自分がどれだけ太ったか、認めたくないからだ。自宅まではほんの数分のドライブだからと、飲みすぎたにもかかわらずタクシーを呼ばずに帰ろうとする。臓器提供はすばらしいことだからドナーになろうと思いつつ、運転免許証の裏面に署名するわずかな手間を惜しんで、実際に何か悲劇的な事件に巻き込まれても臓器は提供されずじまいになる。どれもきわめて人間的なふるまいだ。後から考えると、あるいはしっかり考え直せば悔やむような選択をしてしまう。

リバタリアン・パターナリズムでは、行動科学によってそうした状況をよい方向に変えられる、それによって私たちの意思決定を改善できると考える。行動科学を活用することで、後から悔やむような意思決定をする理由を特定し、意思決定のプロセスを変化させることで、将来はもっと良い意思決定ができるようになるかもしれない。このような変化を促す行為を「ナッジ（軽く突くこと）」と呼ぶ。要は、行動科学を使ってより良い判断、すなわち意思決定者が本当に望んでいることと整合性のある判断をさりげなく勧めるという発想だ。

たとえば先に挙げた食べ過ぎの例では、ピザを食べるかどうか考えるよりも前にサラダを選ぶように、選択の順番を変えてしまうことがナッジになる。注文を決める順番は、お客の選択に大きな影響を与えることもある。通路を進んで食べたいメニューを選んでいくカフェテリアでは、同じメニューでも入口に近い場所にあるときのほうが、通路の後半に並んでいる場合よりも選ばれる傾向が高い。[10] 臓器提供におけるナッジとは、法律を改正し、デフォルト（標準設定）で全員をドナーにすることだ。[11] 臓器提供をしないことも選択できるが、それにはちょっとした作業が必要になる。一番簡単な方法は、臓器ドナーになりたい人に運転免許証の裏面に署名させる代わりに、ドナーになりたくない人に免許証の裏面に署名をしてオプトアウト（制度から離脱する意思表明）させる仕組みに変更することだ。このシンプルな変更は、臓器提供者が劇的に増えるという非常に大きな結果につながる。

制度へのオプトインではなく、オプトアウトを求めるという方法は、さまざまなプログラムへの参加者を増やす効果がある。退職後に備えた貯蓄を増やすため、アメリカ労働省は中小企業に対し、従業員が自動的に加入するような退職金プログラムを作るよう奨励している。[12]

ナッジがリバタリアニズム（自由至上主義）と言えるのは、人々の選択する権利を制限しようとはしないためだ。あなたが大きなピザを食べること、あるいは臓器提供者になったりならなかったりすることを、止める者はいない。しかし、どの選択肢を奨励するかを誰かが決めるという意味では、パターナリズム（家父長主義）と言える。誰かがあなたがサラダを選びやすくなるように、ピザをカフェテリアの通路の最後のほうに持っていくのだ。このようなパターナリズムを正当化する根拠としていわれるのは、いずれにせよ何らかの選択はしなければならないということだ。メニューのうちの何かしらをカフェテリアの入口近くに持ってくる必要がある。それならば人々がその場の勢いではなく、冷静な思考に基づいて食べ物を選ぶときに選びそうなものを一番先頭に持ってくればいいではないか、と。

ナッジという手法から学ぶべき重要な教訓は、個人を変えるより、環境を変えるほうが簡単で効果的であるということだ。また認知にはどのような癖があり、それによってどんな行動が引き起こされるかを理解できれば、そうした癖がマイナスではなくプラスに作用するように環境を設計することができる。

この教訓は、知識のコミュニティの一員である私たちの意思決定を考えるうえで役に立つ。まずたいていの人は説明嫌いであるという事実、意思決定に必要な詳細な情報を理解する気も能力もないことが多いという事実を認める必要がある。しかし理解していなくてもなるべく優れた判断ができるように、環境を整えることはできる。

教訓① かみ砕く

金融知識の大部分は、個人ではなくコミュニティのなかにある。このため消費者がどれくらい複雑な情報を理解できるかという期待値は大幅に下げる必要がある。そしてまず金融商品を理解し、評価する機会を与え、それから判断をさせる必要がある。それには意思決定する環境に、情報を理解するための手段を用意しなければならない。掲示板サイトのレディットには、「五歳児に説明するように教えてください」と題したフォーラムがある。そこに素粒子物理学や金融といった難しいテーマについての質問を投稿すると、フォーラムのメンバーが簡単に理解できる、それでいて腑に落ちるような説明を提供しようとする。このフォーラムの人気ぶりは、本当に理解できる説明を読むのがどれほど楽しいことかを物語っている。それはそのような説明が、日々の生活のなかでどれほど得がたいものであるかの裏返しでもある。

教訓② 意思決定のための単純なルールを作る

リバタリアン・パターナリズムの創始者の一人であるリチャード・セイラーは、金融に関する意思決定について深く考察している。そして金融に関する話題を消費者に深く理解させる試みは成功しない可能性が高い、と認める。金融の世界はあまりに複雑で、消費者の能力はあまりに限られている。だから消費者を教育しようとするのではなく、知識がなくても、また手間をかけなくても使うことのできる、有効性の高い単純なルールを作るほうがいいと主張する。[13]たとえば「401kプラン（企業年金制度）の掛け金はできるだけ多くする」「収入の一五％は貯蓄にまわす」「五〇歳以上ならば住宅ローンは期間一五年を選ぶ」といったものだ。

これは出発点としてはすばらしいが、実際には消費者はルールを守るのがさほど得意ではないことが問題になりそうだ。たとえば五〇歳の人が、セイラーのルールを絶対に守ると決めて住宅ローンを契約しに行ったとする。しかし金融機関で三〇年ローンですばらしい条件を提示され、営業担当にもこんなチャンスはめったにないと強く勧められたらどうか。ルールが忘れ去られてしまう可能性は大いにある。

意思決定のルールに、なぜそのルールを守るべきなのかという短くわかりやすい説明をつければ、有効性は高まるかもしれない。分散投資のメリット、複利の威力といった金融の中核となる原則について正しいイメージを与えれば、こうしたルールを順守する可能性が高まるのではないか。

教訓③　ジャスト・イン・タイム教育

もう一つ、妙案がある。コロラド大学の「消費者による金融意思決定研究センター」ディレクターであるジョン・G・リンチ・ジュニアは、「ジャスト・イン・タイム金融教育」なる発想だ。高校の授業で借金や貯蓄に関する基礎知識を教えても、それほど役に立たない。消費者にちょうど必要とするときに情報を与えよう、という発想だ。本書で見てきたとおり、私たちは詳細な情報を覚えるのが得意ではない。高校生たちが重大な金融に関する意思決定をする頃には、複利の威力や資産の分散投資のメリットなどはすっかり忘れられているだろう。消費者が金融知識を必要とする直前に教育すれば、情報は頭にしっかり残っており、学んだ内容を実践する機会もある。そうすれば知識が定着する可能性も高い。

リンチはこの手法が大いに役立ちそうな状況の例を挙げている。職場から解雇されるというのは非常につらい経験であり、それをきっかけに誤った金融判断をしてさらに状況を悪化させてしまう人が多い。たとえば解雇されると、退職金口座から積み立てたお金を引き出す人が多い。失業中の必要資金を賄うため、あるいは別の投資口座に移すためかもしれない。問題は、これは非常に複雑な意思決定であり、たいていの人はそれをよく理解していないことだ。退職金口座からお金を引き出し、それを返済しないと、罰金が科されるうえに、税務上も複雑な影響がある。さらに問題なのは、職を失った人に声をかけ、問題のある投資商品を高い手数料を取って売りつけようとする金融会社が多いことだ。リンチはこうした企業を「ハゲタカ」と呼ぶ。その解決策として、解雇を伝えるときにさまざまな選択肢を示し、それぞれの利点と問題点を伝えることをリンチは提言する。

ジャスト・イン・タイム教育は、複雑な意思決定が求められるさまざまな場面に応用できる。たとえば新生児の両親は、子供の健康に関する複雑な意思決定を次々と迫られる。著者の一人は、妻が陣痛に苦しんでいる横で臍帯血《さいたいけつ》を保存しておく費用について、決断を迫られたのを覚えている。子供のいない人は（あるいはいる人でも）臍帯血とは何か、それを保存しておくとどんなメリットがあるかを知らないだろう。出産を控えた両親が、新生児の健康に関するさまざまなテーマについてジャスト・イン・タイム教育を受けられれば大いに助かるだろう。

教訓④　自分の理解度を確認する

ここまで挙げてきた教訓は、いずれも社会が個人のためにできることだ。では個人は自分のために何ができるだろう。出発点となりうるのは、説明嫌いの傾向があることを自覚することだ。あらゆる意思決定に際して細かな情報をすべて理解するのは現実的ではないが、少なくとも自らの理解に欠落があることを認識しておくのは有益である。そうすればそれなりに重要な意思決定を迫られたとき、後になって悔やむような決断をする前にいったん立ち止まり、情報を集めるかもしれない。

第一一章では、本当に物事を理解するには、自分が何を知らないか知ることが必要だと述べた。自分が知らないことを自覚していれば、必要なときに助けを求め、足りない知識を埋めることができる。現実的になれば、知的傲慢さから後になって悔やむような意思決定をすることを防げるかもしれない。カードローン、新しい家、結婚を考えている相手、魅力的な真っ赤なスポーツカーなどについて自分にわかっていないことは何かを知ることは、あなたの乏しい判断力につけこもうとしない誰かの堅実なアドバイスを求めるきっかけになるかもしれない。

金融業界においては、自分が何を知らないかを知っていることが、投資家としての成功をもたらす場合もある。これはヘッジファンドのブリッジウォーター・アソシエイツの創業者で、最高投資責任者の一人であるレイ・ダリオのアドバイスだ。「私が成功した理由は、知らないことへの対処方法にある。私は自分の考えのどこが誤っているかを考える。

反論してくれる人間に会うと、嬉しくなる。物事を彼らの視点から見て、これは正しいのか、間違っているのかと考えることができるからだ。このような学習経験によって知識が深まり、より良い意思決定につながる。このように、知っていることより、知らないことに対処することのほうが大切なのだ[14]」

自分が知らないことを自覚することで、ダリオは知識のコミュニティを活用するすべを身につけた。これがきわめて有効な戦略であったことは明らかだ。ブリッジウォーターは今、世界最大のヘッジファンドとなっている。これはあらゆる意思決定を下すときに、参考にすべきアドバイスだ。

結び　無知と錯覚を評価する

学者が自らの思想にそぐわない新たな発想と出会うと、たいてい三つの反応が連続して起こる。まず否定する。次に拒絶する。そして最後にわかりきったことだと主張する。世界観を揺るがすような発想に出会うと、まずは無視しようとする。時間をかけ、わざわざ考える価値のないものだと思い込もうとする。それがうまくいかないとき、たとえばコミュニティからその発想と向き合えという圧力がかかると、拒絶する理由をひねり出す。学者は、新たな発想を否定する理由を考えるのがおそろしく得意だ。ただ最終的にそのアイデアが否定できないほどすばらしく、コミュニティに定着すると、そんなものは自明であり、正しいことは最初からわかっていたと主張する理由を見つける。

読者のみなさんには、本書の内容は自明なものであるという結論に飛びついていただきたいと願っている。世界について知りうる内容はこれだけあるのに、個人が知っている情報はごくわずかであるという意味において、個人は無知である。そんなことは明らかではないか。世界が複雑なのは自明で、すべてを知ることなどとてもできない。私たちが実際以上に自分はモノを知っていると思っているというのは多少意外な感があったが、そうかもしれないという予感はあった。答えられると思った質問に答えられない、という状況に直面するたびに、現実を思い知らされてきたはずだ。思考は行動の一部であるという主張も、当然のように思える。推論は基本的に因果を説明するものであるというわれわれの主張も、推論というのが非常に幅の広い概念であることを考えれば、特段驚くようなものではない。人は知識のコミュニティで生きているという事実も、目新しくはない。誰かに質問をするという行為は、私たちは他者の知識に頼って生きているという事実を追認するものだ。本書で取り上げた問題や細かな議論のなかには、それほど自明ではないことも含まれていた。しかし核となる主張は、ほとんどの人がすでに知っていることと矛盾しない。本書を通して、こうした考え方はずっと前から存在してきたこととはっきり述べてきた。しかも、そのなかに常識に反するようなものは一つもない。

なぜ明らかなことをわざわざ本にしたのか。なぜ読者が目新しいと思うはずのない考えを提示するのか。

それは改めて考えてみるまで、こうした考えを明らかだとは思わないからだ。そうしないかぎり、つまりふつうに生活していれば、こんなことに気づきもせず、まったく違う枠組みの中で生きている。知識の錯覚のなかで生き、自らが知識のコミュニティの一員であることを理解せず、個人の力、才能、能力、業績など個人ばかりを見ようとする。さらに問題なのは、自らの知識を過大評価し、どれだけ他者に知識を依存しているかという認識を欠いたまま、日常生活にかかわる大小の判断から社会のあり方にかかわる判断まで、さまざまな意思決定をすることだ。その例として、どのように食べ物を選び、退職後の蓄えを運用し、投票先を決め、政治的立場を支持し、テクノロジーとかかわり、従業員を選ぶか、子供や若者を教育するかを見てきた。重要なのは、自明な事実を知っているというだけでなく、それに対して自覚的であること、そうした認識に基づいて個人と社会にかかわる意思決定をすることである。

本書には三つの主題がある。無知、知識の錯覚、そして知識のコミュニティである。本書の議論から導き出される結論は単純なものである、といった錯覚をわれわれは持っていない。本書の教訓は、無知を解消するため、コミュニティで幸せに暮らすため、あるいはあらゆる錯覚を打破するための秘策などではまったくない。むしろその逆だ。無知は避けられないものであり、幸せは主観的なものであり、錯覚にはそれなりの役割がある。

無知は絶対的に悪か

無知は歓迎すべきものではないが、必ずしも悲嘆すべきものでもない。人間にとって、無知は避けられない。それは自然な状態だ。世界はあまりに複雑で、およそ個人の理解を超える。無知は腹立たしいものかもしれないが、問題は無知そのものではない。無知を認識しないがゆえに、厄介な状況に陥ることだ。

心理学者のデビッド・ダニングは、長年コーネル大学で研究を続けている。日々の生活のなかで、また科学的調査のなかで遭遇する無知のすさまじさに衝撃を受け、その大部分を記録してきた。[1] ダニングが懸念を抱くのは、人間の無知の深さではない。無知な人が、自分がどれだけ無知であるかを知らないことだ。「われわれは何を知らないかを知るのが、あまり得意ではない」と指摘する。[2]

ダニングによると、問題が生じるのは、自分がどれだけわかっているかを自分の知識によって評価するしかないときだ。あなたはどれほど運転がうまいのか。運転に関する知識が豊富なのであれば、おそらく自分の能力を正当に評価できるだろう。運転に必要な知識が全体としてどれだけあるか、そのうち自分はどれだけ習得しているかをだいたいわかっている。しかし運転が下手な人は、スキルが低いだけでなく、習得すべき運転のスキルがどれほど幅広いものであるかもわかっていない。だから実際よりも自分はうまいのだと思う。主に田舎道を運転した経験が二〇年あるとする。その間ほとんど事故を起こしたことがなければ、自分はかなり優秀なドライバーだと思っているだろう。それは都市でも、ひどい悪天候でも、ぬかるみや氷の張った道でも、ときには砂浜でもうまく運転できる人がいることを知らないからだ。それほど幅広い運転経験のある人と比べれば、スキルはかなり限定的だ。専門能力があるというのはスキルがあるだけでなく、スキルがあるとはどういうことかを知っていることを意味する。無知であるというのは、スキルも知識もないことだ。

両者は「ダニング・クルーガー効果[3]」、すなわちパフォーマンスが低い人ほど、自らのスキルを過大評価するという認知バイアスの原因となる。これは被験者に作業をさせ、それから自分はどれだけうまくやれたかを評価させるという実験を通じて確認された。パフォーマンスが低い人ほど、自らの成果を過大評価していた。一方、パフォーマンスが高い人は、自分の成果を過小評価するケースが多かった。ダニング・クルーガー効果は実験室の中だけでなく、学校、職場、病院など現実世界でもさまざまな場面で確認されている。ダニングはこの認知バイアスの原因について、膨大なエビデンスを集めた。スキルのない人は自らにどんなスキルが足りないかという知識もない。だから自分はかなりスキルがあると思い込むのだ、と。一方、スキルがある人には、その分野の全体像が見えやすい。だから自分はこのスキルは伸ばす余地がある、というのがわかる。
スキルのない人は、自分が何を知らないかを知らない。この事実が重要なのは、たいていの人は生活にかかわるほとんどの領域で、十分なスキルを持っていないためだ、とダニングは指摘する。

無知はわれわれの人生を、知らず知らずのうちに形づくっている。簡単に言えば、人は自分が知っていることをやり、存在すら知らないことはしない傾向がある。このように無知は人生を大きく方向づけする。（中略）可能性を認識していないために、われわれは仕事、恋愛、子育て、そしてそもそも人生において、自らの持てる力を最大限発揮できない。[4]

これは厳然たる事実である。自分が知らないことは、選べない。たいていそれで問題はない。ディズニーランドの存在を知らなければ、行きたいと思うこともない。胸の躍るような可能性を知っているからこそ、手が届かずにもどかしい思いをする。宝くじが当たることが喜びより苦しみをもたらすのは、そのためだ。一度でも望んでいるものを手に入れる喜びを味わってしまうと、知らなかった状態に戻ることはできない。中毒性のあるドラッグや（使えるお金に制約がある人の場合は）高価な消費財には近寄らないほうがいい最大の理由はここにある。そういうものを知らなければ、欲しいという気持ちも湧かず、幸せでいられる。

しかし無知には代償もある。避妊の手段を知らなければ、それを使わない。隣家で起きている恐ろしい事態を知らなければ、それを止めるための行動もとれない。子供が危険なものに手を出そうとしていることを知らなければ、悲惨な結末が待っているかもしれない。

コミュニティの判断力を高める

東洋思想には、自らの無知を認めよ、と説くものがある。自らの知識がわずかであることを受け入れ、他者の知識に敬意を持て、と。さらに踏み込み、他者の知識に感謝するよう促す教えもある。これは認知科学にも重要な示唆を持つ。個人が学習し、理解できる量には限りがある。それを超える何かを成し遂げるには、コミュニティが必要だ。根本的な営み、すなわちモノを考えることにおいて、私たちは一蓮托生《いちれんたくしょう》なのだ。

知能は特定の個人ではなく、コミュニティの中に存在する。このためコミュニティの知恵を引き出す意思決定の手続きは、比較的無知な個人の力に頼るものより優れた結果をもたらす可能性が高い。有能なリーダーとは、コミュニティをもり立て、その内に宿る知識を活用し、メンバーのなかで最も専門能力が高い者に責任を委譲できる人だ。

ただコミュニティのなかで生きるといっても、自らの意思決定に対する責任は負わなければならない。他の人々が間違っているかもしれないし、コミュニティはときとして極端で誤った見解を持つこともある。個人は自らを欺くことがあり、集団はメンバー同士が欺き合うのを助長することもある。そうでなければ、カルト集団のカリスマ的宗教指導者が前後の見境をなくしたときに起こる悲劇が説明できない。たとえば一九七八年に南米のガイアナのジョーンズタウンで起きた、ジム・ジョーンズ率いる人民寺院事件だ。この事件では信者がレオ・ライアン議員らの視察団を襲撃し、殺害した後、九〇九人の大人や子供たちがシアン化合物を飲んで集団自殺をした。

幸い、このような出来事はきわめてまれだ。しかし何度か起きている。一九九三年にはデビッド・コレシュが率いるカルト集団「ブランチ・デビディアン」とFBIとの対立が激化し、銃撃戦でコレシュのほか七九人の死者が出た。一九九七年には「ヘブンズ・ゲート」の信者三九人が、ヘール・ボップ彗星に続いてやってくる宇宙船に魂を乗せるため自殺した。どのコミュニティも、自らの破滅につながるような狂った信念を作り上げた。コミュニティは人々の思想、ひいてはその判断や行動に命取りとなるような影響を及ぼすことがある。

このためわれわれは、コミュニティの考えや信頼性のある専門家の意見をなんでも鵜呑みにしろと勧めるつもりはない。他者に信頼を寄せるときには、一服の懐疑心と、ペテン師や誤りを堂々と主張する人々への警戒心を携えている必要がある。コミュニティが誤ったアドバイスをしたときには、それを拒絶するのはあなたの責任だ。ナチスの強制収容所の警備員が、自分たちは命令に従っていただけだと言っても許されることはない。テロリストが思想的コミュニティの一員だからといって、罪を免れることはもちろんない。

私たちには誤った主張や嘘をできるだけ避けようと努力をするコミュニティを選ぶ自由がある。社会がここまで進歩できたのは、人はたいてい協力的であろうとするためだ。私たちは、自分が知っていることだけを伝え、確信が持てないときにはそれを正直に言う人だけで周囲を固めようとする。そしてそれはたいていうまくいく。日頃つきあう相手は、たいてい信頼できる。だからコミュニティで生きていくことが可能なのだ。

錯覚を評価する

私たちは、自分は実際よりも物事を理解していると錯覚しながら生きている。この錯覚は、本当に振り払わなければならないものだろうか。常にできるだけ現実的な考えや目標を持つよう努力すべきだろうか。これこそ映画『マトリックス』でキアヌ・リーブスが演じた主人公ネオが迫られる決断である。赤い錠剤を飲んで現実を生きるか。それとも青い錠剤を飲んで心地よい錯覚のなかにとどまるか。赤い錠剤を選んだら、それに伴う痛み、悲しみ、ロボットによる支配を含めて現実世界に直面しなければならない。青い錠剤を選べば、人類の集団的夢のなかに戻ることができる。

錯覚を避ければ、正確さが身につく。自分に何がわかっているか、わかっていないかがはっきりする。それが目標を達成するのに役立つのは間違いない。自分の能力を超えるような仕事を引き受けることもなくなり、周囲を失望させることもなくなるだろう。約束したことは、これまでよりきちんと守れるようになるだろう。

しかし、錯覚は楽しいものだ。日々の生活の相当部分を、敢えて錯覚のなかで過ごす人も多い。現実味などこれっぽっちもない、架空の世界を楽しむこともある。空想を楽しみ、創造力を膨らませる材料にすることもある。錯覚は別の世界、目標、結果を思い描くきっかけとなり、ときとして創造的製品の開発につながる。また錯覚することで、そうでなければやってみようとも思わない事柄に挑戦する意欲が生まれるケースもある。これらは誤りだろうか。本当に錯覚は可能なかぎり排除すべきものだろうか。

著者の一人であるスティーブンには、二人の娘がいる。ここではSとLと呼ぶことにしよう。Lは知識が豊富だ。自分が何を知っているかをかなりよくわかっているし、何を知らないかもよくわかっている。世界で知るべきことのうち、自分がどれだけ知っているかをよく把握しているという意味で、Lは「精度が高い」と言うことにしよう。精度が高い秤《はかり》を使えば重さが正確に量れる、というのと同じ意味だ。対照的にSはそれほど精度は高くない。すべてを理解しようとする。Lと同じように知識は豊富だが、実際以上に自分は物知りだと思っている。大方の人と同じように、知識の錯覚のなかで生きている。

Lは明るく、落ち着きがあり、自分の発言内容にはそれなりに自信を持っている。自分が知っていることについては詳細に語り、話をやめるべきタイミング、また「私にはわからない」と言うべきタイミングを心得ている。現実的な目標を設定し、たいてい達成する。冷静で穏やかな印象を与える（心の中がどうかはわからないが）。気が向くとさまざまな分野の本を手に取り、趣味もいくつかあるが、たいていは自分が強い分野に集中している。

Sも落ち着いているが、Lほどのんびり屋ではない。自分の強みと他者のそれとを、はっきり区別しない。自分の詳しい分野を超えてモノを考えようとする。野心家で、自分の知識だけでは解決できないような大きな問題を解こうとする。自分の夢をかなえるためなら、あらゆる努力を惜しまない。懸命に努力し、すばらしい成果をあげる。しかし壮大なビジョンがあるので、努力の結果にがっかりすることも多い。現実はSの高邁な理想に届かないことがほとんどだ。Lよりもいらだちを感じることは多い。幅広い分野の本を読み、どんな話題でも積極的に議論しようとする。テーマにかかわらず、学ぶことが最大の喜びなのだ。同じぐらい真剣に取り組む趣味がいくつもある。

精度の高いLと、それほど高くないS。ロールモデルとしては、どちらが良いだろうか。父親の目から見れば、答えは明らかだ。どちらも完璧である。そしてそれが正しいのかもしれない。もちろん、知識の錯覚の中で生きることには落とし穴もある。本書では知識の錯覚が、戦争、核の事故、党派対立による政治の膠着、科学の拒絶、公正さの欠如などさまざまな不幸を引き起こす惧れがあることを指摘してきた。その一方で、錯覚は知性の驚くべき性質から生じるものであることも示してきた。知識の錯覚は、知識のコミュニティで生きている結果である。それは自分の頭に入っている知識と、他の人々の頭に入っているものとを区別できないために生じる。認知的な意味では、全員が一つのチームであるがゆえに、知識の錯覚は起きるのだ。錯覚を抱かなければチームプレーヤーになれないわけではないが、錯覚を抱いているのはチームプレーヤーである証だ。

知識の錯覚の中で生きている人々は、自分の知識に過大な自信を抱いている。それにはメリットもある。たとえば、それは新たな扉を開く。大胆な主張をし、大胆な行動を起こす強さを与えてくれる。一九六一年の段階で、ジョン・F・ケネディには六〇年代のうちにアメリカの宇宙飛行士が安全に月面に着陸できると予想する正当な理由は一つもなかった。ケネディの予測は、錯覚から生じた傲慢さによるものとしか形容できない。だが、信じられないことが起きた。アメリカはそれを成し遂げたのだ。JFKが大それた野望を語っていなければ、アメリカは挑戦すらしなかっただろう。

知識の錯覚は、私たちに新たな領域に足を踏み入れる自信を与える。偉大な探検家が新たな冒険に繰り出すときには、自分の知識を実際よりも過大に見積もっているはずだ。それが悲惨な結果につながることもある。ロバート・スコットが南極点を目指すとき、自分の知識を過信して犬を使うことを拒否したのはその例だ。スコット隊は連れて行ったポニーもろとも全滅した。だが過大な自信がなければ、すばらしい成功も手に入らない。マルコ・ポーロ、クリストファー・コロンブス、ヴァスコ・ダ・ガマはそれぞれ探検隊を率いて、ヨーロッパ人として初めて新たな大陸を探検したが、彼らが英雄となったのはその勇気と粘り強さのおかげである。彼らと面識はないが、いずれも自分の無知がどれほどのものか向き合ったことのない者特有の大いなる自信の持ち主だったにちがいない。人類の成し遂げた偉業の多くは、自らの理解度に対する誤った信念によって可能になった。そういう意味では、錯覚は人間の文明の進歩に必要だったのかもしれない。

実際よりも物事をわかっているという錯覚は、自分で自転車やおもちゃの電車を修理したり、庭にポーチをつくったりする（少なくともやってみようとする）原因である。そういうことに手を出すのは、自分が何をしようとしているか、わかっていないからだ。自転車を分解したり、必要な部品を買い集めたりした後でようやく知識が足りないことに気づく。ときには諦めて自転車を自転車屋に持ち込んだり、大工を頼んだりするが、苦労の末にやり通すこともある。やり通せたときには、そもそも挑戦する気にさせてくれた知識の錯覚に感謝しなければならない。

同じことが人間関係についても言える。関係がこじれたとき、修復しようという意欲を支えるのは、何が問題かわかっているという意識だ。一般的に、問題は思っていたより複雑だったことに気づくことが多いのだが、少なくとも修復に向けた努力はする。

錯覚は楽しいものかもしれないが、無知と同じように手放しで喜べるものではない。たとえば人間関係についての知識の錯覚は、何が問題かはわかっているという意識から、関係修復の努力をしないという弊害をもたらすこともある。相手の短所はわかりきっているという傲慢さあるいは恐怖心から、関係を断ってしまう。私たちはどうしても社会的関係の全体像、すなわち自分も問題の一因であることを理解できない。それ以外の領域においても、知識の錯覚に起因する人間の弱点や悲劇を、本書を通していくつも見てきた。

こう考えると、物事を正しく認識できるという長所を持つＬは、ロールモデルにうっててつけだ。自分の知識の範囲はどこまでであり、その外側、すなわち自分の手には負えない部分はどこか自覚しているので、落ち着いた信頼感がある。また自分の専門能力の限界を見きわめる能力があるため、他者と協力する際にも自信を持ってオープンな姿勢で臨める。自分の限界を知っているからこそ、他者の貢献を進んで受け入れ、その知識を尊重する。

Sも同じようにロールモデルにうってつけだ。あらゆることに情熱的に取り組み、常に新境地を開いていく。新たな概念的つながりを発見したり、未知の領域を探検したりする（ときには本物の探検に出かけてしまい、親を困らせることもある）。発想が豊かで、どんな話題にも夢中になるので、話していて楽しい。自分は物知りだと思い込んでいるので、相手と言い争うことも恐れない。一緒にいると、たしかにくたびれる。やや錯覚のなかで生きているのは否めない。しかし親としては、この錯覚を引き起こしている何かが、Sがいずれすばらしいことをやってのける原動力になると確信している。少しばかりの錯覚は悪くない。

謝　辞

本書はフランク・カイルの研究を出発点としている。われわれは認知の性質に関するカイルの考察を、さらに掘り進めただけだ。執筆を始めてからは、サビーナ・スローマンがわれわれの見落としていた点を指摘し、意見を出し、論理の矛盾を見つけ、文章を直すなど、大いに力を貸してくれた。リンダ・コビントンも本書に一度ならず目を通し、表現に磨きをかけ、論旨を明確にするのを辛抱強く助けてくれた。ジェサミン・ホープとニック・ラインホルツも本書を読みやすくするのに貢献してくれた。サマンサ・シュタイナーは序章と第四章の冒頭に登場するイラストを描いてくれた。サマンサの寛大さとセンスの良さには心から感謝している。

本書のアイデアが生まれたのは、スライブ・センター・フォー・ヒューマンディベロップメントとジョン・テンプルトン財団からの助成金を受けて、クレイグ・フォックス、ダニエル・ウォルターズ、トッド・ロジャースと共同研究をしていたときだ。また本書の刊行は、同じくジョン・テンプルトン財団が支援する、フォーダム大学「理解の多様性プロジェクト」からの助成金によって実現した。

多くの同僚が重要なアイデアを提供し、知的羅針盤の役割を果たしてくれた。マイケル・シャイナー、ナサニエル・ラブ、ビル・ウォーレン、マーク・ジョンソン、ウリエル・コーエン＝プリバ、アンディ・ホロウィッツ、デビッド・オーバー、パトリック・マリガン、リチャード・フローレスト、スーザン・ウッドワード、エイドリアン・ワード、ジョン・リンチ、ピート・マックグロー、バート・デ・ランゲ、ドニー・リヒテンシュタインに感謝する。

スティーブンはレイラ・スローマンの協力と相談相手になってくれたことに感謝している。両親であるバレリー・スローマン、レオン・スローマンには大きな励まし、知恵、そして住む場所を与えてくれたことに感謝している。

フィリップは惜しみない協力を与えてくれる家族に感謝する。ジョアンとジョー、ブルースとジョイス、レイチェル、アレックス、そして急速にメンバーが増えつつあるゲイガー家、エデルシュタイン家の面々へ。そして人生を照らす二つの光であるアンドレアとジェームズが、早く本を読めるようになり、本書の誤りを次々と指摘してくれるようになるのを心待ちにしている。そして人生のパートナーであるアンナがいなければ、何事もうまくいかない。心から感謝している。

最後に、本書はエージェントのクリスティ・フレッチャーの信念なしには完成しなかった。そして編集者のコートニー・ヤングの忍耐力と専門能力がなければ、およそ読めるものには仕上がらなかっただろう。

訳者あとがき

世界レベルで近年の流行語大賞を選ぶとすれば、「フェイクニュース」が有力候補に入るのはまちがいない。アメリカのドナルド・トランプ大統領は自らに不都合なニュースをことごとくフェイクニュースと称しているが、本来は虚偽の情報に基づいて作られたニュースを意味する。二〇一六年のアメリカ大統領選挙の前には、「ローマ法王がトランプ候補への支持を表明した」「民主党のヒラリー・クリントン候補は、テロ組織ＩＳ（自称イスラム国）に武器を売却した」といったフェイクニュースがソーシャルメディアなどを通じて拡散し、大統領選の帰趨《きすう》に影響を与えたとされる。

「ポピュリズム」も候補入りしそうだ。「国民が苦しむのは移民のせい」「異教徒のせい」「自由貿易のせい」とわかりやすい敵をつくり、支持を獲得していく政治家や政党が、世界各地で台頭している。

なぜ人は薄っぺらな主張に流され、浅はかな判断をするのか。このきわめて今日的な問いに向き合ったのが本書『知ってるつもり――無知の科学』（原題は *The Knowledge Illusion: Why We Never Think Alone*）である。著者のスティーブン・スローマンとフィリップ・ファーンバックは、ともに認知科学者だ。工学、心理学、哲学などの学際的研究を通じて、人間の知性の働きを解明しようとするこの学問が登場したのは一九五〇年代。この間に明らかになったのは人間の知性のすばらしさではなく、むしろその限界であったと二人は指摘する。人間は自分が思っているより、ずっと無知である。無知であるという自覚の欠如が、ときとして不合理な判断や行動というかたちで個人や社会に危険な影響をもたらす。私たちは個人として社会として、どうすれば無知を乗り越えていけるのか。それが本書のテーマである。

本書の前半では、人間の知識や知的活動とは本質的にどのようなものかを探究する。まず私たちの知識がどれほど皮相的なのかを、さまざまな認知科学の研究をもとにあぶり出す。代表例が「説明深度の錯覚」に関する実験だ。トイレやファスナーなど日々目にする当たり前のモノについて、被験者に「その仕組みをどれだけ理解しているか」答えさせる。

続いてそれが具体的にどのような仕組みで動くのか説明を求めると、たいていの人はほとんど何も語れない。知っていると思っていたが、実はそれほど知らなかった。著者らはこれを「知識の錯覚」と呼び、さまざまな心理現象のなかでこれほど出現率の高いものはない、という。

しかし、だから人間がダメだと言っているわけではない。私たちを取り巻く世界はあまりに複雑で、すべてを理解することなどとてもできない。そこで人間の知性は、新たな状況下での意思決定に最も役立つ情報だけを抽出するように進化してきた。頭の中にはごくわずかな情報だけを保持して、必要に応じて他の場所、たとえば自らの身体、環境、とりわけ他の人々のなかに蓄えられた知識を頼る。このような、人間にとってコンピュータの外部記憶装置に相当するものを、著者らは「知識のコミュニティ」と呼ぶ。知識のコミュニティによる認知的分業は文明が誕生した当初から存在し、人類の進歩を支えてきた。

これが知識の錯覚の起源である。思考の性質として、入手できる知識はそれが自らの脳の内側にあろうが外側にあろうが、シームレスに活用するようにできている。私たちが知識の錯覚のなかに生きているのは、自らの頭の内と外にある知識のあいだに明確な線引きができないためだ。できないというより、そもそも明確な境界線など存在しないのだ。

知らないことを知っていると思い込むからこそ、私たちは世界の複雑さに圧倒されずに日常生活を送ることができる。そして互いの専門知識を組み合わせることで、人間は原子爆弾やロケットのような複雑なものを作りあげてきた。人工知能（ＡＩ）の進歩によって人間を超える超絶知能（スーパーインテリジェンス）が誕生すると言われるが、著者らは真の超絶知能とは知識のコミュニティだと主張する。クラウドソーシングや協業プラットフォームなどテクノロジーの進化によって、今後その潜在力が発揮されるようになるだろう、と。

しかし知識のコミュニティは両刃《もろは》の剣《つるぎ》だ。本書の後半ではその危険性と、それを克服する道筋を考察している。トイレやファスナーの仕組みを理解していなくても、まず実害はない。しかし社会的・政治的問題となると話は違う。著者らは「社会の重要な課題の多くは、知識の錯覚から生じている」と指摘し、それを示す衝撃的な例をいくつか挙げている。

たとえば二〇一〇年にアメリカで成立した「医療費負担適正化法（通称「オバマケア」）」をめぐっては世論を二分する激しい論争が勃発した。最高裁判所が同法の主要な条項を支持する判断を下した直後に行われた国民へのアンケートでは、三六％が賛成、四〇％が反対、二四％が意見を表明しなかった。しかし同じアンケートで最高裁の判決がどのようなものであったかを尋ねたところ、正解したのは全回答者の五五％にすぎなかった。

つまり最高裁判決の内容を正しく理解しないままに、賛否を表明した人が相当数いたということだ。同じような事例は枚挙にいとまがなく、アメリカ国民のうち、二〇一四年のウクライナに対する軍事介入を最も強く支持したのは、世界地図上でウクライナの位置すら示せない人々であったという。

なぜ理解もしていない事柄に、明確な賛否を示すことができるのか。それは私たちが自分がどれだけ知っているかを把握しておらず、知識のよりどころとして知識のコミュニティに強く依存しているからだ。「コミュニティのメンバーはそれぞれあまり知識はないのに特定の立場をとり、互いにわかっているという感覚を助長する。（中略）こうして蜃気《しんき》楼《ろう》のような意見ができあがる。メンバーは互いに心理的に支え合うが、コミュニティ自体を支えるものは何もない」と著者らは指摘する。これは社会心理学者のアービング・ジャニスが「グループシンク（集団浅慮）」と呼んだ現象で、同じような考えを持つ人々が議論をすると、グループの意見は先鋭化することが示されている。

知識の錯覚の特効薬はないが、一つの手段として著者らが期待を寄せるのは行動経済学である。二〇一七年にシカゴ大学のリチャード・セイラー教授がノーベル経済学賞を受賞したことで改めて注目が集まっているが、その特徴は伝統的な経済学とは異なり、「人間は必ずしも合理的判断をするわけではない」という前提に基づいていることだ。だから自然と合理的選択に誘導するように「ナッジ（そっと押す）」すべきであり、それには環境を選択的にデザインする必要があるという考え方をする。たとえば退職後に向けた貯蓄制度への加入者を増やすには、希望者が「オプトイン（制度に加入する意思表示）」するのではなく、希望しない人が「オプトアウト（加入しない意思表示）」する仕組みにするのが有効だ。

　個人が自らの無知への自覚を高めると同時に、社会として知識のコミュニティの弊害を抑える仕組みを作ることが必要なのだろう。

　インターネットやソーシャルメディアの普及によって、同じ価値観の仲間で固まり、異なる意見を排除しようとする傾向は一段と強まるリスクがある。本書は二〇一七年三月にアメリカで刊行されると、時宜を得た内容から《ニューヨーク・タイムズ》、《エコノミスト》、《ニューヨーカー》など有力新聞・雑誌の書評欄で相次いで取り上げられた。世界的ベストセラー『サピエンス全史』の著者ユヴァル・ノア・ハラリは、《ニューヨーク・タイムズ》の書評で「一七～二〇世紀にかけて西洋思想の土台となってきた『合理的な個人』の棺桶の蓋《ふた》に、また一つ新たな釘《くぎ》が打ち込まれた。スローマンとファーンバックは思考の合理性だけでなく、それが個人の営みであることまで否定してみせた」と本書を高く評価した。

私たちは自分が思っているよりずっと無知である。合理的な個人という今日の民主政治や自由経済の土台となってきた概念自体が誤りであった。そんな身も蓋もない事実を突きつける本書ではあるが、読後感は不思議と爽快である。それは本書終盤の、本当の「賢さ」とは何かという議論とかかわっている。これまでは個人の知能指数（ＩＱ）によって賢さを測ろうとしてきた。しかし人間の知的営みが集団的なものなのであれば、「集団にどれだけ貢献できるか」を賢さの基準とすべきではないか、と著者らは言う。記憶容量の大きさや中央処理装置（ＣＰＵ）の速度といった情報処理能力と並んで、他者の立場や感情的反応を理解する能力、効果的に役割を分担する能力、周囲の意見に耳を傾ける能力なども知能の重要な構成要素とみなすべきである、と。

脳内ＣＰＵの性能には、生まれつき個人差があるのかもしれない。ただ私たちの知識のコミュニティが向き合うべき問題の複雑さに比べたら、個人のＣＰＵの性能の違いなど誤差の範囲である。それ以上に重要なのは、身の回りの環境、とりわけ周囲の人々から真摯に学び、知識のコミュニティの恩恵を享受しつつ、そこに貢献しようとする姿勢である。それによって生まれつきのスペックにかかわらず、知性を磨きつづけることができる。なんとも希望の持てる話ではないか。

とはいえ、これも本書を理解したという錯覚に基づく、訳者の見当違いな解釈にすぎないのかもしれない。ぜひ本書をひもとき、著者らの議論に直接触れていただきたい。

本書の翻訳では、早川書房の一ノ瀬翔太氏に大変お世話になった。この場を借りて感謝を申し上げる。

二〇一八年二月　土方奈美

文庫版訳者あとがき

二〇〇〇年代初頭、「多様性のある集団の結論は、一人の専門家の意見より往々にして優れている」という驚きの知見を世にもたらしたのは、ジェームズ・スロウィッキーの『群衆の智慧』（小高尚子訳、角川ＥＰＵＢ選書）だ。天才あるいは専門家を崇拝、信奉する風潮のなかで、集団の知性の可能性を示したのは画期的だった。

そこからさらに踏み込み、「そもそも個人の思考という発想自体がまやかしだ。私たちは知識のコミュニティのなかで生きており、常にコミュニティの力を借りてモノを考えている」と主張したのが本書だ。一人ひとりの人間はいかに無知であるか。しかし集団として協力しあうと、どれほどすばらしい偉業を成し遂げることができるのか。また集団的思考にはどのような危険性が潜むのか。そうしたことが説得力をもって書かれている。

二〇一八年四月に本書が単行本として刊行されたのは、トランプ主義やブレグジット（英国のEU離脱）など西洋文明の転換点を感じさせる出来事、社会の知性に疑問を抱かせるような出来事が相次いでいた時期だった。そうした不安や疑念にひとつの解を示したことが、本書が多くの読者に手にとっていただけた理由だと思っている。

「知識のコミュニティ」という概念の重要性は今日、ますます高まっている。共著者の一人であるブラウン大学教授のスティーブン・スローマンは二〇二一年六月、新型コロナウイルス感染症のパンデミックの最中に、アメリカ国民が命を守る行動をとるかどうかを決定づけたのは、それぞれの属する知識のコミュニティであったことを示す研究成果を発表した。

一一〇〇人以上を対象としたオンライン調査では、自らを「リベラル」あるいは「穏健派」と答えた人は、新型コロナに感染した場合のリスクがきわめて低くてもマスクを着用し、ソーシャルディスタンスを保っていた。「他者と六フィート（約一八〇センチ）以内で接触する場合は必ずマスクを着ける」と答えた人の割合は六六％に達した。一方、「保守派」を自認する回答者は、新型コロナに対してハイリスクであっても常にマスクを着用したり、ソーシャルディスタンスを取ったりしていなかった。「他者と六フィート以内で接触する場合は必ずマスクを着ける」と答えた人の割合は四五％にとどまった。
スローマンは調査前、「新型コロナに対してハイリスク層か否か」が行動の決定要因ではないかと予想していたが、フタを開けてみるとハイリスク層か否かによって個人の行動に差は見られなかった。それ以上に、どの政治コミュニティに属するかが、行動の予測要因として最も有効だったという。「アメリカ人にとって最も重要なのは、命ではないようだ。自らの命がかかっている状況でも、所属するコミュニティにモノを考える作業をアウトソースしてしまう」と指摘している。そして社会が次なるパンデミックに備えるためには、人々の支持する価値観、すなわち知識のコミュニティへの理解が不可欠と説く。

知識のコミュニティに無自覚であると、自らの身を危険にさらしかねない。それを私たちは心に刻むべきだろう。あらゆることに対する自分の知識が、どれほど表層的なものであるかを自覚するために。自らの知的な営みが、どれほど周囲の人々に支えられ、また影響を受けているか意識するために。そして知識のコミュニティに安住し、視野狭窄に陥らないために。本書を活用していただければ幸いだ。

二〇二一年七月　土方奈美

「無知の無知」から目覚めているために

東京工業大学教授
山本貴光

男は車を駐車場に止めた。仮に彼をキートン氏と呼ぼう。そこへ二人の男がやってくる。知らない顔だ。男たちはナイフを見せながら「財布と車の鍵をよこせ」という。キートン氏は財布と鍵をわたす。命あっての物種だ。強盗たちは「ちょろいもんだぜ」と言ったかどうかは知らないが車に乗り込んだ。あとはエンジンをかけて走り去れば一丁上がり。のはずだったのだが、どうも様子がおかしい。彼らはほどなく車を降りた。そして走って逃げていった。

これはいつだったたか、海外のニュースで見かけた出来事だ。おそらくこの強盗は、キートン氏が乗っていたマニュアル車の動かし方が分からなかったのだろうと推測されている。なんとも間が抜けたといえば間が抜けた(しかしキートン氏にとっては災難な)出来事だが、どうしてそんなことになったのか。

彼らは、自分が運転の仕方を知っていると思っていた。いや、そういう自覚さえなかったかもしれない。そうでなければキートン氏に話しかける際、「おい、この車はマニュアルじゃないだろうな」と念を押していたはずだ。だが実際にはそうではなかった。座席についてみたら、触り慣れないレバー（シフトレバー）やペダル（クラッチペダル）がある。アクセルを踏み込むだけでは発進しない。同情の余地は微塵もないけれど、きっと焦ったに違いない。「こんなはずじゃなかった」と。


これはまさに本書のテーマであり邦題でもある「知ってるつもり」の好例だ。もう少し言葉を補えば、「人はなぜ、本当はよく知らないことについて知ってるつもりになってしまうのか」となる。いま紹介した例は他人事なので笑って済むかもしれないが、実のところあなたも私も例外ではない。本書によれば、どうやら私たちは自分の無知に気づきづらいようにできているようなのだ。著者たちはこれを「知識の錯覚」と呼ぶ（これは原書の書名でもある）。

そうした錯覚が原因で、とんでもない事故が起きることもある。本書の冒頭に書かれた一九五〇年代の水素爆弾実験での失敗や、第七章で紹介される二〇〇九年のエールフランスの航空機事故は文字通り致命的だった。それぞれ経験と知識をもっているはずの専門家たちが、まさかそんな見落としをするのかという失敗をする。事が起きた後で「想定外だった」と言われることがあるのも同様である。そんなふうに「知ってるつもり」が裏目に出てしまうことがある。

そこまで極端ではなくても、誰もが実感できる例がある。あなたの母語が日本語だとして、例えば子供や日本語が母語ではない人から「ねえねえ、「これはリンゴです」と「これがリンゴです」はどう違うの？」と尋ねられたとしよう。ここでさっと説明できる人は、おそらく日本語の文法やその歴史に関心があって調べたり考えたり教えたりしたことがある人だろう。他方で「ええと……」と答えに詰まる人も、日頃はこの二つの表現を難なく使い分けていたりする。改めて質問されたりしなければ、自分が日本語の仕組み（文法）を理解していないことに気づかず、知ってるつもりでいる。というよりも、知っているかどうかさえ意識していない。母語は、使えるけれど説明できるかたちでは理解していない「知識の錯覚」の好例である。この本のあちこちで示されているように、そのつもりで見回せば日常のなかでいくらでもこうした例が見つかるだろう。

＊

知っているという思い込み、「知識の錯覚」は手強い。古代から現代まで人類の歴史はこの錯覚との戦い、あるいは共生の歴史だったと言っても過言ではない。例えば、古代ギリシャの哲学者プラトンは、彼の師であるソクラテスが、さまざまな専門家と話した様子を対話篇として書いている。

対話相手となる専門家は、それぞれある事柄について知識を持っている、と自負している。対するソクラテスは知識を持っていない。そこでソクラテスは質問しながら教えを請う。例えば「知識とはなんですか」「どういう場合に人が知識を持っていると言えるでしょう」という具合に。彼は相手の話によく耳を傾け、「こういう理解でよいですか」と整理して同意を得ながらまた問うてゆく。

そのようにして問答が重なってゆくとどうなるか。最後は当の専門家も実は分かっていなかったという知の果てが明らかになって終わる。いわゆる「無知の知」、自分の無知を自覚するに至るわけだ。そんなふうにしてプラトンは、対話を通じて「知ってるつもり」という錯覚が露呈するプロセスを繰り返し描いた。ただし、これはどちらかといえば理想的な対話。現実には人は感情的になったり、頑固に過ちを認めなかったりするものだ。ついに錯覚が意識されることなく物別れに終わる場合もあるに違いない。

ことほど左様に「無知の知」や「知識の錯覚」を自覚するのは難しい。そのせいか、プラトン以降もヨーロッパの哲学では、ある知識や理解が本当に適切かどうかを一度は疑って検討せよという懐疑の方法が説かれてきた。それはものを考え、より妥当な知識を得るために不可欠の思考法であり、現在のさまざまな学問やクリティカルシンキングといった技法などでも採用されている。あるいは『荘子』のような中国の古典でも、知と無知をめぐる思索が重要な役割を演じているのを思い出してもよいだろう（斉物論第二、知北遊第二二など）。「知識の錯覚」は、古代から検討され続けてきた古くていつまでも新しい問題なのだ。

そして本書は、現代の認知科学をはじめとする諸学の知見と豊富な事例を使って、このテーマについての理解をアップデートしてくれる得がたい本である。以下では、数ある読みどころのなかから二つの点に絞ってご案内しよう。

その一、無知の深さに向きあうこと。

そもそも私たちはなんでもかんでも知り尽くすことはできない。私たちが知っていることはごく限られている。例えば、百科事典には人類がこれまで発見したり創造したりしてきたものについての知識が集められているけれど、そこに書かれたことでさえ全てに通じている人はいない。また、日頃よく使っている道具だからといってよく知っているとも限らない。例えば、電子レンジでものが温まるのはなぜかとか、スマートフォンから送ったメッセージはどうやって相手に届くのか、など。

この本でも指摘されているように、そもそもたったひとつの物事でも、詳しく理解しようと思ったら容易ではない。この点について本書の隣にぜひ並べて欲しい本をご紹介しておきたい。トーマス・トウェイツ『ゼロからトースターを作ってみた結果』（村井理子訳、新潮文庫）だ。著者は大学の研究で、電気トースターを自力でゼロからつくってみることにした。そう、二千円も出せば買えるあの変哲もないトースターだ。

いざ取り組んでみるととんでもないことに着手してしまったのが判明する。あんなに単純に見える装置なのに、分解してみたらどれだけのパーツが組み合わさっていることか。しかもこれを造るにはどうすればよいのか。トースターを構成する部品には鋼鉄、マイカ、プラスティック、銅、ニッケルがある。鉄鋼を用意するには、鉄鉱石を採掘し、鉄を抽出し、鉄鋼に変える必要がある。一体どうやって？

というので、トウェイツ氏は途中ちょっとズルをしつつも、少なくない時間となかなかのお金と労力を費やして、材料を集め、先人や各種の専門家たちの知識を頼りに、どうにかこうにかトースターを完成させる。読者はこの道具にどれだけの人類の叡智が結晶しているのかと驚くことだろう。これがスマートフォンや建築物ともなれば、いったいどうなってしまうのかと気が遠くなる。道具だけではない。政治や法律や経済をはじめとするさまざまな仕組み、言語といった人工物、あるいは私たちを含む自然物も同様だ。私たちがこの世界についてほんの限られた知識しか持っていないとしてもまったく無理はない。『知ってるつもり』を通じてその事実をイヤでも痛感することができる。

その二、それでもやっていけるのはなぜか。

といっても本書は人間の無知を指摘するのが趣旨ではない。著者たちの狙いはその先にある。人はみな限られた経験や知識しか持たず無知だ。しかもその無知を自覚しづらい。にもかかわらず、どうやってこの複雑な世界を理解したり、日々暮らしていけたりするのか。いや、それればかりではない。ロケットを宇宙に送り出したり、難病の治療法を発見したり、人の心をゆさぶる映画をつくったりといったことも成し遂げるではないか。どういうことなのか。

たしかに私たちは多様で複雑な物事をそのまま丸ごと認識したりはできない。その代わり、物事や出来事に共通する因果関係やパターンを見てとり、推論を働かせることができる。推論には直観と熟慮と呼ばれる二つのモードがある。ぱっと見で働く判断とじっくり考える判断だ。たいていはこれでうまくやっている。ただし、ときとしてエラーが生じる点にも要注意。例えば、選挙のとき候補者が提示する政策をじっくり熟慮する代わりにポスターの顔写真で直観的に判断してしまうのはその一例。こうした「認知バイアス」と呼ばれる思い込みについては、認知科学の領域でさまざまに指摘されてきたところ。

さらに言えば、私たちは自分の頭だけでものを考えたり理解したりしているわけではない。例えば、紙とペンがあれば暗算の難しい計算もできるように、使う道具との組み合わせ次第でできることも変わったりする。そういう意味では、いまあなたが読んでいる本もまたそうした道具である。

そしてなにより、知識は人びとのあいだ、コミュニティのなかにある。私たちはそう意識しているか否かにかかわらず、他の人たちと協力しながらものを考えているのだ。このことは、ネット検索が普及して多くの人が使うようになった現在、いっそう実感しやすいかもしれない。ネットを検索するとき、人は自分でつくったわけではない通信システムやコンピュータやアプリや電気を使い、どこかの誰かが書いて公開しておいてくれた情報を目にして参考にする。

他方で著者たちも注意するように、そうであるにもかかわらず、私たちは科学の発見や斬新な創作などをつい特定個人の天才による偉業というストーリーで捉えてしまいがちだ。実際には一人でそのようなことを成し遂げる人はいない。ものを考えたり書いたりするのに使われる言語やそれを使って表された知識からして過去の人びととの共同創作物だし、創作に使われる各種の道具も誰かがつくったものだ。それに誰かとのおしゃべりや読書から思いついたアイデアは、果たして自分だけで考えたと言い切れるかといえばそんなことはない。私たちは、さまざまな形で他の人の知識を借りている。知識はコミュニティのなかにある。

そのことを端的に示すうってつけの喩えがある。万有引力の法則で知られるアイザック・ニュートンは、かつてロバート・ボイルに宛てた手紙にこう書いている。「もし私がいっそう遠くを見渡せたのだとしたら、それはとりもなおさず巨人たちの肩に立ったからこそなのです」と。つまり先人たちの発見やその知識を伝える本や文章、あるいは同時代人とのやりとりのおかげがあってこそ、そうした巨人たちの肩に登ったからこそ、さらにその先を見ることができたというわけである。実際、ニュートンのノートや蔵書への書き込みを見ると、これがただの謙遜ではないのが分かる。

「巨人たちの肩に乗る」とは、知識の性質を見事に表した喩えだ。ちなみにこの表現もニュートンが発案したものではない。知られている限りでの初出は一二世紀に遡ることができる。ということを私は社会学者のロバート・マートンの本で教えてもらった。

知識は、自分の頭のなかだけでなく道具やコミュニティのなかにもある。私たちは常にある環境のなかで、他の人たちとの直接的・間接的な関係のなかでものを考えている。本書でも指摘されているように、人が政治や科学の間違った知識に囚われてしまう原因もここにある。例えば、他の人たちと陰謀論のような不適切な「知識の錯覚」を共有してしまえば、そこから抜け出すのは難しくなる。人はコミュニティのなかで生きて考える生き物だからだ。

では、「知識の錯覚」に対してどうしたらよいか。まずは「無知の無知」を脱するのが先決だ。自分がどのように無知であるかを自覚できれば対処のしようもある。せめて「無知の知」を弁えていれば、つまり自分がなにを知らないかを知っていれば、知ろうとすることができる。さらに加えて、より妥当な知識がどこにあるか、誰にあるかを知っていれば心強い。ただしそれを見分けるためにもある程度の知識を身につけている必要がある。かつて「教養」と呼ばれた知識のセットはその基礎となるはずのものだった。それがなんの役に立つのか分からないものとして一度は廃れながら、近年「リベラルアーツ」と呼ばれて見直されているのは故のないことではないだろう。

この本は「知ってるつもり」の無知から目覚め、あらゆることについて虚実の定かならぬ情報やデータがつぎつぎと現れては渦を巻く現代において、正気を保って適切な判断を行うためのおおいなる手がかりとなるはずである。「え？　自分が無知なことくらい言われなくても知ってたよ」と思ったあなたは気をつけて。

二〇二一年七月

原　注

序章　個人の無知と知識のコミュニティ

1. キャッスル・ブラボー事故の説明は以下に詳しい。C. Hansen, ed. (2007). *The Swords of Armageddon*. Chukelea Publications. 以下も参照。B. J. O'Keefe (1983). *Nuclear Hostages*. Boston: Houghton Miffin.（バーナード・オキーフ著『核の人質たち――核兵器開発者の告白』原礼之助訳、サイマル出版会、一九八六年）
2. 以下は第二次世界大戦が終わるまでの原爆開発の優れた歴史資料である。R. Rhodes (1986). *Making of the Atomic Bomb*. New York: Simon & Schuster.（リチャード・ローズ著『原子爆弾の誕生』神沼二真、渋谷泰一訳、紀伊國屋書店、一九九五年）
3. P. Kitcher (1990). "The Division of Cognitive Labor." *The Journal of Philosophy* 87(1): 5–22.

第一章　「知っている」のウソ

1. このエピソードは以下に詳しい。M. Zeilig (1995). "Louis Slotin and 'The Invisible Killer.'" *The Beaver* 75(4): 20–27.
2. L. Rozenblit and F. Keil (2002). "The Misunderstood Limits of Folk Science: An Illusion of Explanatory Depth." *Cognitive Science* 26(5): 521–562.
3. ibid., 10.
4. R. Lawson (2006). "The Science of Cycology: Failures to Understand How Everyday Objects Work." *Memory & Cognition* 34(8): 1667–1675.
5. A. M. Turing (1950). "Computing Machinery and Intelligence." *Mind* 59: 433–460.
6. T. K. Landauer (1986). "How Much Do People Remember? Some Estimates of the Quantity of Learned Information in Long-term Memory." *Cognitive Science* 10(4): 477–493.
7. 情報理論に詳しい読者のために言い添えておくと、ランドアーの評価では学習速度は毎秒約２ビットであった。
8. アメリカの人気クイズ番組で、参加者は一般常識にすばやく答える能力を競う。

9. インターネットと高性能なグラフィックエンジンの時代には並列・分散演算が普通になっている。
10. www.toyota.co.jp/en/kids/faq/d/01/04.
11. このエピソードは以下より引用。S. Mukherjee (2010). *The Emperor of All Maladies: A Biography of Cancer.* New York: Scribner.（シッダールタ・ムカジー著『がん－4000年の歴史－ 上・下』田中文訳、ハヤカワ・ノンフィクション文庫、二〇一六年）
12. www.bbc.com/news/business-29256322.
13. www.scholastic.com/teachers/article/weather.
14. この問題は以下の本に詳しい。Nassim Nicholas Taleb (2007). *The Black Swan.* New York: Random House.（ナシーム・ニコラス・タレブ著『ブラック・スワン――不確実性とリスクの本質 上・下』望月衛訳、ダイヤモンド社、二〇〇九年）
15. S. J. Gould (1989). *Wonderful Life: The Burgess Shale and the Nature of History,* 1st ed. New York: W. W. Norton, 320–321.（スティーヴン・ジェイ・グールド著『ワンダフル・ライフ――バージェス頁岩と生物進化の物語』渡辺政隆訳、ハヤカワ・ノンフィクション文庫、二〇〇〇年）

第二章　なぜ思考するのか

1. J. L. Borges (1964). "Funes the Memorious." *Labyrinths: Selected Stories and Other Writings.* Trans. James E. Irby. Ed. Donald A. Yates and James E. Irby. New York: New Directions, 59–66. Quotes from pp. 63–64.（J・L・ボルヘス著『伝奇集』鼓直訳、岩波文庫、一九九三年）作品が最初に発表されたのは一九四二年である。
2. E. S. Parker, L. Cahill, and J. L. McGaugh (2006). "A Case of Unusual Autobiographical Remembering." *Neurocase* 12(1): 35–49.
3. aimblog.uoregon.edu/2014/07/08/a-terabyte-of-storage-space-how-much-is-too-much.
4. www.npr.org/sections/health-shots/2013/12/18/255285479/when-memories-never-fade-the-past-can-poison-the-present.
5. J. Pellicer, M. F. Fay, and I. J. Leitch (2010). "The Largest Eukaryotic Genome of Them All?" *Botanical Journal of the Linnean Society* 164(1): 10–15.
6. A. G. Volkov, T. Adesina, V. S. Markin, and E. Jovanov (2008).

"Kinetics and Mechanism of *Dionaea muscipula* Trap Closing." *Plant Physiology* 146(2): 694–702.
7. T. Katsuki and R. J. Greenspan (2013). "Jellyfish Nervous Systems." *Current Biology* 23(14): R592–R594.
8. アメリカカブトガニの数は以下より引用。news.nationalgeographic.com/news/2014/06/140617-horseshoe-crab-mating-delaware-bay-eastern-seaboard.
9. H. K. Hartline, H. G. Wagner, and F. Ratliff (1956). "Inhibition in the Eye of Limulus." *The Journal of General Physiology* 39(5): 651–673.
10. R. B. Barlow, L. C. Ireland, and L. Kass (1982). "Vision Has a Role in *Limulus* Mating Behavior." *Nature* 296(5852): 65–66.
11. ダニー・デヴィートの写真は以下を参照。i.imgur.com/njXUFGa.jpg.
12. D. Maurer, R. L. Grand, and C. J. Mondloch (2002). "The Many Faces of Configural Processing." *Trends in Cognitive Sciences* 6(6): 255–260.
13. N. D. Haig (1984). "The Effect of Feature Displacement on Face Recognition." *Perception* 13(5): 505–512.

第三章　どう思考するのか

1. パブロフが本当に鐘を使ったかをめぐっては議論があったが、以下の資料によってパブロフの主張を裏づけるような結論が出ている。R. Thomas (1994). "Pavlov's Dogs 'Dripped Saliva at the Sound of a Bell.'" *Psycoloquy* 5(80).
2. J. Garcia and R. A. Koelling (1966). "Relation of Cue to Consequence in Avoidance Learning." *Psychonomic Science* 4(1): 123–124.
3. D. D. Cummins, T. Lubart, O. Alksnis, and R. Rist (1991). "Conditional Reasoning and Causation." *Memory & Cognition* 19(3): 274–282.
4. この文献の概要は以下で読める。B. F. Malle and J. Korman (2013). "Attribution Theory." In ed. D. S. Dunn, *Oxford Bibliographies in Psychology*. New York: Oxford University Press.
5. 以下などを参照。A. Tversky and D. Kahneman (1978). "Causal Schemata in Judgments Under Uncertainty." *Progress in Social Psychology*. Hillsdale, NJ: Lawrence Erlbaum.
6. P. M. Fernbach, A. Darlow, and S. A. Sloman (2011). "Asymmetries in Predictive and Diagnostic Reasoning." *Journal of Experimental*

Psychology: General 140(2): 168–185; P. M. Fernbach, A. Darlow, and S. A. Sloman (2010). "Neglect of Alternative Causes in Predictive but Not Diagnostic Reasoning." *Psychological Science* 21(3): 329–336.

7. D. C. Penn, K. J. Holyoak, and D. J. Povinelli (2008). "Darwin's Mistake: Explaining the Discontinuity Between Human and Nonhuman Minds." *Behavioral and Brain Sciences* 31(2): 109–130.
8. A. H. Taylor, G. R. Hunt, F. S. Medina, and R. D. Gray (2009). "Do New Caledonian Crows Solve Physical Problems Through Causal Reasoning?" *Proceedings of the Royal Society B: Biological Sciences* 276(1655): 247–254.
9. R. Hastie and N. Pennington (1995). "The Big Picture: Is It a Story?" in *Knowledge and Memory: The Real Story*. Ed. R. S. Wyer Jr. and J. K. Srull. Hillsdale, NJ: Lawrence Erlbaum, 133–138.
10. このアニメーションはユーチューブで見られる。www.youtube.com/watch?v=76p64j3H1Ng.
11. この説の主要な提唱者はジェローム・ブルナーである。

第四章　なぜ間違った考えを抱くのか

1. M. McCloskey (1983). "Intuitive Physics." *Scientific American* 248(4): 122–130.
2. A. A. diSessa (1983). "Phenomenology and the Evolution of Intuition." In ed. D. Gentner and A. L. Stevens. *Mental Models*. Hillsdale, NJ: Lawrence Erlbaum.
3. D. Gentner and D. R. Gentner (1983). "Flowing Waters or Teeming Crowds: Mental Models of Electricity." In *Mental Models*.
4. W. Kempton (1986). "Two Theories of Home Heat Control." *Cognitive Science* 10: 75–90.
5. D. Kahneman (2011). *Thinking, Fast and Slow*. New York: Farrar, Straus.（ダニエル・カーネマン著『ファスト&スロー——あなたの意思はどのように決まるか？　上・下』村井章子訳、ハヤカワ・ノンフィクション文庫、二〇一四年）
6. S. A. Sloman (1996). "The Empirical Case for Two Systems of Reasoning."*Psychological Bulletin* 119(1): 3–22.
7. K. E. Stanovich and R. F. West (2000). "Individual Differences in Reasoning: Implications for the Rationality Debate." *Behavioral and*

Brain Sciences 23(5): 645–726.
8. アリストテレスと続くプラトンの引用は、タマール・ゲンドラーから提供を受けた。
9. S. Frederick (2005). "Cognitive Reflection and Decision Making." *Journal of Economic Perspectives* 19(4): 25–42.
10. K. Stanovich (2011). *Rationality and the Reflective Mind*. New York: Oxford University Press.
11. G. Pennycook, J. A. Cheyne, N. Barr, D. J. Koehler, and J. A. Fugelsang (2015). "On the Reception and Detection of Pseudo-profound Bullshit." *Judgment and Decision Making* 10(6): 549–563.
12. S. Frederick (2005). "Cognitive Reflection and Decision Making." *Journal of Economic Perspectives* 19(4): 25–42.
13. シェーン・フレデリックとの私信より。
14. A. Shenhav, D. G. Rand, and J. D. Greene (2012). "Divine Intuition: Cognitive Style Influences Belief in God." *Journal of Experimental Psychology: General* 141(3): 423–428. 以下の批評を参照。G. Pennycook (2014). "Evidence That Analytic Cognitive Style Influences Religious Belief: Comment On." *Intelligence* 43: 21–26.
15. P. M. Fernbach, S. A. Sloman, R. St. Louis, and J. N. Shube (2013). "Explanation Fiends and Foes: How Mechanistic Detail Determines Understanding and Preference." *Journal of Consumer Research* 39(5): 1115–1131.

第五章　体と世界を使って考える

1. *Wired Magazine*, Issue 11:08, August 2003. archive.wired.com/wired/archive/11.08/view.html?pg=3.
2. J. Haugeland (1989). *Artificial Intelligence: The Very Idea*. Cambridge, MA: MIT Press.
3. 哲学的分析は以下を参照。H. L. Dreyfus (2007). "Why Heideggerian AI Failed and How Fixing It Would Require Making It More Heideggerian." *Philosophical Psychology* 20(2): 247–268.
4. www.bostonmagazine.com/news/article/2014/10/28/rodney-brooks-robotics.
5. 以下の文献で批評されている。P. S. Churchland, V. S. Ramachandran, and T. J. Sejnowski (1994). "A Critique of Pure Vision." In ed. C. Koch

and J. L. Davis, *Large-Scale Neuronal Theories of the Brain*. Cambridge, MA: MIT Press, 23–60.

6. J. K. O'Regan (1992). "Solving the 'Real' Mysteries of Visual Perception: The World as an Outside Memory." *Canadian Journal of Psychology/Revue canadienne de psychologie* 46(3): 461–488.
7. E. S. Parker, L. Cahill, and J. L. McGaugh (2006). "A Case of Unusual Autobiographical Remembering." *Neurocase* 12(1): 35–49.
8. ボールをキャッチするためのこのような手法（視覚の研究者が「野手の問題」と呼ぶものを解決する方法）は、以下の文献で提唱されている。B. V. H. Saxberg (1987). "Projected Free Fall Trajectories. I. Theory and Simulation." *Biological Cybernetics*: 56(2–3): 159–175.
9. この手法を最初に提唱したのは次の文献である。S. Chapman (1968). "Catching a Baseball." *American Journal of Physics* 36(10): 868–870.
10. P. McLeod and Z. Dienes (1993). "Running to Catch the Ball." Nature 362(6415): 23; P. McLeod and Z. Dienes (1996). "Do Fielders Know Where to Go to Catch the Ball or Only How to Get There?" *Journal of Experimental Psychology: Human Perception and Performance* 22(3): 531–543.
11. P. W. Fink, P. S. Foo, and W. H. Warren (2009). "Catching Fly Balls in Virtual Reality: A Critical Test of the Outfielder Problem." *Journal of Vision* 9(13): 14.
12. A. P. Duchon and W. H. Warren Jr. (2002). "A Visual Equalization Strategy for Locomotor Control: Of Honeybees, Robots, and Humans." *Psychological Science* 13(3): 272–278.
13. M. V. Srinivasan, M. Lehrer, W. H. Kirchner, and S. W. Zhang (1991). "Range Perception Through Apparent Image Speed in Freely Flying Honeybees." *Visual Neuroscience* 6(5): 519–535.
14. このような質問や資料の提示方法は、エドウィン・ハッチンスが二〇〇三年にボストンで開かれた認知科学会の会議で行った「認知民族学」と題した講演から着想を得たものだ。認知、文化、環境の関係についてのハッチンスの最近の見解は以下を参照。E. Hutchins (2014). "The Cultural Ecosystem of Human Cognition." *Philosophical Psychology* 27(1): 34–49.
15. M. Tucker and R. Ellis (1998). "On the Relations Between Seen Objects and Components of Potential Actions." *Journal of Experimental*

Psychology: Human Perception and Performance 24(3): 830–846.
16. C. L. Scott, R. J. Harris, and A. R. Rothe (2001). “Embodied Cognition Through Improvisation Improves Memory for a Dramatic Monologue.” *Discourse Processes* 31(3): 293–305.
17. このような概念が注目を集めるようになったのは、ローレンス・バーサローやアーサー・グレンバーグら多くの研究者の功績による。
18. G. B. Saxe (1981). “Body Parts as Numerals: A Developmental Analysis of Numeration Among the Oksapmin in Papua New Guinea.” *Child Development* 52(1): 306–316.
19. この概念は以下の文献に詳しい。M. Wilson (2002). “Six Views of Embodied Cognition.” *Psychonomic Bulletin & Review* 9(4): 625–636.
20. この概念は以下の文献に詳しい。A. R. Damasio (1994). *Descartes' Error: Emotion, Reason and the Human Brain*. New York: G. P. Putnam's.（アントニオ・R・ダマシオ著『デカルトの誤り――情動、理性、人間の脳』田中三彦訳、ちくま学芸文庫、二〇一〇年）
21. この概念が知られるようになったのは以下の文献による。J. Haidt (2001). “The Emotional Dog and Its Rational Tail: A Social Intuitionist Approach to Moral Judgment.” *Psychological Review* 108(4): 814–834.

第六章　他者を使って考える

1. J. D. Speth (1997). “Communal Bison Hunting in Western North America: Background for the Study of Paleolithic Bison Hunting in Europe.” *L'Alimentation des Hommes du Paléolitique* 83: 23–57, ERAUL, Liége.
2. S. Shultz, E. Nelson, and R. I. Dunbar (2012). “Hominin Cognitive Evolution: Identifying Patterns and Processes in the Fossil and Archeological Record.” *Philosophical Transactions of the Royal Society B: Biological Sciences* 367(1599): 2130–2140.
3. www.nytimes.com/2014/05/28/science/stronger-brains-weaker-bodies.html?_r=0.
4. A. Whiten and D. Erdal (2012). “The Human Socio-Cognitive Niche and Its Evolutionary Origins.” *Philosophical Transactions of the Royal Society of London B: Biological Sciences* 367(1599): 2119–2129.
5. R. Ardrey (1976). *The Hunting Hypothesis: A Personal Conclusion Concerning the Evolutionary Nature of Man*. New York: Atheneum.（ロ

バート・アードレイ著『狩りをするサル——人間本性起源論』徳田喜三郎訳、河出書房新社、一九七八年）
6. R. I. Dunbar (1992). "Neocortex Size as a Constraint on Group Size in Primates." *Journal of Human Evolution* 22(6): 469–493.
7. このような推論の要件を包括的に分析した文献として、以下を参照。B. F. Malle and J. Knobe (1997). "The Folk Concept of Intentionality." *Journal of Experimental Social Psychology* 33(2): 101–121.
8. 本書で取り上げた志向性の共有に関する研究は、以下で論じられている。M. Tomasello and M. Carpenter (2007). "Shared Intentionality." *Developmental Science* 10(1): 121–125.
9. Ibid., p. 123
10. とはいえ個人の知能テストの成績は向上の一途をたどっている。J. R. Flynn (2007). *What Is Intelligence? Beyond the Flynn Effect*. New York: Cambridge University Press.
11. D. M. Wegner (1987). "Transactive Memory: A Contemporary Analysis of the Group Mind." In ed. B. Mullen and George Goethals, *Theories of Group Behavior.* New York: Springer, 185–208.
12. 以下で批評されている。M. R. Leary and D. R. Forsyth (1987)." Attributions of Responsibility for Collective Endeavors." In ed. C. Hendrick, *Review of Personality and Social Psychology*, vol. 8. Newbury Park, CA: Sage, 167–188.
13. M. Ross and F. Sicoly (1979). "Egocentric Biases in Availability and Attribution." *Journal of Personality and Social Psychology* 37(3): 322–336.
14. Sloman and Rabb. この実験結果は、課題要求あるいは現象の理解可能性を反映しているだけではないかと疑問を持つ読者もいるかもしれない。スローマンとラブは、両方の可能性に対して実験方法を統制している。
15. 哲学には、これが言語の一部の側面について当てはまるとする見解がある。「意味は頭の中にはない」という考え方は「エッセンシャリズム（本質主義）」と呼ばれ、ヒラリー・パトナムの優れた研究成果やサウル・クリプケの研究において言及されている。
16. フランク・カイルはこのテーマについて、多くの研究を行っている。たとえば以下を参照。F. C. Keil and J. Kominsky (2013). "Missing Links in Middle School: Developing Use of Disciplinary Relatedness in Evaluating Internet Search Results." *PloS ONE* 8(6), e67777.

17. gutenberg.net.au/ebooks02/0200811h.html.
18. C. Camerer, G. Loewenstein, and M. Weber (1989). "The Curse of Knowledge in Economic Settings: An Experimental Analysis." *Journal of Political Economy* 97(5): 1232–1254.
19. C. Heath and D. Heath (2007). *Made to Stick: Why Some Ideas Survive and Others Die*. New York: Random House, 2007.
20. B. Fischhoff and R. Beyth (1975). "'I Knew It Would Happen': Remembered Probabilities of Once-Future Things." *Organizational Behavior and Human Performance* 13(1): 1–16.
21. この事実は以下の記事の中で悲嘆気味に論じられている。Anthony Lane, "Go Ask Alice," *The New Yorker*, June 8 and 15, 2015.

第七章　テクノロジーを使って考える

1. www.governing.com/topics/transportation-infrastructure/how-america-stopped-commuting.html.
2. www.slashfilm.com/box-office-attendance-hits-lowest-level-five-years.
3. V. Vinge (1993). "The Coming Technological Singularity." *Whole Earth Review*, Winter.
4. R. Kurzweil (2005). *The Singularity Is Near: When Humans Transcend Biology*. New York: Penguin Books.（レイ・カーツワイル著『ポスト・ヒューマン誕生――コンピュータが人類の知性を超えるとき』井上健監訳、小野木明恵、野中香方子、福田実訳、ＮＨＫ出版、二〇〇七年）
5. N. Bostrom (2014). *Superintelligence: Paths, Dangers, Strategies*. Oxford, UK: Oxford University Press.（ニック・ボストロム著『スーパーインテリジェンス――超絶AIと人類の命運』倉骨彰訳、日本経済新聞出版社、二〇一七年）
6. オンライン・マガジン《eon》でのダン・ファークとの対談より。http://eon.co/magazine/science/was-human-evolution-inevitable-or-a-matter-of-luck.
7. A. Clark (2004). *Natural-Born Cyborgs: Minds, Technologies, and the Future of Human Intelligence*. New York: Oxford University Press; J. H. Siegle and W. H. Warren (2010). "Distal Attribution and Distance Perception in Sensory Substitution." *Perception* 39(2): 208–223; R. Volcic, C. Fantoni, C. Caudek, J. A. Assad, and F. Domini (2013).

"Visuomotor Adaptation Changes Stereoscopic Depth Perception and Tactile Discrimination." *The Journal of Neuroscience* 33(43): 17081–17088.

8. D. M. Wegner and A. F. Ward (2013). "How Google Is Changing Your Brain."*Scientific American* 309(6): 58–61; M. Fisher, M. K. Goddu, and F. C. Keil (2015). "Searching for Explanations: How the Internet Inflates Estimates of Internal Knowledge." *Journal of Experimental Psychology: General* 144(3): 674–687. 以下も参照。A. F. Ward (2013). "Supernormal: How the Internet Is Changing Our Memories and Our Minds." *Psychological Inquiry* 24(4): 341–348.
9. Adrian F. Ward (May 2015), "Blurred Boundaries: Internet Search, Cognitive Self-Esteem, and Confidence in Decision-Making." ニューヨーク州ニューヨーク市で開かれた心理学会の年次総会での講演。
10. auto.howstuffworks.com/under-the-hood/trends-innovations/car-computer.htm.
11. fortune.com/2015/12/21/elon-musk-interview.
12. S. Greengard (2009). "Making Automation Work." *Communications of the ACM* 52(12): 18–19.
13. www.popularmechanics.com/technology/aviation/crashes/what-really-happened-aboard-airfrance-447-6611877.
14. 具体例は以下を参照。www.straightdope.com/columns/read/3119/has-anyone-gotten-hurt-or-killed-following-bad-gps-directions.
15. このエピソードは以下の書籍の第八章でさらに詳しく描写されている。A. Degani (2004). *Taming HAL: Designing Interfaces Beyond 2001*. New York: Palgrave Macmillan.
16. E. Bonabeau (2009). "Decisions 2.0: The Power of Collective Intelligence." *MIT Sloan Management Review* 50(2): 45–52.
17. OEDの魅力的な歴史については以下を参照。S. Winchester (1998). *The Professor and the Madman: A Tale of Murder, Insanity, and the Making of the Oxford English Dictionary.* New York: HarperCollins.
18. このエピソードと結論は以下より引用。E. Bonabeau (2009). "Decisions 2.0: The Power of Collective Intelligence." *MIT Sloan Management Review* 50(2): 45–52.
19. B. De Langhe, P. M. Fernbach, and D. R. Lichtenstein (2015). "Navigating by the Stars: Investigating the Actual and Perceived

Validity of Online User Ratings." *Journal of Consumer Research* 42: 817–830.
20. F. Galton (1907). *Vox Populi (the Wisdom of Crowds)*. 初出は以下。*Nature* 75(1949): 450–451. このテーマは以下の書籍で詳しく論じられている。J. Surowiecki (2005). *The Wisdom of Crowds*. New York: Doubleday Anchor.（ジェームズ・スロウィッキー著『「みんなの意見」は案外正しい』小髙尚子訳、角川文庫、二〇〇九年）
21. 誤って伝えられることが多いが、ゴルトンは回答の平均と牡牛の実際の重量との誤差が一ポンド以内であったとは報告していない。また平均以上に正解に近かった個人の回答はなかったとも言っていない。
22. K. J. Arrow, R. Forsythe, M. Gorham, R. Hahn, R. Hanson, J. O. Ledyard, S. Levmore, et al. (2008). "The Promise of Prediction Markets." *Science* 320(5878): 877–878.

第八章　科学について考える

1. smithsonianmag.com/history/what-the-luddites-really-fought-against-264412/?all.
2. Ibid.
3. washingtonpost.com/news/the-fix/wp/2015/02/26/jim-inhofes-snowball-has-disproven-climate-change-once-and-for-all.
4. nytimes.com/2003/08/05/science/politics-reasserts-itself-in-the-debate-over-climate-change-and-its-hazards.html.
5. cdc.gov/measles/cases-outbreaks.html.
6. dailycamera.com/news/ci_19848081.
7. www.thehealthyhomeeconomist.com/six-reasons-to-say-no-to-vaccination.
8. この結果は、二〇一四年版の科学技術指標レポートにまとめられている。
9. B. Nyhan, J. Reifler, S. Richey, and G. L. Freed (2014). "Effective Messages in Vaccine Promotion: A Randomized Trial." *Pediatrics* 133(4): e835–e842.
10. kernelmag.dailydot.com/issue-sections/headline-story/14304/science-mike-mystical-experience-podcast.
11. mikemchargue.com/blog/2015/1/11/new-podcast-ask- science-mike.

12. www.techtimes.com/articles/3493/20140216/dumb-101-1-in-4-americans-is-ignorant-that-earth-revolves-around-the-sun.htm.
13. V. Ilyuk, L. Block, and D. Faro (2014). "Is It Still Working? Task Difficulty Promotes a Rapid Wear-Off Bias in Judgments of Pharmacological Products."*Journal of Consumer Research* 41(3): 775–793.
14. 遺伝子組み換え食品の表示に関する米国科学振興協会の声明より。American Association for the Advancement of Science, October 20, 2012. www.aaas.org/sites/default/files/AAAS_GM_statement.pdf.
15. 二〇〇一年から二〇一〇年にかけてEUの資金協力を得て実施された遺伝子組み換え作物に関する研究より。European Commission: Food, Agriculture and Fisheries, Biotechnology. ec.europa.eu/research/biosociety/pdf/a_decade_of_eu-funded_gmo_research.pdf.
16. http://www.nytimes.com/2013/07/28/science/a-race-to-save-the-orange-by-altering-its-dna.html?pagewanted=all&_r=0.
17. Y. Zheng, L. E. Bolton, and J. W. Alba (working paper). "How Things Work: Production Matters in Technology Acceptance."
18. www.health.harvard.edu/staying-healthy/how-to-boost-your-immune-system.
19. www.biologymad.com/resources/Immunity%20Revision.pdf.
20. このアイデアはジョアンナ・アークとの対話から着想を得た。
21. www.howglobalwarmingworks.org.

第九章　政治について考える

1. http://kff.org/health-reform/poll-finding/kaiser-health-tracking-poll-april-2013/.
2. www.washingtonpost.com/blogs/monkey-cage/wp/2014/04/07/the-less-americans-know-about-ukraines-location-the-more-they-want-u-s-to-intervene.
3. Food Demand Survey, Oklahoma State Department of Agricultural Economics, 2(9), 2015. www.washingtonpost.com/news/volokh-conspiracy/wp/2015/01/17/over-80-percent-of-americans-support-mandatory-labels-on-foods-containing-dna.
4. 以下に掲載されたインタビューより。*Time*, February 20, 2005.
5. I. L. Janis (1983). *Groupthink: Psychological Studies of Policy Decisions*

and Fiascoes, 2nd ed. Boston: Houghton Mifflin, 349.

6. この効果をいち早く示したのは、以下の文献である。D. Pruitt (1971). “Choice Shifts in Group Discussion: An Introductory Review.” *Journal of Personality and Social Psychology* 20(3): 339–360. この文献の批評は以下を参照。D. J. Isenberg (1986). “Group Polarization: A Critical Review and Meta-Analysis.” *Journal of Personality and Social Psychology* 50(6): 1141–1151.
7. P. M. Fernbach, T. Rogers, C. Fox, and S. A. Sloman (2013). “Political Extremism Is Supported by an Illusion of Understanding.” *Psychological Science* 24(6): 939–946.
8. A. Tesser, L. Martin, and M. Mendolia (1995). “The Impact of Thought on Attitude Extremity and Attitude-Behavior Consistency.” In ed. R. E. Petty and J. A. Krosnick, *Attitude Strength: Antecedents and Consequences*. Mahwah, NJ: Lawrence Erlbaum, 73–92.
9. J. Haidt (2001). “The Emotional Dog and Its Rational Tail: A Social Intuitionist Approach to Moral Judgment.” *Psychological Review* 108(4): 814–834.
10. Ibid., 814.
11. この問題についての包括的な議論は以下を参照。J. Greene (2014). *Moral Tribes: Emotion, Reason, and the Gap Between Us and Them*. New York: Penguin Books.
12. M. Dehghani, R. Iliev, S. Sachdeva, S. Atran, J. Ginges, and D. Medin (2009). “Emerging Sacred Values: Iran's Nuclear Program.” *Judgment and Decision Making* 4(7): 930–933.
13. ピュー・リサーチ・センターが二〇一五年七月二九日に発表した、同性婚に対する姿勢の変化に関するデータ。www.pewforum.org/2015/07/29/graphics-slideshow-changing-attitudes-on-gay-marriage.
14. J. Ginges, S. Atran, D. Medin, and K. Shikaki (2007). “Sacred Bounds on Rational Resolution of Violent Political Conflict.” *Proceedings of the National Academy of Sciences* 104(18): 7357–7360.
15. ジュリア・シューベによる二〇一四年のブラウン大学のオーナーズ・プロジェクトより。

第一〇章　賢さの定義が変わる

1. バッファロー大学の都市・地域計画教授であるヘンリー・ルイス・テイラー・ジュニア教授はこう発言している。「幼い子供も含めて、誰もがマーチン・ルーサー・キングを知っており、最も有名なのは「私には夢がある」というスピーチであると言うことができる。しかしスピーチを引用できるのはわずかその一行だ。われわれにわかっているのは、この人物に夢があったという事実だけだ。その夢が何かすら知らない」。二〇〇八年一月二一日付《アソシエイト・プレス》のディープティ・ハジェラの記事より。
2. 歴史というのはそれほど単純なものではない。以下を参照。B. Hughes (2011). *The Hemlock Cup: Socrates, Athens, and the Search for the Good Life*. New York: Alfred A. Knopf; and M. Singham (2007). "The Copernican Myths." *Physics Today* 60(12): 48–52.
3. D. J. Boorstin (1985). *The Discoverers*. New York: Vintage Books.
4. G. Holton (1981). "Einstein's Search for the 'Weltbild.'" *Proceedings of the American Philosophical Society* 125(1): 1–15.
5. D. Lamb and S. M. Easton (1984). *Multiple Discovery: The Pattern of Scientific Progress*. Amersham: Avebury Publishing Company, 70. 著者らは「科学においては複数の発見者がいることはふつうである」と結論づけている。
6. E. Scerri (2015). "The Discovery of the Periodic Table as a Case of Simultaneous Discovery." *Philosophical Transactions of the Royal Society A* 373(2097): 20140172.
7. www.wired.com/2015/10/battle-genome-editing-gets-science-wrong.
8. R. R. Cattell (1943). "The Measurement of Adult Intelligence." *Psychological Bulletin* 40: 153–193; J. L. Horn (1976). "Human Abilities: A Review of Research and Theory in the Early 1970's." *Annual Review of Psychology* 27(1): 437–485.
9. W. Johnson and T. J. Bouchard (2005). "The Structure of Human Intelligence: It Is Verbal, Perceptual, and Image Rotation (VPR), Not Fluid and Crystallized."*Intelligence* 33(4): 393–416.
10. H. Gardner (1999). *Intelligence Reframed: Multiple Intelligences for the 21st Century*. New York: Basic Books.（ハワード・ガードナー著『MI: 個性を生かす多重知能の理論』松村暢隆訳、新曜社、二〇〇一年）
11. Ed. R. J. Sternberg and S. B. Kaufman (2011). *The Cambridge Handbook of Intelligence*. New York: Cambridge University Press.

12. これは「運用可能な定義」と呼ばれる。
13. M. Alfano, T. Holden, and A. Conway (2017). "Intelligence, Race, and Psychological Testing." *Oxford Handbook of Philosophy and Race.* New York: Oxford University Press.
14. C. Spearman (1904). "'General Intelligence,' Objectively Determined and Measured." *The American Journal of Psychology* 15(2): 201–292. 新しいエビデンスは以下を参照。J. B. Carroll (1993). *Human Cognitive Abilities: A Survey of Factor-Analytic Studies.* New York: Cambridge University Press.
15. I. J. Deary (2001). "Human Intelligence Differences: A Recent History." *Trends in Cognitive Sciences* 5(3): 127–130.
16. N. R. Kuncel, S. A. Hezlett, and D. S. Ones (2004). "Academic Performance, Career Potential, Creativity, and Job Performance: Can One Construct Predict Them All?" *Journal of Personality and Social Psychology* 86(1): 148–161.
17. S. J. Ceci and J. K. Liker (1986). "A Day at the Races: A Study of IQ, Expertise, and Cognitive Complexity." *Journal of Experimental Psychology: General* 115(3): 255–266.
18. A. W. Woolley, C. F. Chabris, A. Pentland, N. Hashmi, and T. W. Malone (2010). "Evidence for a Collective Intelligence Factor in the Performance of Human Groups." *Science* 330(6004): 686–688.
19. J. Salminen (2012). "Collective Intelligence in Humans: A Literature Review." arxiv.org/pdf/1204.3401.pdf.
20. www.theguardian.com/media-network/media-network-blog/2014/jun/05/good-ideas-overrated-investor-entrepreneur.
21. www.paulgraham.com/startupmistakes.html.

第一一章　賢い人を育てる

1. www.inflation.eu/inflation-rates/brazil/historic-inflation/cpi-inflation-brazil.aspx.
2. G. B. Saxe (1988). "The Mathematics of Child Street Vendors." *Child Development* 59(5): 1415–1425.
3. J. Dewey (1938). *Education and Experience.* New York: Macmillan, 63.（ジョン・デューイ著『経験と教育』市村尚久訳、講談社学術文庫、二〇〇四年）

4. 包括的な議論は以下を参照。D. Perkins (1995). *Smart Schools: Better Thinking and Learning for Every Child.* New York: The Free Press.
5. W. Epstein, A. M. Glenberg, and M. M. Bradley (1984). "Coactivation and Comprehension: Contribution of Text Variables to the Illusion of Knowing."*Memory & Cognition* 12(4): 355–360; A. M. Glenberg, A. C. Wilkinson, and W. Epstein (1982). "The Illusion of Knowing: Failure in the Self-Assessment of Comprehension." *Memory & Cognition* 10(6): 597–602.
6. P. A. Kolers (1976). "Reading a Year Later." *Journal of Experimental Psychology: Human Learning and Memory* 2(5): 554–565.
7. 事例はほかにもたくさんある。以下を参照。www.kissthisguy.com.
8. Dewey, *Education and Experience,* 56.
9. 哲学者のロム・ハレ、ジョン・ハードウィグ、教育理論家のスティーブン・ノリス、デビッド・パーキンス、ニール・ポストマンらがこのような指摘をしている。たとえば以下を参照。S. Norris (1995). "Learning to Live with Scientific Expertise: Toward a Theory of Intellectual Communalism for Guiding Science Teaching." *Science Educatio*n, 79(2): 201-217.
10. S. Firestein (2012). *Ignorance.* New York: Oxford University Press.
11. *National Curriculum Standards for Social Studies: A Framework for Teaching, Learning and Assessment.* National Council for the Social Studies, 2010.
12. National Research Council (1996). *National Science Education Standards*. Washington, D.C.: National Academies Press; H. A. Schweingruber, R. A. Duschl, and A. W. Shouse, ed. (2007). *Taking Science to School: Learning and Teaching Science in Grades K-8.* Washington, D.C.: National Academies Press.
13. N. G. Lederman (2007). "Nature of Science: Past, Present, and Future." Ed. S. K. Abell and N. G. Lederman. *Handbook of Research on Science Education*. New York: Routledge, 831–879.
14. B. Alberts (2009). "Redefining Science Education." *Science* 323(5913): 437. この主張を直接裏づけるものとして、ある研究では大学レベルでさまざまな入門レベルの生物学の講座で使われている試験やテストを調べた結果、次のように結論づけた。「入門レベルの生物学の講座は高次の思考より事実に重きを置いている」。以下を参照。J. L.

Momsen, T. M. Long, S. A. Wyse, and D. Ebert-May (2010). "Just the Facts? Introductory Undergraduate Biology Courses Focus on Low-Level Cognitive Skills." *CBE Life Sciences Education* 9(4): 435–440.

15. Perkins, *Smart Schools*, 33.
16. 哲学では「認識的依存」と呼ばれる概念だ。
17. U.S. National Library of Medicine. www.nlm.nih.gov/bsd/authors1.html.
18. S. Norris (1995), 211. これはこの論文におけるノリスのもう一つの重要な論点である。
19. Perkins, *Smart Schools*, 132. パーキンスは社会的学習、クラス内での分散型認知を実践することの意義を訴える文脈のなかでこの表現を使った。
20. 以下で論じられている見解である。R. Pea (1993). "Practices of Distributed Intelligence and Designs for Education." In ed. G. Salomon, *Distributed Cognitions: Psychological and Educational Considerations*. New York: Cambridge University Press, 47–87.
21. A. L. Brown (1997). "Transforming Schools into Communities of Thinking and Learning About Serious Matters." *American Psychologist* 52(4): 399–413.
22. A. L. Brown and J. C. Campione (1994). "Guided Discovery in a Community of Learners." In ed. Kate McGilly, *Classroom Lessons: Integrating Cognitive Theory and Classroom Practice*. Cambridge, MA: MIT Press, 229–270.
23. たとえば以下を参照。E. Phelps and W. Damon (1989). "Problem Solving with Equals: Peer Collaboration as a Context for Learning Mathematics and Spatial Concepts." *Journal of Educational Psychology* 81(4): 639–646.
24. Perkins, *Smart Schools*.
25. J. J. Williams and T. Lombrozo (2013). "Explanation and Prior Knowledge Interact to Guide Learning." *Cognitive Psychology* 66(1):55–84.
26. 以下で論じられている見解である。F. Zakaria (2015). *In Defense of a Liberal Education*. New York: W. W. Norton; N. Postman (1995). *The End of Education*. New York: Alfred A. Knopf.
27. A. Chen, "The Agency." *New York Times Magazine*, June 2, 2015.

第一二章 賢い判断をする

1. C. R. M. McKenzie and M. J. Liersch (2011). “Misunderstanding Savings Growth: Implications for Retirement Savings Behavior.” *Journal of Marketing Research* 48: S1–S13.
2. J. B. Soll, R. L. Keeney, and R. P. Larrick (2013). “Consumer Misunderstanding of Credit Card Use, Payments, and Debt: Causes and Solutions.” *Journal of Public Policy & Marketing* 32(1): 66–81.
3. www.creditcards.com/credit-card-news/minimum-credit-card-payments-1267.php.
4. P. M. Fernbach, S. A. Sloman, R. St. Louis, and J. N. Shube (2013). “Explanation Fiends and Foes: How Mechanistic Detail Determines Understanding and Preference.” *Journal of Consumer Research* 39(5): 1115–1131.
5. T. Caulfield (2015). “The Pseudoscience of Beauty Products.” *The Atlantic*. www.theatlantic.com/health/archive/2015/05/the-pseudoscience-of-beauty-products/392201/; Z. Liu (2014). “How Cosmetic Companies Get Away with Pseudoscience.” *Pacific Standard*. www.psmag.com/nature-and-technology/cosmetic-companies-get-away-pseudoscience-placebo-week-92455.
6. A. Lusardi, D. J. Schneider, and P. Tufano (2011). *Financially Fragile Households: Evidence and Implications*. National Bureau of Economic Research Working Paper No. 17072.
7. D. Rosnick and D. Baker (2014). *The Wealth of Households: An Analysis of the 2013 Survey of Consumer Finances*. Center for Economic and Policy Research. www.scribd.com/doc/245746907/The-Wealth-of-Households.
8. D. Fernandes, J. G. Lynch Jr., and R. G. Netemeyer (2014). “Financial Literacy, Financial Education, and Downstream Financial Behaviors.” *Management Science* 60: 1861–1883.
9. H. de Soto (2001). *The Mystery of Capital: Why Capitalism Triumphs in the West and Fails Everywhere Else*. London: Bantam Press, 186.
10. B. Wansink (2007). *Mindless Eating: Why We Eat More Than We Think*. New York: Bantam.
11. E. J. Johnson and D. G. Goldstein (2003). “Do Defaults Save Lives?”

Science 302: 1338–1339.

12. https://www.dol.gov/ebsa/publications/automaticenrollment401kplans.html.
13. R. H. Thaler. "Financial Literacy, Beyond the Classroom." *New York Times*, October 5, 2013.
14. 二〇一五年四月二七日のファリード・ザカリアとのインタビューより。

結び　無知と錯覚を評価する

1. D. Dunning (2011). "The Dunning-Kruger Effect: On Being Ignorant of One's Own Ignorance." Ed. J. M. Olson and M. P. Zanna, *Advances in Experimental Social Psychology* 44: 247–296.
2. エロル・モリスとのインタビューにおけるデビッド・ダニングの発言。*New York Times* Opinionator, June 20, 2010.
3. J. Kruger and D. Dunning (1999). "Unskilled and Unaware of It: How Difficulties in Recognizing One's Own Incompetence Lead to Inflated Self-Assessments." *Journal of Personality and Social Psychology* 77(6): 1121–1134.
4. エロル・モリスとのインタビューにおけるデビッド・ダニングの発言。*New York Times* Opinionator, June 20, 2010.

本書は、二〇一八年四月に早川書房より単行本として刊行された作品を文庫化したものです。

訳者略歴　翻訳家　日本経済新聞記者を経て独立　訳書にケルトン『財政赤字の神話』，テトロック＆ガードナー『超予測力』（以上早川書房刊），ヘイスティングス＆メイヤー『NO RULES（ノー・ルールズ）世界一「自由」な会社、NETFLIX』など多数

HM=Hayakawa Mystery
SF=Science Fiction
JA=Japanese Author
NV=Novel
NF=Nonfiction
FT=Fantasy

知《し》ってるつもり
無知の科学

〈NF578〉

二〇二一年九月十五日　発行
二〇二四年十一月二十五日　八刷
（定価はカバーに表示してあります）

著者　スティーブン・スローマン
フィリップ・ファーンバック
訳者　土《ひじ》方《かた》奈《な》美《み》
発行者　早川浩
発行所　株式会社早川書房
郵便番号　一〇一 - 〇〇四六
東京都千代田区神田多町二ノ二
電話　〇三 - 三二五二 - 三一一一
振替　〇〇一六〇 - 三 - 四七七九九
https://www.hayakawa-online.co.jp
乱丁・落丁本は小社制作部宛お送り下さい。
送料小社負担にてお取りかえいたします。

印刷・精文堂印刷株式会社　製本・株式会社明光社
Printed and bound in Japan
ISBN978-4-15-050578-3 C0111

本書は活字が大きく読みやすい〈トールサイズ〉です。